U0936980

珍藏本·增订本

纪念版

汉译世界学术名著丛书

均衡失业理论

（第二版）

〔英〕克里斯托弗·皮萨里德斯　著

欧阳葵　王国成　译

Christopher A. Pissarides
EQUILIBRIUM UNEMPLOYMENT THEORY(Second edition)

根据 MIT 出版社 2000 年版译出

汉译世界学术名著丛书
（120年纪念版·珍藏本）
增订本出版说明

2017年10月，为纪念商务印书馆创立120周年，本馆推出“汉译世界学术名著丛书”（120年纪念版·珍藏本），计七百种。近五六年来，仰赖学界同人倾力支持，订正旧译，增补新译，拓展新著，积累日多。为满足读者需要，本馆在七百种的基础上，继续推出“汉译世界学术名著丛书”（120年纪念版·珍藏本·增订本）三百种。至此，“汉译世界学术名著丛书”累计出版已达千种。

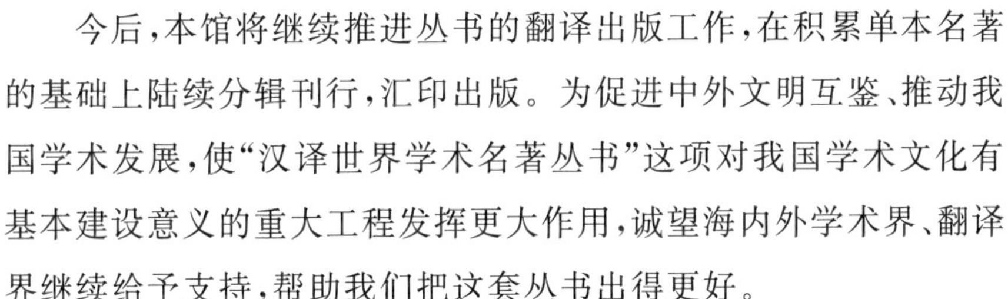

今后，本馆将继续推进丛书的翻译出版工作，在积累单本名著的基础上陆续分辑刊行，汇印出版。为促进中外文明互鉴、推动我国学术发展，使“汉译世界学术名著丛书”这项对我国学术文化有基本建设意义的重大工程发挥更大作用，诚望海内外学术界、翻译界继续给予支持，帮助我们把这套丛书出得更好。

商务印书馆编辑部

2024年2月

汉译世界学术名著丛书
（120年纪念版·珍藏本）
出 版 说 明

2017年2月11日，商务印书馆迎来120岁的生日。120年前，商务印书馆前贤怀揣文化救国的理想，抱持“昌明教育，开启民智”的使命，立足本土，放眼寰宇，以出版为津梁，沟通中西，为中国、为世界提供最富智慧的思想文化成果。无论世事白云苍狗，潮流左右激荡，甚至战火硝烟弥漫，始终践行学术报国之志，无改初心。

迻译世界名国学术名著，即其一端。早在20世纪初年便出版《原富》《天演论》等影响至今的代表性著作，1950年代后更致力于外国哲学和社会科学经典的译介，及至1980年代，辑为“汉译世界学术名著丛书”，汇涓为流，蔚为大观。丛书自1981年开始出版，历时三十余年，迄今已推出七百种，是我国现代出版史上规模最大、最为重要的学术翻译工程。

丛书所选之书，立场观点不囿于一派，学科领域不限于一门，皆为文明开启以来，各时代、各国家、各民族的思想与文化精粹，代表着人类已经到达过的精神境界。丛书系统译介世界学术经典，引领时代思想，为本土原创学术的发展提供丰富的文化滋养，为推动中国现代学术和现代化进程做出了突出的贡献。

为纪念商务印书馆成立120周年，我们整体推出“汉译世界学术名著丛书”120年纪念版的珍藏本，寄望既利于文化积累，又便于研读查考，同时向长期支持丛书出版的译者、编者和读者致以敬意。

两甲子后的今天，商务印书馆又站在了一个新的历史时间节点上。我们不仅要铭记先辈的身影和足迹，更须让我们的步伐充满新的时代精神。这是商务人代代相传的事业，更是与国家和民族的命运始终紧密相连的事业。我们责无旁贷，必须做好我们这代人的传承与创造，让我们的努力和成果不仅凝聚成民族文化的记忆，还能成为后来人可以接续的事业。唯此，才能不负前贤，无愧来者。

商务印书馆编辑部

2017年10月

献给安东尼和米兰达

目　　录

第Ⅰ部分　理论基础

第Ⅱ部分 劳动力市场的进一步分析

第Ⅲ部分 约束效率与政策功能

序　言

本书第一版出版后，书中介绍的研究劳动力市场均衡和失业的方法已有大量的应用。这得益于能获取到关于岗位与工人流动的新的微观数据，以及该方法对这些数据成功的分析与解释。在经济周期均衡模型中关于劳动力市场的建模，以及福利国家中相应的政策分析中，这种方法也获得了成功的应用。本书第二版增添了这些最重要的新进展，并讨论了许多新的结论。然而，本书的结构保持不变，仍按第一版序言中介绍的理论逻辑展开。

最重要的理论进展是关于内生岗位破坏的分析。在本书第一版中岗位破坏率设定为常数。模型的这一特征受到了评论者的批评，并且这与该书出版时可利用的微观数据不符。在第二版中，基于我与戴尔·莫滕森(Dale Mortensen)的合作研究中采用的方法，增加了一章分析岗位破坏的新内容。尽管许多结论仍然能够在固定岗位破坏率模型中方便地推导出来，但内生岗位破坏模型在第二版中已成为核心模型。然而，尽管岗位破坏被内生化了，第一版的模型与结论并没有太多的改变。模型变得更加丰富并且更易于实际操作，但是与第一版中的结论并不相悖。这看起来可能会让人感觉有些不可思议，可事实上一点儿也不意外。第一版中的模型建立在企业的岗位创造选择和工人的寻职行为上。延续我与戴尔·莫滕森的合著中的思路，在模型中引入岗位破坏选择并没有改变岗位创造和寻职决策的本质。

第二个重要的修正是关于在岗寻职和跳槽行为的分析。对于跳槽行为的忽略是在失业的搜寻与匹配模型中经常听到的批评。在新的一章里，我解释了对在岗寻职和跳槽行为的分析可以遵循与内生岗位破坏分析中相同的建模原则。况且，作此扩展并未使不含在岗寻职的失业模型中的结论发生多大变化，因此本书的其他部分我们仍忽略掉在岗寻职。关于跳槽行为的许多特征，例如工作岗位上的人力资本积累、非货币特征，以及岗位匹配的质量等都没有被模型化。

除了增添两章新的内容外，第二版还对第一版中的分析做了大量的改写和简化，略去了第Ⅱ和第Ⅲ部分中许多不那么重要的结论，而新增了一些关于政策功能的分析。关于资本的处理也被简化了。在关于资本市场的模型假设下，如第一版中通篇引入资本，并没有得到什么具有一般性的结论。因而，在第二版中我们做了必要的假设，表明资本可以略去而不失一般性。我们假设资本是可逆的，并且存在一个完善的二手资本品市场。这些假设是关于资本的新古典假设的自然推广，但是由此使得我们的模型避开了难缠的“敲竹杠”问题。最近在“敲竹杠”问题上，以及企业与工人的资本和培训决策的互补性问题上出现了一些重要的新进展，但本书并没有对此建模描述。一些参考文献在相关章节结尾处的文献评注中给出。

第一版中关于调整动态分析的一章被省略了，但是关于调整路径唯一性的一些最重要的结论已包含在其他相关章节中。受经济增长理论和“创造性破坏”方面的新近工作的影响，我们重新改写了关于增长和内生利率的章节。

最后，每章结尾的文献评注被极大地扩展，以将最新的研究成果包含在内。所引证的部分近期文献尚未发表，并且其中某些论文甚至可能永远也不会发表。自从第一版出版以来涌现的相关文献太多了，尽管我试图尽可能全面地反映这一领域的新进展，但列出全部的参考文献将会大大超出本书的篇幅。

在本次修订中，我从评论本书第一版和使用本书进行教学研究的许多人那里受益匪浅。向我的合作者戴尔·莫滕森致以最衷心的感谢。第二章正是基于我们的合作工作，第九章中许多关于政策的讨论也是如此，这对其他章节中的许多修改部分也产生了影响。他在《货币经济学期刊》(*Journal of Monetary Economics*)上的评论文章帮助我集中了思想，并促成了我们的联合项目研究。其他与我讨论过本书关于劳动力市场的分析方法也对本书产生了影响的人，包括达龙·阿斯莫格鲁(Daron Acemoglu)、菲利普·阿吉翁(Philippe Aghion)、查利·比恩(Charlie Bean)、奥利弗·布兰查德(Olivier Blanchard)、西蒙·伯吉斯(Simon Burgess)、史蒂夫·戴维斯(Steve Davis)、彼得·豪伊特(Peter Howitt)、理查德·杰克曼(Richard Jackman)、理查德·莱亚德(Richard Layard)、艾斯彭·莫恩(Espen Moen)、史蒂夫·尼克尔(Steve Nickell)、安德鲁·奥斯瓦尔德(Andrew Oswald)、罗伯特·夏默(Robert Shimer)，以及伦敦经济学院和其他地方的许多研究生，包括泽夫·科宁斯(Jozef Konings)、彼特罗·加里博尔迪(Pietro Garibaldi)、芭芭拉·佩特龙戈洛(Barbara Petrongolo)、克劳迪

欧·米凯拉奇(Claudio Michelacci)和艾蒂安·沃斯默(Etienne Wasmer)。帕洛玛·洛佩斯-加西亚(Paloma Lopez-Garcia)提供了有益的研究助理。本项目由伦敦经济学院的经济与社会研究委员会指定的经济绩效研究中心资助(接任了本书第一版的资助者劳动经济学研究中心)。

第一版序言

本书介绍了研究失业理论的一种特殊方法。由这种方法来看，均衡失业水平由失业队伍的流入与流出决定，而这既可能受总量事件的影响，也可能会受个体决策的影响。本书集中于研究对失业队伍流出的建模，以及这种均衡分析方法对于宏观经济均衡与劳动力市场效率的影响。失业队伍的流入假定为外生的，它源于随机的结构性变化以及新生劳动力的进入。

失业队伍的流出被描述为一个交易过程，其中失业工人和拥有岗位空缺的企业希望进行劳动力服务的交易。与瓦尔拉斯理论不同，在这种失业理论下，劳动力交易是一种需要投入时间和其他资源的经济活动。本书试图为拥有这些特征的均衡模型的运行机理提供一个完整而严格的解释。为了集中探讨失业变化与宏观经济均衡之间的相互作用这一核心议题，我们回避了该模型的一些潜在的重要应用，避开该模型与其他失业理论的比较，并且也未详细讨论其与经验证据的相容性。该模型的许多方面太过于抽象而难以实用。本书的主要目的是构建一个有用的模型，使其能扩展用于处理劳动力市场理论和失业的经验分析中的许多问题，而不是去解释失业历史中那些特定事件或特殊的时间序列性质。

外生的结构性变化和有成本交易的含义远不只是在传统模型

中引入某些“摩擦性”失业而已。因为瓦尔拉斯理论和传统的凯恩斯主义理论都忽略了交易，即使该模型的其他方面仍是传统的，交易过程对于宏观经济均衡的影响也很难讲清楚。凯恩斯有一个著名的观点认为：在对更重要类型的失业的研究中，工作转换期间的失业问题可以被忽略，这是一个未经证实的判断。直观上感觉该观点是错误的：除了一些“受挫伤”的工人之外，失业工人总是处于待业或不同的求职状态中。就本书所采用的方法而言，在关于失业的理论和经验分析中，将失业分为摩擦性、周期性、自愿性、非自愿性失业等多种类型并无多大助益。本书只是将失业工人划分为两部分：一部分工人之所以失业是因为继续就业对其（以及对其雇主）而言不再有利；另一部分工人则在一段时间之后才能找到工作，这取决于总量事件、制度约束以及劳动力市场交易主体的行为。我们会讨论由这些过程导致的失业是否唯一、稳定和最优，以及是否会随着总量参数和政策而发生变化，而不是讨论其是否为摩擦性的、自愿的失业，等等。

本书中的失业理论是一种“均衡”理论。这意味着，在理性预期、给定在失业和寻找新的职业的随机变化过程等条件下，企业和工人都在最大化自身的收益。所谓“均衡”就是说，在劳动力交易的工资设定中，工资的决定将使得所有个体赢利机会都得以充分利用。这对于均衡的效率分析是至关重要的。一般来说，在我们的模型中，那些导致产生失业的假设意味着就业和失业工人的利益会发生分歧。因此，如果工资是由企业和就业工人决定的（失业工人不参与），均衡一般来说都不是有效的。在失业工人和空岗企业之间的交易中，并非所有的赢利机会都会被发现和抓住，故失业工人和空岗企业的交易投入不是社会有效的。

本书论述的失业理论不仅是一种均衡理论，也是一种“宏观经济”理论。它考察两类代表性主体：企业和工人如何在失业和就业两种状态之间变动，由此推导出整个经济的均衡失业率。我们的假设保证该均衡失业率是唯一的。这些假设是对新古典经济增长模型的自然推广，本书的第Ⅰ部分就致力于发展出一个拥有失业和岗位空缺的平衡增长模型。长期增长中的“典型事实”被特别地关注。在一个能够用其他关于平衡增长的传统的典型事实刻画的增长型经济中，该模型可以解释固定的失业率和岗位空置率的存在。正如在宏观经济学的其他领域那样，对于新古典模型中平衡增长特征的强调并不在于该模型在经验上是否最适合于失业的分析，而是在于，如果一个失业模型符合平衡增长的长期均衡要求，那么它将最适合作为分析起点，由此逐步扩展，最终可以解释现实经济中的失业。第Ⅰ部分中的“起点”模型意味着，在稳态均衡中存在着一条向下倾斜、凸向原点的曲线——空岗—失业空间中的贝弗里奇曲线。当稳态受到干扰时，稳定调整路径将围绕该曲线逆时针转动。贝弗里奇曲线和围绕贝弗里奇曲线的转动是现代经济的典型体现。该模型也意味着在通胀—失业空间上存在着长期菲利普斯曲线，当存在影响均衡实际利率的通胀税效应时，其斜率为负。真实利率是自然失业率的一个决定因素。

本书第Ⅱ部分从两个重要的方面扩展了第Ⅰ部分中的模型。这两个方面都增加了劳动力供给的影响，并且在贝弗里奇曲线中引入了一些有意义的移动变量。几个国家的经验证据表明，第Ⅰ部分中的简单模型无法解释贝弗里奇曲线的移动方式。模型的两个扩展即为内生搜寻强度和导致岗位可能被拒绝的专门岗位的生产率差异。第Ⅱ部分还分析了关于工作时间选择和劳动力参与决策的传统劳动力供给问题。对于劳动力参与决策而言,传统的受挫—补增—工人效应被给予了新的严格的解释。

利用与生产理论中描述生产率差异的"效率单位"类似的方法将搜寻强度引入模型。关于专门岗位的生产率差异,可给出类似于用于特定岗位匹配的劳动效率单位差异的解释。各种分析都遵循第Ⅰ部分宏观经济模型中所建立的均衡原则,并且都导致了拥有丰富的经验性内容的有用模型。劳动力参与和工作时间决策的分析也在劳动力市场均衡中完成。

第Ⅰ和第Ⅱ部分中所描述的劳动力市场均衡的有效性在第Ⅲ部分得以检验。"搜寻外部性"的存在导致了无效率的可能性。这里的关键问题在于工资是否能够以及其是否确实能够将外部性内生化。第一个问题的答案是肯定的,而第二个问题的答案则是否定的。将搜寻外部性内部化的工资是可行的,但是本书中工资决定的分散化方法并没有导致有效的工资结果。在这个博弈中失业工人承受了损失,其参与回报要低于社会有效水平下的工资回报。结果导致进入市场的工人太少,他们的寻职强度也不够高,并且也太容易接受工作而放弃寻职。

第Ⅰ和第Ⅱ部分模型中所导出的均衡失业率依赖于一些政策参数,例如失业补偿、工资税以及就业补贴等。第Ⅲ部分研究了均衡失业和岗位空缺如何依赖于政策的实证性问题和如何利用政策推动经济向社会均衡发展的规范性问题。一个重要的结论是存在政策工具的非扭曲性组合,即使在有失业保险时也是如此。另一个重要的结论是存在将搜寻外部性内部化的一揽子政策。

本书按逻辑顺序逐步展开论述，但是为了节省时间的读者可以选读最重要的章节而不必完全按顺序阅读。本书的基础部分是第一章和第二章中的前两节。对劳动力市场和宏观经济相互影响感兴趣的读者可以在第二章其他部分找到关于稳态的分析，在第三章中找到关于波动的分析。在阅读第一章和第二章前两节内容后可以分别地阅读第四、第五或第六章。在第一、第二、第四、第五或第六章之后，第七和第八章的内容是自成体系的。对各章所提出的相关问题的效率或政策分析感兴趣的读者可直接跳到第七或第八章的相关章节。为了保证连贯性，本书所有各章中都有与前面章节内容对应的参考，尽管对于理解某一章的结论而言其他章节的内容并不是非常必要的。

本书中的很多思想出现于我在 1979 年至 1987 年间发表的期刊文章。然而，本书的写作（与修改）基于统一的风格和符号，所有的结论都在一个一致的框架下完全重新推导出来。在很多情形下，所强调的重点已发生了改变，并且在本书更为一般的框架下得到了一些新的结论。很明显，本书受到了同时期许多研究这些主题的作者们的影响。每章后面的文献评注解释了书中的结论与那些已发表的成果之间的关系。正文中尽可能少出现参考文献以免打断正常的论述过程。出于同样的原因，也完全剔除了脚注：如果内容很重要，就会包含在正文中；如果不是那么重要，就不会出现在本书中。

我从很多人那里收到了关于本书相关内容的非常有用的评论，在此无法一一提及。向伦敦经济学院劳动力经济学研究中心的同事致以我最诚挚的谢意，特别感谢理查德·莱亚德(Richard Layard)和理查德·杰克曼(Richard Jackman)，他们俩是我关于这一主题最早的经验研究论文之一的合作者，我也是由此相信了这种研究失业的方法的有用性。还要感谢经济与社会研究委员会和就业部的资助(通过他们对研究中心的失业项目的资助)，感谢鲍勃·格罗斯(Bob Gross)编集的参考文献，感谢艾伦·伯恩(Ellen Byrne)和帕姆·格蕾斯(Pam Grace)的专业排版、耐心工作和对本项目的贡献。

第Ⅰ部分

理论基础

第一章　劳动力市场

本章的目的是构建一个简化版的劳动力市场模型，以突出本书所阐述的失业理论的主要特征。然而，该模型不一定非常现实，或者说，并不具备经验上的可行性。许多变量在经验分析中可能很重要，在此却不予考虑。其目的在于指出稳态失业的本质，并表明在标准的均衡模型中工资与失业是如何确定的。

本章模型适合于宏观经济分析，其后面内容的展开也正是基于这一目的。第二章通过引入内生岗位破坏，从而在一个重要方面扩展了本章模型。第三章将本章模型纳入了标准的新古典增长模型，并考虑了其平衡增长路径的性质。充分就业模型在很大程度上形成了现代宏观经济学的基础，而本章模型则为其增加了一个丰富的自然失业率理论。

1.1　劳动力市场交易

劳动力市场中的交易行为是一种分散化的经济活动，这是本章模型的核心思想。对于企业和工人双方来说，这种交易行为是非协调的、耗时的，并且代价很高。企业和工人在岗位创造与产生之前都必须花费资源，而且现存岗位在均衡中设置了经济租。在劳动力市场的瓦尔拉斯均衡中,这些是不可能出现的。

在新古典模型中,我们通常假设存在一个总量生产函数。类似地,我们也利用这样一个简单的建模机制来描述劳动力交易对于市场均衡的影响。我们假设存在一个具有良好性质的匹配函数。该匹配函数给出了任意时点所形成的工作岗位数量。这个岗位数量是寻职工人数量、招聘企业数量以及其他某些变量(将在下一章引入)的函数。

由于存在异质性、摩擦性和信息不完全性,劳动力市场上的交易行为是一种不容忽略的经济活动。如果所有工人都相同、所有岗位都相同、并且所有工人和工作岗位的地点信息都是完全的,那么劳动力市场交易将变得无关紧要。但是,如果市场交易各方不具有同质性、并且获取信息是有成本的,那么企业和工人就会发现,为了达成有效的岗位匹配,就必须消耗资源。异质性可能体现在工作技能上:一方面,各个工人所掌握的技能可能各不相同;另一方面,各个企业所要求工人掌握的技能也可能各不相同。异质性也可能体现在工作岗位与工人所处的位置,以及在不同地区岗位创造的时间上。在这种情形下,寻职者能否找到好的工作、雇主是否招聘到好员工都是不确定的,从而企业和工人都必须决定:是接受当前可用选择,还是等待未来更佳选择,又或者通过耗费资源获取信息、对雇员进行再培训,或改变地点等方式来影响岗位匹配过程本身。

匹配函数给出了交易过程中企业和工人资源投入的结果,是这些投入的函数。这样一个建模机制描述了高成本交易过程的含义,却无须明确地刻画出其产生高成本交易过程的异质性与其他特征。从这个意义上来说，匹配函数与其他总量函数(例如生产函数和货币需求函数)一样，在宏观经济学家的工具箱中占有同样重要的位置。生产函数概括了一种依赖于物质技术的关系，却并未将这种物质技术在宏观经济建模中明确地描述出来。货币需求函数概括了一种交易技术和一种资产组合选择，但很少对二者进行明确的描述。类似地，匹配函数概括了异质性主体之间的一种交易技术，却也并未将这种技术明确地描述出来。

与宏观经济学家的工具箱中的其他总量函数一样，匹配函数的有用性取决于经验有效性和在多大程度上成功地抓住了劳动力市场交易的主要特征。当然，如果发现了一个经验上很成功的关于匹配函数的微观基础，这将会使得匹配函数更加令人信服。但是在宏观经济学家的工具箱中，我们时常会发现各种缺乏明确的微观基础的总量函数。经验上的成功以及建模的有效性通常就已经足够了。本书的主要目的之一就是为了表明匹配函数是一个有用的建模机制，许多新的和可信的结论都可由其推导出来。

匹配函数已经在许多国家得到了良好的并且大体上一致的估计结果。一些研究结果将在本章结尾的文献评注中予以讨论。匹配函数虽然能从显在的交易过程中推导出来，但是迄今为止，还没有哪一种微观基础看起来最具说服力。在本书中，我们将假定存在一个关于几个变量的一般性匹配函数，并对其施加一些常规性约束。大量研究表明，这些约束在经验上是有效的。

交易和生产是完全分离的活动。为了强调这一点，我们假设交易或生产活动是完全专门化的。一个企业拥有多个工作岗位，有些是满置(员)的，有些是空置(缺)的，但在交易中仅涉及空置岗位。因此,尽管企业并非专门化的,但工作岗位却是专门化的。类似地,在本章模型中,以及在本书的大部分应用中,一个工人也许就业也许失业,但只有失业的工人在找工作。然而,鉴于在岗寻职和跳槽行为在经验上的重要性,我们也将(在第四章中)描述当存在在岗寻职时市场均衡的特征。我们将表明,关于只有失业者寻职的假设,其合理性自然不在于其描述上的精确性,关键在于,无在职寻职下所得到的失业理论与引入在职寻职所得到的失业理论,并没有显著的区别。在第四章中可以看到,尽管引入在岗寻职可得到一些新的结论,但对于本章和下一章中的失业理论并没有显著的修正,从而对于均衡匹配模型而言,无须放弃只有失业者寻职的简单匹配函数这一假设。生产或交易活动的完全专门化假设对于工作和工人而言都是有用的建模机制。

根据当前盛行的匹配技术,空置岗位和失业工人相互匹配后就逐渐从交易转向生产活动。在稳态中,失业现象是持续的,这是因为,在匹配过程中以及在所有未匹配的岗位与工人相遇前,一些现存岗位会被破坏掉,从而增加了失业。这些工人与岗位分离的结果源于那些特指企业的冲击。这类冲击主要概括了由于生产函数或效用函数的变化而导致的技术或需求的变化。

企业和工人在行动决策时完全知晓岗位匹配和岗位分离的过程,但并无任何协调其行为的打算。市场上存在着大量的企业与大量的工人,并且都作为单个竞争者独立行动。我们所描述的均衡是完全理性预期均衡。在总量均衡状态下,企业和工人在匹配和分离技术的约束下分别使各自的目标函数最大化,并且失业队伍的流入与流出相等。我们的假设保证了在流入量与流出量相等时的失业率是唯一的。

现在，我们来正式表述失业的均衡条件。假设劳动力队伍中共有 L 个工人。我们用 u 表示失业率，即工人中尚未被匹配者所占的比例，并用 v 表示空置岗位数在劳动力总数中所占的比例。我们称 v 为空置率，并且假设只有 uL 个失业工人和 vL 个空置岗位涉及匹配过程。在该模型中，时间被设为连续的。在每单位时间上所发生的岗位匹配数量给定为

$$mL = m(uL, vL)。\tag{1.1}$$

式 1.1 即为匹配函数。假设匹配函数关于各自变量都是递增的、凹的和一阶齐次的。齐次性亦即规模报酬不变，是一个很重要的性质。齐次性假设的原因与总量生产函数规模报酬不变的假设类似：它有经验数据的支撑，从而是可信的，因为在经济增长中，规模报酬不变可以保证平衡增长路径上的失业率是固定的。当然，无论是在微观还是宏观层面上，为了导出一个平衡增长路径，无须处处都假设规模报酬不变。然而迄今为止，有令人信服的经验上的理由假设匹配函数具有常规模报酬，这将在本章结尾以及后面第三章中讨论到。经验研究还进一步发现，对匹配函数的对数线性近似（科布—道格拉斯形式）能够很好地拟合数据。但是对于本书所推导的结论而言，我们无须对匹配函数施加这样一个额外的限制。

在任意时点上，相匹配的空置岗位与失业工人分别在 vL 和 uL 中随机选取。因此，这个使得岗位空置状态发生变化的过程是一个泊松过程，其变化比率为 $m(uL, vL)/vL$。利用匹配函数的齐次性可知，该比率仅仅是空置岗位与失业之比的函数。为方便起

见，我们引入比率 v/u 作为一个单独的变量，记为 θ，并将空置岗位变为满置的比率写为

$$q(\theta)\equiv m\left(\frac{u}{v},1\right)。\tag{1.2}$$

在一个很小的时间区间 δt 内，一个空置岗位与一个失业工人匹配的概率为 $q(\theta)\delta t$，因此一个岗位空置的平均期限为 $1/q(\theta)$。利用匹配技术的性质可知 $q'(\theta)\leqslant 0$，并且 $q(\theta)$的弹性是一个在 0 到 −1 之间取值的数。将该弹性的绝对值记为 $\eta(\theta)$。

根据相关的泊松过程，失业工人进入就业队伍的比率为 $m(uL,vL)/uL$。将 θ 代入该比率，则该比率等于 $\theta q(\theta)$，并且具有弹性 $1-\eta(\theta)\geqslant 0$。失业的平均期限为 $1/\theta q(\theta)$。因此，当工作岗位数量相对于工人数量而增加时，失业工人更加容易找到工作；当工人数量相对于工作岗位数量而增加时，拥有空置岗位的企业更加容易招到工人。根据岗位与工人必须成对匹配的事实，描述退出失业的过程与描述岗位满置的过程是相关的。由该模型的结构可知，θ 是关于劳动力市场紧度的一个合适的测度。在后面的许多论述中，劳动力市场紧度 θ 都是比岗位空置率 v 更加易于处理的变量。

函数 $q(\theta)$和 $\theta q(\theta)$都依赖于交易者的相对数量（紧度），这是交易外部性的一个例子。交易外部性将在我们的分析中扮演一个核心的角色。之所以产生交易外部性是因为在交易过程中，价格并不是唯一的配置机制。在一个很短的时间区间 δt 内，无论价格如何设定，存在一个正概率 $1-q(\theta)\ \delta t$ 使得一个招聘企业招不到工人，并且存在另一个正概率 $1-\theta q(\theta)\ \delta t$ 使得一个失业工人找不

到工作。这就存在一个随机的配额过程，而价格调整无法消除这个过程。但是，对于一个代表性交易而言，市场上交易者相对数量的调整可能使其处境变得更好或更糟。如果招聘企业相对于寻职工人的比例增加了，那么平均来说，一个企业面临配额过程的概率就会增加，而一个工人面临配额过程的概率则会减少，反之亦然。我们称这些交易外部性为搜寻外部性或拥挤外部性，因为这种外部性是由交易过程者中的搜寻企业与工人的相互拥挤造成的。它们的存在对于我们所推导的均衡失业的大部分性质而言都是很重要的。其对于均衡的效率也有重要的影响，我们将在第八章中考虑这一点。

失业队伍的流入源于岗位针对型（差异化）冲击，该冲击以泊松比率 λ 到达满置岗位。这种岗位针对型冲击可能是由需求的结构性变化造成的，这种结构性变化改变了一个工作岗位所生产的产品的相对价格。岗位型冲击也可能是由生产率冲击造成的，这种生产率冲击改变了生产的单位成本。无论是哪种情形，它们都是与口味变化或者技术变化相关联的真实冲击。当某个冲击来临时，企业别无选择，要么在新的岗位价值下继续生产，要么关闭该岗位。在该模型的详细描述中，我们将会假设当一个差异化冲击来临时，工作岗位的净产出将依据某个一般性概率分布变为一个新值。然而，本章模型较为简单，我们假定差异化生产率价值的概率分布为一个特殊的分布。满置岗位的产出的相对价格要么足够的高（并且固定）以使得生产有利可图，要么足够的低（从而是任意小）以使得岗位与工人分离。差异化冲击使得产出的价值以概率 λ 从高水平变为低水平。

当一个企业与一个寻职工人相遇并同意在一个协定工资上形成匹配时，岗位创造就发生了。在作出创造一个工作岗位的决定时，企业可以选择不同的产品价值，故其总是会选择高价值。产品或技术都是可区分的，却是不可逆的。在岗位创造之前，企业可充分地选择技术或产品类型；一旦岗位创造已经发生，企业将无法再做选择。因此，一旦企业与工人相遇并且一份工作被创造出来时，生产将继续进行，直到一个负的差异化冲击到达，而此时该岗位的生产力将变为低值。于是，岗位破坏发生了，并且在本模型的框架下，岗位破坏等于岗位分离：工人从就业变为失业，而企业要么退出劳动力市场，要么重新开设一个岗位作为一个新的空缺（在均衡中企业对于这两个选择是无差异的）。

我们假设经历逆向冲击的那些岗位与工人是被随机抽取的。在一个很小的时间区间 δt 内，一个工人以一个外生概率 $\lambda\delta t$ 从就业变成失业，而一个满置岗位则以同样的概率被分离。因此，岗位分离服从一个比率为 λ 的泊松过程。该过程与描述岗位满置的那个过程是相互独立的，并且在模型的这个版本中是外生的。

如果没有劳动力增长与流动，那么在一个很小的时间区间内，进入失业队伍的平均工人数量为 $\lambda(1-u)L\delta t$，而退出失业队伍的平均工人数量则为 $mL\delta t$。我们将后者重写为 $u\theta q(\theta)L\delta t$，其中 $u\theta q(\theta)\delta t$ 为失业的转换概率。平均失业水平的演化过程给定为失业队伍的流入与流出之差，

$$\dot{u}=\lambda(1-u)-\theta q(\theta)u。\tag{1.3}$$

在稳态中，平均失业率是固定的，因此

$$\lambda-(1-u)=\theta q(\theta)u。 \tag{1.4}$$

我们假设市场足够大，从而可以忽略掉其对于平均失业率的偏离。我们可以将式(1.4)重新改写为两个转移率所表示的失业方程：

$$u=\frac{\lambda}{\lambda+\theta q(\theta)}。 \tag{1.5}$$

式(1.5)是本模型的第一个关键方程。它意味着，对于一个给定的 λ 和 θ，存在一个唯一的均衡失业率。λ 是模型的一个参数，θ 则是一个未知数。在下一节中，我们将表明 θ 的值是由利润最大化假设推导出来的一个方程所决定的，其值是唯一的，并且与 u 无关。因此，u 的解也是唯一的。根据匹配函数的性质，在"紧度—失业"空间中或"空缺—失业"空间中，式(1.5)可以由一条向下倾斜且凸向原点的曲线来表示。该曲线被称为贝弗里奇曲线。

稳态条件(1.4)是用失业流入量和流出量来表述的。相应地，该条件也可用岗位流动来表示，我们在此给出这个表述以备将来参考。在任意时点上，岗位创造数为 $m(u,v)$。在关于岗位流动的经验文献中，岗位创造率通常被定义为岗位创造数与就业之比，亦即 $m(u,v)/(1-u)$。类似地，岗位破坏率也被定义为岗位破坏数 $\lambda(1-u)$ 与就业 $(1-u)$ 之比，亦即 λ。让这个固定的岗位破坏率与岗位创造率相等便可得到式(1.4)。通过将稳态条件用岗位流动来重新表述，就可以清楚地看到，在模型的这个版本中，关键的驱动力是岗位创造。这种表述使得在后面的几节中该模型的某些结论与经验研究结果之间的比较变得更加容易。

1.2　岗位创造

当一个企业与一个工人相遇并同意签订一份雇佣合同时，就创造了一个岗位。然而在此之前，企业必须公开岗位空缺信息并进行搜寻，而失业工人也必须进行寻职。雇佣合同仅仅确定了一个工资规则。这个工资规则是一些共同可观测变量的函数，在任何时点上都会给出相应的工资率。工作时间是固定的（并且被标准化为1），双方都可以随时终止合同。

为方便起见，我们假定只考虑小企业。每个企业在最初进入劳动力市场时都只有一个岗位空缺，但是在签订一份雇佣合同后，该岗位就被一个工人占据。当这个岗位满置时，企业租用资本并生产产品，然后在竞争性市场上出售产品。对于我们的主要结论而言，投资决策是不重要的，因此我们暂且将其搁置，在本章稍后部分才会引入资本。我们假设一个岗位的产出价值是某个常数$p>0$。当岗位空置时，企业会积极投入招聘活动，每单位时间内耗费固定的成本$pc>0$。在招聘期间，工人到达空置岗位的比率为$q(\theta)$，目前与企业的行为无关。

生产率越高的工人其雇佣成本也就越高，因而雇佣成本是与生产率成比例的。由于企业的成本必须随着生产率而上升以保证稳定状态的存在性，故在长期均衡中这是一个自然的假设。然而，这个假设在经济周期中是否合理就不那么容易判定了。此时，由于招聘是劳动密集型活动，故假设雇佣成本依赖于工资可能更为自然。但是，即使在短期内工资与生产率不成比例，假定雇佣成本与生产率成比例仍然是一个合理的假设。在这个假设下，后面结论的推导与解释都将更为容易。并且，即使假设雇佣成本依赖于工资，也推导不出什么令人感兴趣的新结论。

工作岗位的数量是内生的，由企业的利润最大化所决定。任何企业都可以自由地开设空置的岗位并从事于招聘活动。利润最大化原则要求增设一个新岗位的利润必须为零。在本章的简单模型中，由于每个企业仅拥有一个岗位，利润最大化等价于企业进入劳动力市场的零利润条件。在第三章中，我们将由一个标准的竞争性厂商模型推导出同样的条件。在那个模型中，存在着雇佣调整成本的企业将最大化其利润的折现值。在本章中，我们将遵循企业只拥有一个工作岗位的假设，以便能推导出一个非常重要的工资方程。然而，我们后面所得出的某些结论，特别是那些关于内生岗位破坏的结论，也都严重地依赖于这个假设。

设 J 表示一个满置岗位的期望利润的折现值，V 表示一个空置岗位的期望利润的折现值。假设存在一个完善的资本市场、无限期界并且不存在可预期的动态参数变化，那么 V 将满足如下贝曼方程：

$$rV = -pc + q(\theta)(J - V)。\tag{1.6}$$

一个工作岗位是企业所拥有的一项资产。在一个完善的资本市场里，该资产的价值使得其资本成本，即 rV，刚好等于该资产的回报率：空置岗位每单位时间内花费成本 pc，并且其状态将根据一个泊松过程以比率 $q(\theta)$ 发生变化。这个状态变化产生净回报 $J-V$。由于是在稳定状态中，岗位价值的期望变化不会带来任何资本收益或损失。V 和 J 都是固定不变的。

在均衡中，由新岗位带来的所有赢利机会都会被挖掘，这就使得空置岗位的经济租为零。因此，空置岗位供给的均衡条件即为 $V=0$，这意味着：

$$J=\frac{pc}{q(\theta)}。\tag{1.7}$$

这是均衡模型的第二个关键方程。对于单个企业来说，$1/q(\theta)$ 是一个岗位的平均期限。条件(1.7)表明在均衡中，市场紧度使得一个新岗位的期望利润等于雇佣一个员工的期望成本。因为在本模型中一个企业不能以一个满置岗位进入劳动力市场，从而在均衡中满置岗位将会存在经济租。空置岗位之间的竞争将导致这些租下降为招到一个工人的期望成本。

与空置岗位所满足的方程类似，一个满置岗位的资产价值，即 J，也满足一个价值方程。该岗位的流动资本成本为 rJ。在劳动力市场上，该岗位产生净回报 $p-w$，其中 p 为真实产出，w 为劳动力成本。该岗位也面临一个逆向冲击的风险 λ，由此导致的损失为 J。因此，J 满足如下条件：

$$rJ=p-w-\lambda J。\tag{1.8}$$

企业将利率和产品价值视为给定的，但是工资率将由企业与工人的谈判决定。利用式(1.8)将均衡条件(1.7)中的 J 替换掉，我们可推导出如下方程：

$$p-w-\frac{(r+\lambda)pc}{q(\theta)}=0。\tag{1.9}$$

正如我们在第三章中将要看到的那样，式(1.9)相当于劳动力需求的一个边际条件。p 为劳动的边际产出，而 $(r+\lambda)pc/q(\theta)$ 则为企业雇佣成本的期望资本化价值。如果企业不存在雇佣成本，

c 即为 0，从而式(1.9)即简化为在稳态中就业的标准边际生产率条件。根据匹配率 $q(\theta)$ 的性质，式(1.9)可以由 $\theta-w$ 空间上的一条向下倾斜的曲线来表示。在本模型中，匹配技术的性质保证了劳动力需求曲线向下倾斜，即使在劳动边际产出不变的情形下也是如此。我们将称其(以及其所代表的方程)为岗位创造条件。

贝弗里奇曲线(1.6)和岗位创立条件(1.9)包含四个未知数——失业、岗位数量、真实工资率，以及真实利率。由它们可以得到用两个价格(即真实工资和利率)所表示的失业数量和岗位数量的解。当然，真实工资和利率仍然有待确定。为此，我们必须通过考虑工人的行为和模型的需求方来结束此模型。

1.3　工人

通常来说，工人通过寻职行为以及对于工资决定的影响来影响均衡的结果。在本章的简单模型中，劳动力的规模和每个工人的搜寻强度是固定不变的，而所有岗位拥有相同生产率的假设使得工人的岗位接受决策变得无关紧要。因此，工人只有通过工资才能影响均衡的结果。在本节中，我们将推导出一个代表性工人分别在就业与失业时的回报，这在下一节推导工资方程时以及在后面几章的其他应用中都会用到。

一个代表性工人在就业时赚取工资 w，在失业时则搜寻工作。在寻职过程中，工人拥有某个真实回报 z，其度量单位与真实工资一样。z 可能包含很多东西，这取决于这些东西在失业工人就业时是否必须被放弃。我们忽略掉那些无论就业还是失业时工人都会得到的那些收入，这是因为在风险中性和存在完善的资本市场的假设下，这些收入在失业的决定中不起作用。

z 中最为明显的部分是失业保险金。z 中的另外一部分是当经济中存在一个次级部门时，工人通过临时和非正式工作所能赚取的收入。z 中也包含任何无报酬的闲暇活动中应计的真实回报，例如家务劳动或娱乐等。在本章以及随后几章中我们将表明，描述 z 的方式对于我们的许多结论都是很重要的。一开始，我们假设 z 是常数，并且与市场回报无关。

设 U 和 W 分别表示就业和失业工人的期望收入流的折现值，包括非市场活动中的那些应计收入。失业工人在失业期间享受（期望的）真实回报 z，并且在每单位时间内进入就业的概率为 $\theta q(\theta)$。因此，U 满足：

$$rU = z + \theta q(\theta)(W - U)。\tag{1.10}$$

式(1.10)与企业的资产方程(1.6)和(1.8)有着相同的解释。所评估的资产是失业工人的人力资本，而市场赋予其价值为 U，这由收益 z 和状态变化的期望资本收益 $q(\theta)(W - U)$ 组成。关于 rU 有两种有用的解释。由于它是工人在寻职期间其人力资本的平均期望回报，故它是使失业工人放弃寻职所需的最低补偿。于是，这就成为失业工人的保留工资（也可参见第六章）。rU 也是失业工人在未用完其人力资本时可以花费的最大数量。因此，它也是失业工人的正常或持久性收入，其中持久性收入的定义是广义的，包括应计的非市场回报。

就业工人赚取的工资为 w，他们在一个外生的概率 λ 下失去工作而成为失业者。因此，市场赋予他们的价值，即 W，会满足：

$$rW = w + \lambda(U - W)。 \tag{1.11}$$

由于失业风险的存在，就业工人的持久性收入 rW 不同于固定工资 w。如果在模型中存在辞职行为，rW 将成为使得工人放弃其工作所需的最低补偿。在不存在在岗寻职的情形下，只要 $W \geqslant U$，工人就会留在其岗位上。使这一点成立的充分必要条件是 $w \geqslant z$。尽管 w 仍然是未知数，我们还是假设该不等式成立。后面我们将表明，要使之成立，所强加的一个充分条件是 $p \geqslant z$。

由式(1.10)和(1.11)可以解出失业工人和就业工人的持久性收入，利用回报 z 和 w 以及折旧率和转移率可以将其表示为：

$$rU = \frac{(r+\lambda)z + \theta q(\theta) w}{r + \lambda + \theta q(\theta)}, \tag{1.12}$$

$$rW = \frac{\lambda z + [r + \theta q(\theta)] w}{r + \lambda + \theta q(\theta)}。 \tag{1.13}$$

因为 $w \geqslant z$，根据式(1.12)和(1.13)可知若存在折旧，就业工人将比失业工人有着更高的持久性收入：相对于那些将来有可能失业的人，失业对于那些正在经历失业的人来说代价更高。但是若不存在折旧，根据持久性收入来看，则失业工人的处境并不比就业工人更差。原因在于，在无限期界的假设下，所有工人最终参与就业与失业的机会相等，并且他们经历失业的时间不会影响他们的事前回报。

1.4 工资决定

在均衡中，满置岗位产生的总回报要严格大于一个搜寻企业与一个搜寻工人的期望回报之和。如果原来在一起的企业与工人分离了，那么他们在达成其他配对之前将各自经历一个昂贵的搜寻过程。因为所有的岗位—工人配对的生产力都相等，重新匹配后的企业与工人的期望联合回报必须与其先前匹配所得到的联合回报相同。因此，一个成功的岗位匹配会产生一些纯粹的经济租。这个经济租等于企业和工人的期望搜寻成本之和（包括损失的工资和利润）。除了补偿各方的搜寻成本之外，工资必须分担这个（局部垄断性）经济租。我们假设这个垄断租将根据纳什谈判解进行分担。

企业与工人相遇后，一个岗位的工资率便固定下来。由于所有岗位的生产力相同并且所有工人对于闲暇赋予相同的价值，故每个工作岗位所固定的工资都应当相同。但是，单个的企业和工人都太小而无法影响整个市场。当企业与工人相遇时，他们总是在将市场上其他人的行为视为给定的情形下确定工资率。

给定我们关于生产力和差异化冲击过程的假设，由匹配过程所结合的企业和工人将总是能够形成一个生产性岗位。在企业与工人之间所签订的雇佣合同中，一方面确定了每个时期的工资 w_i，另一方面还确定了一个视差异化冲击发生状况而定的分离规则。在此处乃至整个分析中，我们都假设无论何时新的信息来临时，工资合同将被重新协商。这意味着在一份工作的整个周期中，工资率将总是依据纳什分担规则连续地发生变化。

在工资率 w_i 下，企业对于岗位的期望回报 J_i 将满足：

$$rJ_i = p - w_i - \lambda J_i。\tag{1.14}$$

回顾一下，当企业的工作岗位空置时，岗位的价值 $V=0$。对于工人而言，工作岗位的价值为 W_i，满足：

$$rW_i = w_i - \lambda(W_i - U)。 \tag{1.15}$$

搜寻的期望回报 U 与 w_i 无关，并且与以前一样满足式(1.12)，其中 w 表示市场上其他企业与工人所确定的工资。

由(广义)纳什谈判解所导出的工资 w_i 使得企业与工人从岗位匹配中所得净回报的加权积最大化。为了达成岗位的匹配，工人为了 W_i 而放弃了 U，企业则为了 J_i 而放弃了 V。因此，这份工作的工资率满足：

$$w_i = \operatorname{argmax}(W_i - U)^{\beta}(J_i - V)^{1-\beta}, \tag{1.16}$$

其中 $0 \leqslant \beta \leqslant 1$。在对称情形下 $\beta = 1/2$。更一般地，也许存在其他可能的谈判情形导致不同的 β，例如，当企业和工人的耐心程度不同时便会如此。在那些更为一般的情形下，除了"谈判破裂点"U 和 V 所蕴涵的谈判势力之外，β 也可以解释为劳动者的谈判势力的一个相对测度。在整个分析中，我们将视 β 为严格在 0 到 1 之间取值的固定参数，并且由于我们正在考虑对称的情形，故将 1/2 视为其最可信的取值。

由式(1.16)所导出的最优化的一阶条件必须满足：

$$W_i - U = \beta(J_i + W_i - V - U)。 \tag{1.17}$$

因此在本章模型中，β 表示劳动者在一个满置岗位所创造的总剩余中的分享份额。

条件(1.17)可通过多种方法转化为一个工资方程。在此，我们给出两种方法。首先，将式(1.15)和(1.14)中的 W_i 和 J_i 代入式(1.17)，并且根据均衡条件 $V=0$，我们可以将式(1.17)用流量表示如下：

$$w_i = rU + \beta(p - rU)。 \tag{1.18}$$

由上式可知，工人的工资可分为两个部分，一部分是他们的保留工资 rU，另一部分是他们通过接受工作所创造的净剩余的比例 β：这个净剩余即为产品价值减去他们所放弃的 rU。在本模型的均衡解中 rU 并不是一个特别有趣的变量。此外，我们还可以得到关于工资方程的另外一个更简单且更吸引人的版本。注意，式(1.18)意味着所有的工作岗位都提供同样的工资，并且利用式(1.17)和关于岗位的均衡条件(1.7)将式(1.10)中的 $W-U$ 替换掉。于是，可得到关于 rU 的如下表达式：

$$rU = z + \frac{\beta}{1-\beta} p c \theta, \tag{1.19}$$

将上式代入式(1.18)，便可得到在均衡中成立的总量工资方程

$$w = (1-\beta) z + \beta p (1 + c\theta)。 \tag{1.20}$$

对于我们将要研究的各种应用而言，式(1.20)是最为方便的工资方程式。如果我们注意到 $pc\theta$ 即为每一个失业工人的平均雇佣成本(因为 $pc\theta = pcv/u$，且 pcv 是经济中的总雇佣成本)，那么对于一个市场均衡来说，式(1.20)的含义就比较直观了。在工作岗位形成时，由于节约了代表性企业所付出的雇佣成本，工人由此得到了回报。在我们的模型中，市场紧度通过谈判双方各自拥有的谈判势力进入工资方程。相对于一个拥有更低的 θ 的均衡来说，更高的 θ 意味着岗位到达工人的概率要高于工人到达空置岗位的概率。因此，工人的谈判势力会上升而企业的谈判势力则会下降，从而这将导致工资率上升。

式(1.20)取代了瓦尔拉斯模型中的劳动力供给曲线。在我们的模型中，劳动力供给是固定的：劳动力的规模是固定的，工人的寻职意愿是固定的，并且工作岗位上的工人的劳动时间也是固定的。在固定的劳动力规模下，瓦尔拉斯劳动力供给曲线在我们的模型中是一条垂线。但是在此模型中，由于局部垄断势力的存在以及用于求解工资的分担规则，这意味着即使在固定的劳动产出和劳动力供给下，在 $\theta-w$ 空间上也存在着向上倾斜的关系（或者说，在给定的岗位空置下，工资和失业之间存在着向下倾斜的关系）。我们将此曲线简称为工资曲线，有时它也被称为工资设定函数或工资决定曲线。

最后，我们注意到分担规则(1.17)的另外一个性质。在均衡状态中，一个工作岗位为企业和工人创造了一个正的剩余，刚好等于期望寻职成本和期望雇佣成本之和。企业从该岗位中所得到的净回报为 J，根据式(1.7)，这个净回报必须为正并且等于期望雇佣成本。由式(1.14)和式(1.20)可知，产出 p 必须严格大于工人的非市场回报 z，而劳动者的分担份额 β 则必须严格小于1；否则，将没有厂商有动力开设一个新岗位。如果 $\beta>0$，那么工人从工作中得到的回报 $W-U$ 可以严格为正，但是也有可能 $\beta=0$，从而企业得到工作岗位所创造的全部剩余。我们将假设 p 足够的高，以保证非平凡均衡的存在性，并且使得 β 严格小于1。

1.5　稳态均衡

满足流量均衡条件(1.5)、岗位创造条件(1.9)和工资方程(1.20)的三个变量 (u,θ,w) 被称为均衡。实际利率在此分析中未予考虑，暂且假定其是外生的、固定的。在给定利率下，式(1.9)和(1.20)

决定了工资率以及岗位空置与失业之比。给定岗位空置与失业之比，式(1.5)决定了失业水平。一旦知道了 θ 的取值，失业的演化过程可由固定劳动力的假设得到，而产出的演化过程则可由每份工作的产出不变的假设得到。

根据该模型的结构，较为方便的做法是将 θ 视为未知数，代替岗位数量或岗位空缺数量。回想一下，岗位数量等于就业量 $(1-u)L$ 加上岗位空置数量 θuL；因此，如果我们知道了 θ 和 u，也就知道了岗位数量。与以前一样，我们将 θ 称为劳动力—市场紧度(或称为 v/u 率)。为方便起见，我们将确定稳态均衡的三个方程复述如下：

$$u=\frac{\lambda}{\lambda+\theta q(\theta)}, \tag{1.21}$$

$$p-w-\frac{(r+\lambda)pc}{q(\theta)}=0, \tag{1.22}$$

$$w=(1-\beta)z+\beta p(1+c\theta)。 \tag{1.23}$$

利用两个图形容易表明均衡是唯一的，其中一个图形取代了传统的劳动力需求和供给图，另一个图形则以贝弗里奇曲线为中心。

图 1.1 表明了均衡状态下的市场紧度与工资。回顾一下，式(1.22)是工资创造曲线，在紧度—工资空间中向下倾斜：更高的工资率降低了岗位创造的赢利性，从而导致岗位与工人的均衡比率下降。岗位创造曲线取代了瓦尔拉斯经济中的需求曲线。式(1.23)是向上倾斜的工资曲线：在更高的市场紧度下，市场参与者的相对谈判势力朝着有利于工人的方向变化。工资曲线取代了供给曲线。均衡 (θ,w) 便位于岗位创造曲线和工资曲线的交点上，其取值是唯一的。

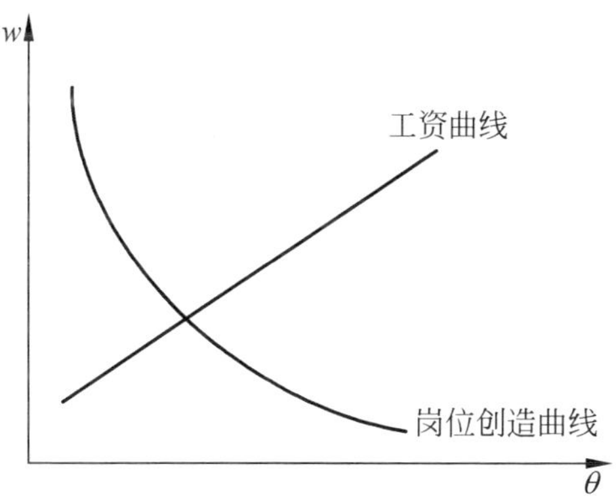

图 1.1 均衡工资与市场紧度

现在考虑图 1.2 中的贝弗里奇曲线。图 1.1 表明均衡 θ 与失业无关。将工资由式(1.23)代入式(1.22)即可明确地导出 θ 的方程,可得

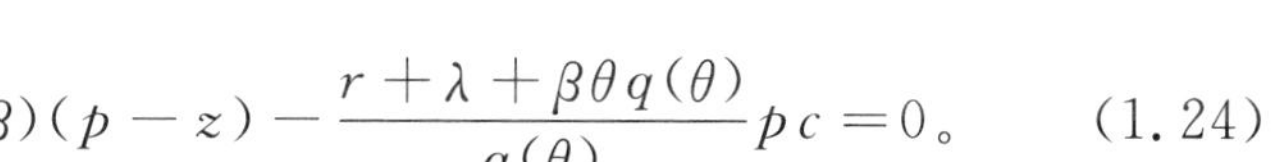

$$(1-\beta)(p-z)-\frac{r+\lambda+\beta\theta q(\theta)}{q(\theta)}pc=0。\qquad(1.24)$$

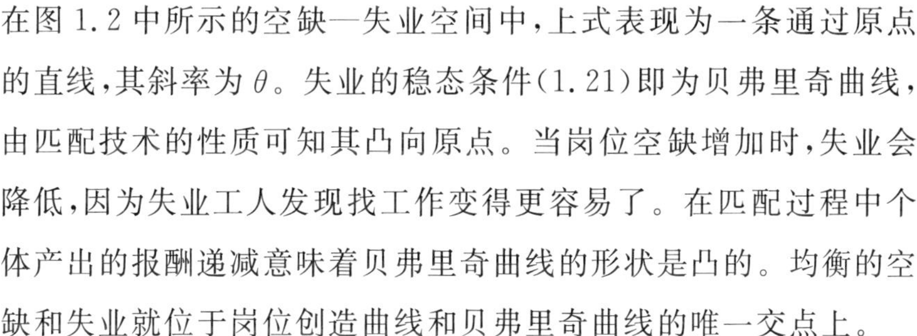

在图 1.2 中所示的空缺—失业空间中,上式表现为一条通过原点的直线,其斜率为 θ。失业的稳态条件(1.21)即为贝弗里奇曲线,由匹配技术的性质可知其凸向原点。当岗位空缺增加时,失业会降低,因为失业工人发现找工作变得更容易了。在匹配过程中个体产出的报酬递减意味着贝弗里奇曲线的形状是凸的。均衡的空缺和失业就位于岗位创造曲线和贝弗里奇曲线的唯一交点上。

关于均衡得一些更为有趣的性质也可由图中显示出来。劳动生产率提高会增加 p,并导致图 1.1 中的岗位创造曲线向右移动、工资曲线向上移动。因为 $\beta<1$,岗位创造曲线会移动得更多一些,结果使得工资和市场紧度都会增加[参见式 1.24]。在图 1.2

中，这将导致岗位创造曲线逆时针转动，结果使得岗位空缺增加、失业减少。

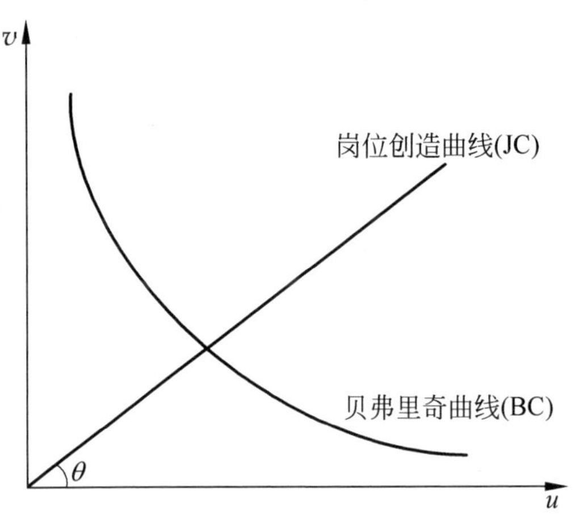

图 1.2　均衡空缺与失业

详细观察工资方程和式(1.24)可知，由于失业工人的(应计的或实际的)收入 z 是固定的，从而生产率会对市场紧度和失业产生影响。固定的 z 使得工资无法充分地吸收生产率的变化，因此在生产率提高时，岗位创造的收益也提高了，从而导致岗位创造增加、失业减少。尽管在本章模型的框架下这是很直观的，但是在长期均衡模型中，这个性质不太令人满意。从长期来看，工资应当充分地吸收生产率的变化(至少在劳动扩展型生产率变化下应当如此)，并且应当存在一个固定失业水平的平衡增长均衡。

要想使得工资能够充分地吸收生产率的变化，可对模型进行简单的扩展。最为简单的(但不是最一般的)情形是假设 z 主要是由平均工资率所表示的固定的失业保险收入。如果设 $z=\rho w$，其中 ρ 是重置率(一个政策参数)，那么工资方程变为：

$$w=\frac{\beta(1+c\theta)}{1-(1-\beta)\rho}p。\tag{1.25}$$

根据这个工资方程，岗位创造条件(1.22)变为：

$$1-\frac{\beta(1+c\theta)}{1-(1-\beta)\rho}-\frac{(r+\lambda)c}{q(\theta)}=0,\tag{1.26}$$

这使得均衡 θ 与生产率无关。于是，均衡失业水平也与生产率的平均水平无关。

关于非市场时间的价值的其他更为一般的假设也有类似的中性影响，尽管这种影响并不一定是针对生产率的增长率而言的。在第三章中，我们将回到这个问题，那时我们将会表明，z 的某些刚性也许是短期和中期均衡的合理特征，但在长期均衡中却未必合理，并且那时我们还将考察生产率增长的影响。

工人的非市场回报的增加由 z 的提高[如果工资方程是式(1.25)，则是由 ρ 的提高]来表示，这将导致图 1.1 中的工资曲线向上移动，因而提高了工资，但降低了市场紧度。当 z 提高时，由于失业的成本降低了，工人会索要更高的工资，而由于工资提高，企业所创造的工作岗位会减少。由于类似的原因，提高 β 也会有类似的影响。在图 1.2 中，岗位创造曲线顺时针转动，导致空缺减少而失业增加。注意，通过忽略掉失业收入对于岗位搜寻与岗位接受的非激励效应，也可以推导出失业收入的这些影响，我们将在第五和第六章中讨论这一问题。

真实利率提高或负差异化冲击率提高(从而在给定失业率水平下岗位破坏率提高)会导致图 1.1 中的岗位创造曲线向左移动。原因在于，在更高的真实利率下，一个工作岗位的未来收益折旧得更加严重了，而在更高的岗位破坏率下，工作岗位的寿命平均来说更短了。因为岗位创造的成本必须提前支付，这些都会导致市场紧度和工资率下降。在贝弗里奇曲线图中，这些变化都会导致岗位创造曲线向下方转动，但是差异化冲击率的增加也会导致贝弗里奇曲线向外移动。更高的利率增加了失业并减少了岗位空缺。更高的岗位破坏率增加了失业，但是其对岗位空缺的影响则是不明确的。

更高的 λ 使得贝弗里奇曲线向外移动，这是因为在给定失业率下，更高的 λ 意味着失业的流入要大于流出。要使得失业的流出与其流入相等，失业必须增加(从而使得失业的流出增加)。导致贝弗里奇曲线向外移动的另一种变化是岗位匹配率的外生下降，亦即在给定的岗位空置和失业水平下匹配函数向下移动。在本章中，我们还未讨论导致匹配函数向下移动的原因，但在第五和第六章中，我们将表明岗位匹配的外生下降可能是由在均衡中影响企业和工人的搜寻行为的一小部分参数的变化造成的。然而，导致岗位匹配率的外生变化还有另外一个原因，这个原因与总量匹配函数的概念有关。现在我们就其进行讨论。

原因就在于经济中匹配失败的程度。正如我们已经表明的那样，在现实经济中，由于岗位和工人的质量与位置都存在差异，并且关于各相关参数的信息都是不完全的，因而岗位匹配不可能即刻发生。在我们的模型中，匹配函数是一个便利的建模机制，概括了这些因素对于岗位形成速度的影响。匹配失败可被视为一个经验性的概念，度量了劳动力市场的异质性程度。如果经济中的匹配失败都为零，匹配函数将不复存在，而岗位和工人就能够即刻相遇。由于存在某些匹配失败，岗位与工人只能在经历一个搜寻与求职过程之后才能相遇。因此，如果匹配失败数量存在一个外生性的增加，那么在给定的市场紧度下岗位匹配率必定下降，因此贝弗里奇曲线必须向右移动，从而偏离原点。因为给定市场紧度下，岗位匹配率的下降也会减少工人到达岗位的比率，这也使得图 1.1 中的岗位创造曲线向下和向左移动，从而使得工资和均衡市场紧度下降。在图 1.2 中，则表现为均衡岗位创造线向下转动，从而导致更多的失业，但岗位空缺却无明显的变化。

当然，如果经验中匹配失败的变化十分频繁，匹配函数概念的有用性就会下降。然而，对于匹配失败的变化不要过于频繁的要求与其他总量函数的要求是一样的，例如总量生产函数和货币需求函数。如果经验中由于资本和劳动力的加总问题导致总量生产函数变化无常，那么总量生产函数在宏观经济建模中的有用性就会减少。我们对于总量匹配函数的运用很大程度上取决于不存在严重的加总问题，而这与宏观经济学中所使用的其他总量函数是一样的。在实际应用中总量生产函数是否有用是一个经验性问题。有大量的经验证据支持匹配函数在宏观失业理论中的运用（参见本章结尾的文献评注）。

在经验文献中，匹配失败与频繁讨论的部门转换假设有关，也与一个更古老的关于结构性失业的观点有关。结构性失业是指那些由于整个经济中快速的结构性变化而导致的失业。例如，一般认为，在 20 世纪 70 年代和 80 年代，石油、技术和其他供给性冲击增加了失业工人适应雇主要求变化的速度。这导致匹配失败增加，从而在给定岗位空缺下增加了失业。然而，无论是在美国的部门转换假设，还是欧洲的匹配失败假设，都无法成功地解释失业的大幅波动，这从另一方面说明了总量匹配函数的稳定性。

1.6　资本

现在，我们在前几节的模型中引入投资决策，并且表明在存在一个完善的二手资本品市场的假设下，一方面，失业模型的本质特征并未改变，另一方面，即使存在匹配性摩擦现象，投资决策依然不受影响。我们继续假设利率是外生的，在第三章中我们会放松这一假设。随后的假设将说明我们为何在后面几章中使用无资本决策的模型。

假定企业能够在一个完善的资本市场上根据产品的价格买卖资本品。进行资本交易的决策与该决策的执行是同步的。由于资本品是昂贵的，企业只有在其岗位满置时才会购买资本品；也就是说，空置岗位并不拥有资本。

在前几节的模型中，生产率 p 被重新解释为一个劳动扩展型生产率参数，以此度量有效单位劳动。设 K 和 N 分别表示资本和就业总量，则存在一个总量生产函数 $F(K,pN)$，其边际产品为正且递减、并且规模报酬不变。将比率 K/pN（即每有效单位劳动的资本存量）表示为 k，我们即可将 $f(k)$定义为每有效单位劳动的产出 $F(K/pN,1)$。每单位生产函数 $f(k)$满足 $f'(k)>0$ 且 $f''(k)<0$。

当岗位空置时，其资产价值给定为 V，且与以前一样满足同样的价值方程(1.6)。但是当一个工人到达并接受该岗位提供的工资率时，企业将为每有效单位劳动雇佣资本 k。企业所拥有的资本存量(或租赁的资本存量,当存在一个完善的二手资本品市场时,这没有区别)成为岗位价值的一部分,因此现在一个满置岗位的资产价值给定为 $J+pk$,即利润的折现值与租赁资本存量之和。岗位的实际资本成本为 $r(J+pk)$。在劳动力市场上,该岗位将产生净回报 $pf(k)-\delta pk-w$,其中 $pf(k)$ 为实际产出,δpk 为资本折旧,而 w 为劳动力成本。该岗位也面临一个逆向冲击风险 λ,这将导致 J 的损失,但不会导致 k 的损失,因为资本品可以在二手市场上出售。因此,J 由如下资产估值条件决定:

$$r(J+pk)=pf(k)-\delta pk-w-\lambda J, \tag{1.27}$$

该式推广了式(1.8)。

企业将利率和工资率都视为给定的,并租赁足够的资本以最大化其工作岗位的价值。由 J 对 k 求最大值就给出了我们所熟悉的企业资本存量的均衡条件

$$f'(k)=r+\delta。\tag{1.28}$$

资本的边际产出等于资本的边际成本,即租金加上折旧率。

通过对式(1.27)进行整理,可知其相当于式(1.8)的推广,即将岗位产出 p 由 $p[f(k)-(r+\delta)k]$所代替。当然,若式(1.28)成立,方括号中即为有效单位劳动的边际产出 $f(k)-kf'(k)$。引入资本存量后,其他资产价值方程都未受到影响。由于企业可以在自由市场上买卖资本品,引入资本也不会影响工资谈判——尽管企业已作出资本投资决策,但由于资本投资是可以自由流动的(也是可逆的,尽管技术仍然是不可逆的),工人无法"敲"企业的"竹竿"。因此,该模型的求解与以前一样,但是需要进行一个推广,即在所有表达式中将产出 p 乘上$[f(k)-(r+\delta)k]$。我们在此将这

个推广的均衡条件复述如下：

$$f'(k)=r+\delta, \tag{1.29}$$

$$p[f(k)-(r+\delta)k]-w-\frac{(r+\lambda)pc}{q(\theta)}=0, \tag{1.30}$$

$$w=(1-\beta)z+\beta p[f(k)-(r+\delta)k+c\theta], \tag{1.31}$$

$$u=\frac{\lambda}{\lambda+\theta q(\theta)}。 \tag{1.32}$$

在给定的利率下，从式(1.29)到(1.32)的均衡系统是递归的。一旦知道了 r 的值，式(1.29)便给出了资本—劳动比率。根据 r 和 k，式(1.30)和(1.32)给出了工资水平和市场紧度，正如图 1.1 所示的那样。最后，在给定的市场紧度下，可知式(1.32)决定了失业水平，正如图 1.2 所示的那样。借助图 1.1 和图 1.2，可知其所描述的参数效应在引入资本后没有发生变化。

在此经济中，均衡资本存量总量为 $L(1-u)pk$，均衡失业水平为 $L(1-u)$，从而总产出为 $L(1-u)pf(k)$。由于我们假定利率为常数，资本供给需要具有无限弹性才能满足从式(1.29)到式(1.32)的均衡条件。在第三章中，当我们考察内生资本供给下的利率决定时，将会回到这一主题。

1.7　非稳态的动态分析

前几节中的讨论完全关注于稳定状态。然而，失业理论的推导明确地基于如下两个条件：(1)由岗位创造和岗位破坏模型所推导出来的失业存量的动态演化方程；(2)在岗位创造和工资决定中企业和工人具有前瞻性的理性预期。现在，我们将考察这些动态行为假设在非稳定状态下的经济含义。

尽管非稳态的动态分析提供了描述随机波动模型的多种不同方向，我们并不试图在此发展出一个完整的经济周期模型。我们重点关注，当存在一个匹配函数时，失业、空缺以及工资的动态表现。若要建立一个完整的经济周期模型，那么对资本的处理将要比前一节中更为一般化，并且还需要引入消费与储蓄行为(参见文献评注中关于这一领域的一些新近的研究)。相反地，在此我们忽略掉资本，并利用图 1.1 和图 1.2，集中关注于三元变量(θ, w, u)的动态演化过程，从而忽略掉除劳动力市场以外的其他所有市场。在此情形下，我们所感兴趣的问题包括(1)到达图 1.1 和图 1.2 中的稳定状态的稳定路径是否是唯一的；(2)失业和空缺的非稳态动态过程是否与这个周期性的典型事实相一致，即当经济偏离图 1.2 中的贝弗里奇曲线时，它是否将会沿着该曲线逆时针循环转动。

在创造一个新岗位的期望利润为零的假设下，我们在稳态模型中推导出了市场紧度的均衡值。现在，我们假设这一性质在非稳定状态中也仍然成立。为了保证这个假设能够成立，岗位空缺以及市场紧度都必须是“跳跃性”变量，也就是说，企业必须能够随时开设或关闭一个空置岗位，以保证一个新岗位的价值总是为零。

关于工资决定也有类似的假设。假设企业和工人根据式(1.17)分享了岗位的经济租，从而推导出稳态中的工资水平。现在，我们假设同样的分享规则在非稳态中仍然成立，这与企业和工人在接收新的信息后可以随时重新谈判的假设相一致。这个假设也要求工资是一个跳跃性变量，并且若式(1.17)总是被满足的话，则工资在调整过程中可以随时改变。

失业的动态表现与岗位空缺和工资形成对比。尽管企业和工人相遇时可以随时独立决定是否达成一个匹配，但是总体上，匹配结果将由匹配技术决定。匹配技术不允许岗位形成中存在跳跃性；它描述了一个缓慢、稳定而且具有回溯性的过程，如式(1.3)所示，这个过程由岗位创造与岗位破坏之差决定。这就使得失业在任何时候都是一个先决变量。

这个模型将一个回溯性的稳定过程和一个前瞻性的跳跃变量结合起来，我们自然期望其非稳态动态可由一个鞍点路径来刻画。在理性预期假设下，我们可以表明这个鞍点路径是导致该经济进入其稳态均衡的唯一稳定路径。

为了推导出工资和市场紧度的动态方程式，我们需要企业和工人在非稳态下的期望回报水平。现在，岗位和工人的净价值明显是时间的函数。企业和工人现在会意识到在市场赋予岗位和工人价值的变化中可能存在资本收益或损失的事实，除此之外，决定其价值的套利方程与其在稳态中的情形一样。

再次用 V 表示一个空置岗位的资产价值。在一个完善的资本市场和完美预期下，它将满足如下套利方程：

$$rV = -pc + \dot{V} + q(\theta)(J - V)。\qquad (1.33)$$

正如在稳态中一样，式(1.33)的左边是该资产的资本市场成本。右边则是劳动力市场回报：一份收益 $-pc$，资产估值变化的期望资本收益 $\dot{V}$，以及找到一个工人来填补岗位空缺的机会的期望资本收益。将式(1.33)和式(1.6)进行比较便可发现，在一个空置岗位的估值中唯一发生变化的就是现在必须考虑调整过程中的岗位价值变化。

满置岗位的价值 J 也满足一个类似的套利条件。在无资本情形下，我们可得到：

$$rJ = p - w + \dot{J} - \lambda J 。\tag{1.34}$$

其中 $\dot{J}$ 是调整过程中岗位价值变化的期望资本收益。

我们已经假设无论处于稳态还是非稳态，企业一定会充分挖掘新岗位的赢利机会，这就意味着 $V=\dot{V}=0$。因此，J 由如下两个方程决定

$$J = \frac{pc}{q(\theta)}, \tag{1.35}$$

$$\dot{J} = (r+\lambda)J - (p-w)。\tag{1.36}$$

就业和失业工人的净价值由类似于式(1.33)和(1.34)的两个套利方程给出。与以前一样，U 表示一个失业工人的净价值，W 则表示一个就业工人的净价值。当由非稳态动态过程引起估值发生变化时，套利方程为：

$$rU = z + \dot{U} + \theta q(\theta)(W - U) \tag{1.37}$$

和

$$rW = w + \dot{W} + \lambda(U - W)。\tag{1.38}$$

由于套利行为和完美预期，关于资产价值的所有微分方程都是不稳定的。

工资由纳什谈判解决定，与以前一样，这意味着分享规则(1.17)。因为我们允许工资可以连续地重新协商，式(1.17)在变化率的情

形下亦成立。正如我们在稳态工资方程中所做的那样，利用同样的替代方法，我们可以推导出同样的方程(1.20)，现在，这个方程无论在稳态还是在非稳态中都成立。因此，在给定的生产率水平和失业收入水平下，工资的非稳态动态过程将完全取决于劳动力—市场紧度的动态过程。

现在，我们准备描述工资和市场紧度的非稳态动态过程(图1.1)。由式(1.35)，岗位价值 J 是关于市场紧度的单调递增函数。因为工资也是关于市场紧度的单调递增函数，并且不存在粘性动态过程，故式(1.35)和(1.36)中的动态系统只可能有一个理性预期解，即 $\dot{J}=\dot{\theta}=0$。[要更明确地理解这一点，可将式(1.35)中的 J 和式(1.17)中的工资代入式(1.36)]。因此，市场紧度和工资的非稳态均衡值仍然由图1.1中的两条曲线的交点决定。无论该经济中的初始状态如何，岗位空缺和工资会即刻跳跃到这两条曲线的交点上。

上述结果与贝弗里奇曲线的相关动态过程形成鲜明对比。为了说明这一点，我们将失业的动态过程与市场紧度的动态过程结合起来形成一个双方程系统，其中 u 和 θ 为未知数。失业的演化方程(1.3)在 θ 的驱动下是稳定的。将式(1.17)和(1.35)中的工资与岗位价值 J 代入式(1.36)可得到一个关于 θ 的非稳定方程，其中不存在其他任何未知数。该双方程系统的临界点(均衡)是一个鞍点。这两个微分方程的一阶线性近似的符号模式为

$$\begin{pmatrix}\dot{u}\\ \dot{\theta}\end{pmatrix}=\begin{pmatrix}- & -\\ 0 & +\end{pmatrix}\begin{pmatrix}u\\ \theta\end{pmatrix}。\tag{1.39}$$

由于式(1.39)中的行列式的符号为负，故满足鞍点均衡的充分必要条件。

产生鞍点的原因在于，其中一个变量，即失业，具有黏性和稳定性，而另一个变量，即岗位空缺，则具有前瞻性和非稳定性。在本模型中，企业将空置岗位视为一种资产，它是为了吸引未来雇员而必须在当前付出的代价。雇员的期望到岗率是企业所拥有的资产的回报率，与其他资产一样，在空置岗位的供给中存在着内在不一致性。如果预期雇员到岗率会下降，那么当下降发生时企业会希望拥有更少的空缺。因此，在企业预期雇员到岗率下降之前，企业会通过雇佣员工来减少岗位空缺。但是，为了更快地雇佣更多的雇员，企业又必须开设更多的空置岗位。因此，预期雇员到岗率下降会导致更多的空置岗位进入市场，从而导致每个岗位的雇员到岗率立刻下降。

雇员到岗率的期望变化在企业尚未满置的空置岗位的期望资本收益或损失中扮演着十分重要的角色。空置岗位作为一项资产，其独一无二的特征在于，如果企业希望最终所剩下的空缺更少一些，那么在一开始企业就应当开设更多的空置岗位。这意味着当一个调整过程如期发生时，岗位空缺会超过它们的均衡值。我们可以更严格地表述这个结论。

在均衡的邻域内，完美预期路径是唯一的：在方程(1.39)中稳定根的个数等于先决变量的个数。关于先决变量的初始条件，以及完美预期路径应当收敛的要求(一个终结点条件)，在(θ,u)空间上定义了唯一的初始点，即均衡调整发生之处。如果不存在外生变量的预期变化，这个初始点将总是位于鞍点路径上，因为这是唯一的收敛路径。

在系统(1.39)中，鞍点路径比较容易找到，因为它与关于失业的第二个方程无关。由于 θ 是一个不稳定的变量，如果 θ 不在均衡中，那么它将会发散。因此，该鞍点路径是 θ一静态的(见图 1.3)。如果在任何时点上失业水平都等于 u_0，并且不存在均衡位置可预期的未来变化，那么该系统必定位于鞍点路径的 A 点上。调整沿着鞍点路径发生了，其中 θ 为常数，并且失业下降，一直到其收敛于均衡为止。

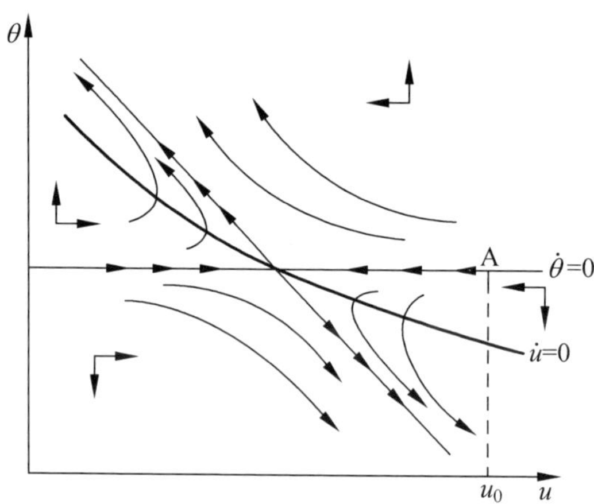

图 1.3　劳动一市场紧度与失业空间上的调整路径

图 1.3 中的动态过程可以直接转换到空缺—失业空间上(见图 1.4)。因为该 θ一静态是在空缺—失业空间上通过原点的一条直线，故鞍点路径就是该直线。因此，若不存在可预期的变化，完美预期调整路径意味着失业和空缺在调整过程中会沿着相同的方向变化，即使它们的均衡轨迹(贝弗里奇曲线)是向下倾斜的。这是岗位空缺的一个超调特征。例如，如果预料失业要从某个初始

水平 u_0 下降到图 1.4 中的两条曲线的交点，那么当失业水平为 u_0 时，空置岗位的回报要高于其在调整过程中的预期回报。这是因为在更高的失业水平下，工人到达空置岗位的概率提高了。因此，企业在调整之初所开设的空置岗位数量要多于他们预期在均衡中的数量。在调整过程中，岗位空缺数量在匹配过程中下降了。但是一般而言，当空置岗位和工人成对匹配时，空缺与失业之比一定会发生变化，除非在均衡中空缺数量和失业数量碰巧相等（也就是说，除非很偶然地恰好有 $\theta=1$）。如果空缺和失业不相等（即 $\theta\neq 1$），那么在调整过程中，空置岗位会进入或退出市场以保持比率 θ 不变。

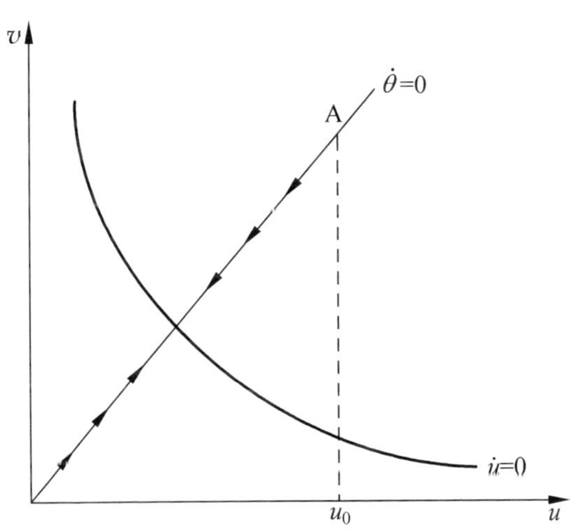

图 1.4　空缺—失业空间上的调整

对于生产率 p 的变化，工资、空缺和失业如何响应？p 的上升会导致工资曲线向上移动、岗位创造曲线向外移动，从而使得市场紧度和工资都立刻上升（见图 1.1）。这两个变量跳跃到其新的均衡，从而不存在动态调整过程。在图 1.5 所示的贝弗里奇曲线图中，结果造成岗位创造曲线逆时针旋转。如果初始均衡点为 A，由于企业会开设更多的空置岗位以充分利用其更高的生产率，均衡从一开始就会跳跃到 B 点。这就确定了失业动态的运动过程，从而导致经济沿着新的岗位创造曲线朝着新的稳态均衡点 C 向下移动。如果 p 下降，该动态调整过程就会导致经济朝着相反的方向移动，即从 C 到 D，然后向上移到 A 点。

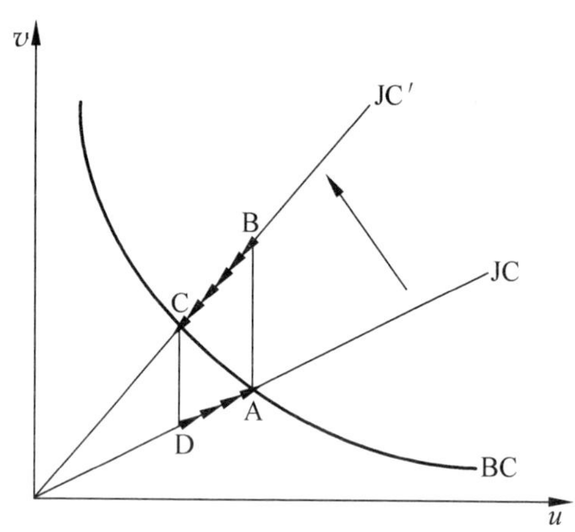

图 1.5　空缺—失业空间中生产率变化导致的调整过程

因此，由于生产率的变化，工资和市场紧度会发生跳跃性变化，而空缺和失业则围绕着贝弗里奇曲线沿逆时针循环转动。尽管由于岗位空缺的超调效应（这不是经验数据的特征）会使得该循环有一些折点，此处导出的非稳态动态过程与典型的观察事实大体上是一致的：在经济周期中，空缺和失业在空缺—失业空间中沿逆时针循环转动。该模型是否与其他经济周期事实相一致是个很难回答的问题，这需要对经济周期和资本市场进行更为明确的建模。

1.8　文献评注

在将劳动力市场交易视为普通的经济活动的这一假设上，可以建立丰富的失业理论。这一思想最初在20世纪60年代就已经被许多研究者探讨过，并被称为搜寻理论。在这方面最有影响力的文献可参见Alchian(1969)、Phelps(1968)、Mortensen(1970)；他们与这方面的其他类似贡献被汇集在Phelps等人的著作中(Phelps等，1970)。这些研究的动力来源于Phelps(1967)和Friedman(1968)关于菲利普斯曲线和自然失业率的重新表述。

早期搜寻理论假设对于同样的工作岗位存在着一个工资的分布；在均衡中，失业发生的原因在于工人拒绝接受过低的工资。这种思路无论是在逻辑上(Rothschild，1973)还是在经验上(Tobin，1972；Barron，1975)都受到了批评。针对Rothschild的批评，Lucas和Prescott(1974)首先提出了一个均衡模型，但是在该模型中工人的在职寻职行为是无关紧要的。

Lucas和Prescott的模型没有考虑匹配函数。在一些早期的文献中(最著名的是Phelps在1968年的那篇文章)，也存在将失业和空缺与雇佣活动联系起来的匹配函数，这个方法可避开将保留工资作为导出失业的主要经济机制，却未被广泛地使用。早期文献中，在应用匹配函数的概念来减轻保留工资的地位方面，包括Hall(1979)、Pissarides(1979)和Bowden(1980)等人的研究。在一个相关的情形下，Diamond和Maskin(1979)使用过类似“搜寻技术”的概念。

新岗位的零利润条件可以导致一个拥有内生劳动力需求的封闭性模型。Pissarides(1979,1984b)首先讨论了这个条件的应用。

在早期的搜寻理论中(例如 Mortensen,1970),有一个关于企业设定垄断性工资的理论。在交易者数量固定的情形下,纳什谈判解的最初应用可见于 Diamond(1982b),尽管在更早的文献中(Mortensen,1978;Diamond & Maskin,1979),关于岗位匹配剩余的划分也讨论过类似的分担规则。Pissarides(1984a,1985a,b)也利用纳什谈判解推导出了一个工资方程。序贯谈判理论表明(Binmore,Rubinstain,Wolinski,1986),纳什谈判解在此类模型中的使用是合理的。关于工资设定的其他替代性假设,可参见 Burdett 和 Mortensen(1998)、Moen(1997),以及 Mortensen 和 Pissarides(1999b)的综述。

在关于劳动力市场结构性变化的英语文献中,失业—空缺曲线的运用历来已久。该曲线首先由贝弗里奇发现(Beveridge,1944),现在以其名字来命名。关于贝弗里奇曲线的先驱性工作可参见 Dow 和 Dicks-Mireaux(1958)、Holt 和 David(1966)以及 Hansen(1970)等。Hansen(1970)在一个模型中针对不同程度的非均衡性,考察了不同劳动力市场的相互作用,并导出了贝弗里奇曲线。虽然在他的方法中并不存在一个稳定的匹配函数,但是他指出他的方法与匹配函数的方法是一致的。许多关于空缺—失业的相互作用的早期研究寄希望于找到一个合适的超额劳动力需求测度,从而可用于工资—通货膨胀(菲利普斯曲线)的研究。这方面的研究可参见 Dicks-Mireaux(1959)、Lipsey(1960,1974)和

Phelps(1968)。

近来,除了新近的 Cooley 和 Quadrini(1998)之外,以菲利普斯曲线为主要研究动机的文献已十分少见。相反地,研究者们主要集中于两个方面:(1)在一个明确的动态模型框架下理解劳动力市场的动态过程;(2)建立真实的摩擦性宏观经济模型以更好地符合经济周期性现象。在这两个方面的文献中,匹配函数都起到了很关键的作用。

尽管匹配函数很重要,但是很少有文献试图从交易活动的基础性假设推导出匹配函数。Hall(1979)、Pissarides(1979)、Blanchard 和 Diamond(1994)借用 Butters(1977)的"罐—球"模型推导出一个指数函数。然而,他们的推导过程比较机械化,并假设不存在关于潜在交易对象的任何信息。Julien、Kennes 和 King(1998)假设岗位候选者将其劳动服务向潜在的买主拍卖,从而推导出一个类似的方程。Ioannides(1997)、Lagos(1997),以及 Lagos & Violante(1998)研究了参与人之间相互作用的微观模型,并基于市场交易的更为基本的假设推导出匹配技术的一些性质。

在大多数经验研究中,匹配函数通常被假设为具有常规模报酬的科布—道格拉斯形式。Coles 和 Smith(1998)提出了一个替代形式,使得现存的失业人员只能与新增的空置岗位相匹配,而现存的空置岗位则只能与新增的失业人员相匹配。一个类似模型的估计可参见 Gregg 和 Petrongolo(1997)。

已有大量经验文献估计了总量匹配函数及其所蕴涵的贝弗里奇曲线。它们通常是在规模报酬不变情形下建立总量匹配函数的存在性和稳定性。关于微观和宏观方面经验文献的综述可参见 Divine 和 Kiefer(1991)。与本章模型直接相关并使用了总量数据的研究可参见 Pissarides(1986),Layard、Nickell 和 Jackman(1991)等人关于英国的研究;Abraham(1987),Blanchard 和 Diamond(1989),以及 Berman(1997)关于美国的研究;Gross(1997)和 Entorf(1998)关于德国的研究;Schager(1987)对瑞典的研究;Feve 和 Langot(1996)对于法国的研究;van Ours(1991),以及 Broersma 和 van Ours(1998)关于荷兰的研究。这些研究一般都接受了规模报酬不变的对数线性函数假设。一个例外是 Warren(1996)利用美国月度工业数据所估计的一个超越对数型匹配函数,并发现了其规模报酬递增的特征。

关于使用未加总的区域性数据所估计的结果,可参见 Auderson 和 Burgess(1995),Burda 和 Profit(1996),Linderboom、van Oours 和 Renes(1994),Gorter 和 van Ours(1994),Boeri 和 Burda(1996),Coles 和 Smith(1996),以及 Burgess 和 Profit(1998)。

关于贝弗里奇曲线以及该模型的其他均衡条件的结构性估计可参见 Yashvi(1997b)。van Ours 和 Ridder(1991,1992)利用荷兰的数据估计了岗位空置(岗位创造)曲线。Blanchflower 和 Oswald(1994)的研究为图 1.1 所示的工资曲线类型提供了证据。

Pissarides(1985b,1987)首先讨论了失业与空缺的非稳态分析。Pissarides(1985b)假定应计失业收入是固定的,但是该模型包含了比本章模型更多的特征。Pissarides(1987)则允许失业收入依赖于财富水平(参见第三章)。

关于本章模型在真实经济周期下的扩展已经由 Merz(1995)、

Andolfatto(1996)和 Yashiv(1997a)等人进行了校准。与其他模型相比,劳动力市场上摩擦性失业的存在性及其所蕴涵的非竞争性元素为就业波动现象的分析提供了更为丰富的分析框架。利用寻职过程来解释失业现象,这与 Hansen(1985)和 Rogerson(1988)等人的劳动不可分性假设是一致的,因为工人要么寻职要么工作的假设很自然地取决于这种不可分性是否存在。在校准分析中,各种匹配模型通常与 Hansen 的校准模型进行比较,并且表现还不错。Shi 和 Wen(1997)利用一个代际效用最大化分析框架,将搜寻均衡模型与资本积累模型结合起来,推导出了多种分析性结论,其中包括产出对于生产率冲击的一个驼峰型反应。在一个相应的经济周期模型中,Howitt(1988)试图用岗位匹配过程推导出就业波动现象。

在失业—空缺动态分析方面的先驱性研究,例如 Dow 和 Dicks-Mireaux(1958)、Holt 和 David(1966)以及一些更新近的文献,已验证了经验数据中失业与空缺围绕贝弗里奇曲线逆时针循环转动的现象。对此,已经提出了多种不同的解释,例如 Phelps(1968)、Hansen(1970)以及 Bowden(1980)等。这些解释都依赖于劳动力需求比就业更富有弹性的思想。该现象确实是经济周期中的典型化事实。

下一章中的模型框架更适合于研究部门转换,因此对于相关文献的讨论暂且搁置。

第二章　内生岗位破坏

在前一章的模型中，我们强调了均衡的一个重要性质：在稳态中，岗位创造率等于岗位破坏率。这两个比率之间的差别会导致非稳态就业的动态过程。然而，在第一章的简单模型中，岗位破坏率是一个常数 λ。因此，除了岗位破坏率的外生变化之外，各种冲击和参数变化只能通过岗位创造率来对自然失业率产生影响。

但是经验证据表明，外生冲击对于岗位创造和岗位破坏都会造成影响。在某些情况下，例如在经济周期冲击下，有证据表明岗位破坏率比岗位创造率的反应程度更大。在本章中，我们通过使岗位破坏成为模型中依赖于企业和工人的最优化行为的未知变量，从而推广了第一章中的简单模型。现在，参数或政策既通过岗位创造也通过岗位破坏来影响失业。本模型中的这些假设与 Davis、Haltiwanger 和 Schuh（1996）以及其他人关于工业化国家中岗位创造与岗位破坏过程的本质所提供的证据是一致的。

2.1　生产率冲击与保留规则

我们考虑一个更具一般性（与第一章中所假设的分布相比）的差异化生产率冲击分布，从而将岗位破坏决策内生化。企业在面临某些差异化生产率冲击下其生产仍然有利可图，而在另一些冲击下却并非如此。企业会选择一个保留生产率水平，当某个岗位的实际生产率低于这个水平时就会裁掉该岗位。岗位的生产率之所以低于保留生产率水平，既可能是因为差异化生产率冲击，也可能是因为一般性冲击。在稳定状态下，我们仅仅考虑差异化冲击，因为证据表明，岗位破坏的主要原因在于差异化冲击。但是，当考虑非稳态下的动态过程时，我们将表明一般性冲击也会造成岗位破坏率的变化。

当岗位破坏发生时，企业与工人分离。这导致一部分工人流入失业队伍，在稳定状态下这一比例等于匹配率。我们继续假设岗位分离的原因仅在于岗位关闭，在第四章中将放松这一假设。

在前一章的模型中，新创造的岗位拥有一个固定生产率水平 p，一直到出现一个负冲击时为止，从而导致岗位被破坏。不失一般性，我们假设该负冲击可将岗位的生产率水平降为 0。现在，我们通过把岗位的生产率记为 px，而将此假设一般化，其中 p 如前所述仍然表示一般性生产率参数，x 则表示一个差异化生产率参数。这样一来，前一章中的模型可以重新解释为差异化参数只许取 0 和 1 两个值的情形。在本章中，我们假设当差异化冲击到达时，岗位的生产率水平从其初始值 x 变为某个新的值 x'，这个变化过程依据一个一般性分布函数 $G(x)$，其支撑为区间 $0\leqslant x\leqslant 1$。推导本章结论不再需要其他假设，但是为了方便起见，我们也将假设这个分布是连续的。与岗位创造模型一样，只要存在一个完善的二手资本市场，资本决策在岗位破坏率的决定中就无关紧要，因此在模型一开始我们不会明确地提到资本。

如前所述,差异化冲击以一个泊松比率 λ 到达工作岗位。在冲击到达之后,这个新的差异化生产率水平将与初始生产率水平无关,并且是不可逆的。企业可以选择在新的生产率水平下继续生产,也可以选择关闭工作岗位从而与工人分离。由于 $\lambda<\infty$,故差异化冲击过程具有持续性;由于冲击之后的新生产率水平 x' 与初始生产率水平 x 无关,故差异化冲击是无记忆的;由于冲击到达之后企业只能选择要么在新生产率水平 x' 下继续生产,要么关闭岗位,故差异化冲击是不可逆的。然而,如前所述,企业在创造岗位时对于岗位生产率水平具有完全的选择权。当然,利润最大化要求所有新岗位都必须在最高生产率水平下创造出来。

在我们的新假设背后,其直觉类似于前面几节中我们所简单地讨论过的那样。岗位的差异由产品或技术决定。口味或技术的变化导致产品的相对价值在一定范围内上下波动,此处其范围是 0 到 p。生产一旦开始,企业就不能改变其生产技术或影响其产品需求方的口味,但是在岗位创造之前,企业可以选择其产品和技术。

很明显,完全不可逆的假设是很极端的,这仅仅是为了方便起见。在某些情形下,企业要么可以更新其技术,要么裁掉一个旧岗位并立即创造另一个岗位,从而使生产从一种产品转移到另一种产品以产生更高价值,却不必解雇工人。这使得问题复杂化了。只要至少还存在某些不可逆性使得当负冲击到达时,必然会导致岗位破坏从而使得企业与工人分离,那么这种复杂化对于我们在此讨论的主要结论没什么影响。与我们在此的做法一样,经验研究文献通常也将岗位破坏事件和企业与工人分离事件一起定义为岗位破坏，这主要是由于数据方面的原因。

由于新的工作岗位由生产率水平来区分，我们必须在满置岗位的价值表达式中明确地表示生产率。设 $J(x)$ 表示满置岗位在差异化生产率水平 x 下的价值，并设 $w(x)$ 为相应的工资。当差异化冲击到达时，企业既可以选择裁掉岗位从而得到 0 回报，也可选择在新的生产率下继续生产。因为自由处置总不失为一个选择，最优决策意味着，若 $J(x)\geqslant 0$ 则生产应当继续，若 $J(x)<0$ 则生产应当停止。下面我们将表明 $J(x)$ 关于 x 是连续的，因此岗位破坏规则 $J(x)<0$ 满足关于保留生产率 R 的保留性质，其中 R 由下式定义：

$$J(R)=0。\tag{2.1}$$

由此保留性质，当差异化生产率 $x<R$ 时企业会裁掉所有岗位，而当差异化生产率 $x\geqslant R$ 时企业会让所有岗位继续存在。此外，由于所有岗位都是在最高生产率下创造出来的，这就使得一个满置岗位的生产率服从一个随机的泊松过程，其初始值为 p，终点值为 pR。

均衡失业水平如前所述由失业队伍的流入与流出相等的条件获得。在这个模型中，失业的流入等于因受到某个冲击从而生产率低于保留值的那部分工作岗位的比例。在一个巨大的市场上，这个比例将给定为遭受冲击的比例 λ 与冲击后生产率低于保留水平的概率 $G(R)$ 之积。因此，失业的流入（岗位破坏）给定为 $\lambda G(R)(1-u)$。如前所述，失业的流出等于岗位创造，即 $m(v,u)=\theta q(\theta)u$。因此，失业的演化过程给定为

$$\dot{u}=\lambda G(R)(1-u)-\theta q(\theta)u,\tag{2.2}$$

其稳态值则给定为：

$$u=\frac{\lambda G(R)}{\lambda G(R)+\theta q(\theta)u}。\tag{2.3}$$

在岗位破坏内生化的经济中，式(2.3)即为贝弗里奇曲线。但是现在贝弗里奇曲线依赖于 R 和 θ，而二者都是未知数，因此作为一个图形分析工具，贝弗里奇曲线不如其在外生岗位破坏率模型中那么有用了。在本模型的空缺—失业空间中，导致岗位创造线移动的大多数变量，通过其对保留生产率的影响，也会导致贝弗里奇曲线移动。当推导 R 和 θ 的均衡条件时，我们将会回到这个图形。

2.2　稳态均衡

为了推导均衡条件，首先我们需要在更为一般的生产率冲击分布下推导出岗位和工人的资产价值。均衡可由雇佣合同充分地刻画出来：在任意生产率水平 x 下的一个工资率 $w(x)$，一个保留值 R，以及由岗位创造决策和失业演化条件(2.2)所推导出的一个关于紧度 θ 的市场均衡条件。

当生产率水平的范围为 $1\geqslant x\geqslant R$ 时，一个工作岗位的资产价值满足：

$$rJ(x)=px-w(x)+\lambda\int_R^1 J(s)\mathrm{d}G(s)-\lambda J(x)。\tag{2.4}$$

在差异化生产率水平为 x 的工作岗位上，工人的工作回报满足：

$$rW(x)=w(x)+\lambda\int_{R}^{1}W(s)dG(s)+\lambda G(R)U-\lambda W(x)。\tag{2.5}$$

在式(2.4)中，无论何时受到差异化冲击，如果新的差异化生产率水平范围为 $1\geqslant s\geqslant R$，那么企业将不得不为了一个新的价值 $J(s)$ 而放弃价值 $J(x)$；否则，企业将裁掉岗位从而获得零回报。在式(2.5)中，工人在一个生产率为 x 的岗位上得到期望回报 $W(x)$，而当一个冲击到达时他将不得不放弃该回报。如果新的生产率水平范围为 $1\geqslant s\geqslant R$，工人仍然处于就业状态，但是如果生产率水平低于该范围，那么工人将失业并得到一个期望回报 U。

如前所述，我们假设在任意生产率水平 x 下，根据工资率将岗位剩余划分为固定比例，从而将式(1.17)进行推广而得到如下分担原则，即对于所有 $1\geqslant x\geqslant R$，

$$W(x)-U=\beta[J(x)+W(x)-V-U]。\tag{2.6}$$

在这个分担原则中，一个隐含的假设是每当生产率冲击到达时工资率总是会被重新谈判。V 是企业从一个岗位空缺中所得到的期望回报。因为 U 和 V 都与 x 无关，从而即可由式(2.4)、(2.5)和(2.6)得知 $J'(x)\geqslant 0$，这是关于式(2.1)中的最优保留规则的一个充分条件。

如前所述，岗位创造也与当差异化生产率仅取两个值时所遵循的规则相同。注意，所有岗位都在最高差异化生产率水平下即 $x=1$ 时被创造出来，一个新岗位的期望利润满足：

$$rV=-pc+q(\theta)[J(1)-V]。\tag{2.7}$$

$q(\theta)$即为工人到达空置岗位的概率。企业不停地开设空置岗位，直到空置岗位的经济租被榨尽为止。因此，岗位创造满足一个类似于式(1.7)的条件：

$$J(1)=\frac{pc}{q(\theta)}。\tag{2.8}$$

唯一确定稳态中四个未知量的四个方程——失业、保留生产率、工资以及市场紧度，分别对应式(2.3)、(2.1)、(2.6)和(2.8)。在模型的求解中，我们首先推导出任意生产率水平下的工资方程，并据此将岗位创造与岗位破坏条件中的工资替换掉，然后使用这两个条件求解得到 R 和 θ。利用 R 和 θ，失业将可由贝弗里奇曲线得到。此时与第一章中模型不同的是，关键的双方程组不是工资方程和岗位创造条件，而是简化形式的岗位创造和岗位破坏条件。

为了推导出工资方程，与第一章中的步骤一样，我们利用岗位创造条件(2.8)和分担原则(2.6)，将失业工人的期望回报写为：

$$rU=z+\theta q(\theta)[W(1)-U]=z+\frac{\beta}{1-\beta}pc\theta。\tag{2.9}$$

将企业的资产方程(2.4)乘以 β，并将工人的资产方程(2.5)乘以 $1-\beta$，然后相互代换，并利用分担原则(2.6)、零利润条件 $V=0$ 以及式(2.9)，便可得到如下工资方程：

$$w(x)=(1-\beta)z+\beta p(x+c\theta)。\tag{2.10}$$

该式是式(1.20)的一个自然的推广。由此可见，工资依赖于岗位生产率和工人的失业收入，但与其他岗位的生产率无关。市场条件仅通过市场紧度 θ 来影响工资。如前所述，产生这个影响的原因在于 θ 会影响企业和工人各自的谈判势力。更高的 θ 意味着工人在其他地方找到工作变得更加容易了，并使得企业招聘一个工人变得更加困难了，因此，在任意生产率水平下工资都会提高。

在推导出工资方程之后，我们还推导出两个新的表达式，一个是岗位创造条件，另一个是岗位破坏条件。这两个方程将形成一个自容性系统，并将给出 R 和 θ 的唯一解，而这个解又可用于式(2.10)和(2.3)中以求解工资和失业。

首先我们注意到，根据分担原则(2.6)的性质，企业和工人在应当破坏哪些岗位的问题上是一致的。企业希望破坏掉所有生产率水平低于 R 的岗位，其中 R 满足 $J(R)=0$。根据新空置岗位的零利润条件 $V=0$，从而式(2.6)意味着 R 也满足 $W(R)=U$。而这正是工人希望辞职并进入失业的生产率水平，因为对于所有 $x<R$，$W(R)<U$ 并且工人处于失业要好于就业。因此，不存在一方自愿而另一方不自愿的岗位分离，所有岗位分离都具有个体有效性(但由于第一章中所讨论的搜寻外部性，这些岗位分离都不具有社会有效性，我们将在第八章中处理这一问题)。个体有效性意味着一旦我们利用了工资方程，我们就可以通过分析企业或工人的决策而推导出保留生产率的表达式。接下来，我们集中于企业的决策行为。

将工资方程代入式(2.4)可得到：

$$(r+\lambda)J(x)=(1-\beta)(px-z)-\beta pc\theta+\lambda\int_R^1 J(s)dG(s)。\tag{2.11}$$

注意，由式(2.1)中保留生产率的定义可知 $J(R)=0$，现在将式(2.11)在 $x=R$ 时取值，然后从式(2.11)中减去这个取值，我们可得到：

$$(r+\lambda)J(x)=(1-\beta)p(x-R)。\tag{2.12}$$

现在,将式(2.12)中的 $J(x)$ 代入式(2.11)中的积分表达式,可以得到:

$$(r+\lambda)J(x)=(1-\beta)(px-z)-\beta pc\theta+\frac{\lambda(1-\beta)p}{r+\lambda}\int_R^1(s-R)dG(s)。\quad(2.13)$$

利用式(2.12)和(2.13),可得到岗位创造和岗位破坏条件。先推导岗位创造条件。利用式(2.12)在 $x=1$ 时取值以及零利润条件(2.8),从而可得到关键方程:

$$(1-\beta)\frac{1-R}{r+\lambda}=\frac{c}{q(\theta)}。\quad(2.14)$$

式(2.14)说明,企业从一个新岗位所得到期望收益必须与其所必须支付的雇佣成本相等。式(2.14)在图 2.1 中被描述为一条向下倾斜的曲线,称之为岗位创造曲线。它之所以向下倾斜是因为在任意短的时间区间 δt 上,该工作岗位被破坏的概率为 $\lambda G(R)\delta t$,从而在更高的 R 下一个工作岗位的期望寿命缩短了。结果,企业所创造的工作岗位减少了,导致市场紧度 θ 下降。

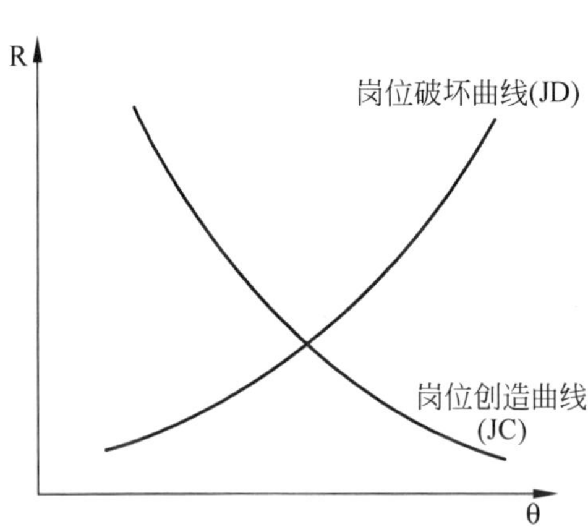

图 2.1　均衡保留生产率与市场紧度

在给定的 R 下,导致岗位创造曲线移动的参数很少。一般性生产率 p 未进入该表达式,因为企业的期望收益和成本都与 p 成比例。更高的 β 导致岗位创造减少,因为通过给予劳动者更多的新岗位剩余从而使得新岗位的期望收益下降了。更高的 r 或 λ 也减少了岗位创造,因为新岗位的未来回报将按更高的比率折旧。最后,由于匹配失败增加意味着在给定市场紧度下工人到达空置岗位的比率下降,从而也会使得岗位创造减少,因为它增加了空置岗位的期望期限,并意味着企业所面临的期望雇佣成本也增加了。所有的这些变化都导致岗位创造曲线向左移动。

由式(2.13)在 $x=R$ 时取值,并将此结果代入保留岗位的零利润条件(2.1),便可以推导出岗位破坏条件:

$$R-\frac{z}{p}-\frac{\beta c}{1-\beta}\theta+\frac{\lambda}{r+\lambda}\int_{R}^{1}(s-R)dG(s)=0。\quad (2.15)$$

式(2.15)是我们用于求解 R 和 θ 的两个关键方程中的第二个方程。在图 2.1 中,它被表示为一条向上倾斜的曲线,称之为岗位破坏曲线。它之所以向上倾斜是因为在更高的 θ 上,工人的外部机会更好了(且工资更高了),从而更多的边际岗位被破坏。

在讨论均衡 R 和 θ 的性质之前,我们注意到岗位破坏条件所蕴涵的一个重要性质。由式(2.9),保留生产率小于失业工人的保留工资 rU。原因在于,满置岗位拥有一个为正的选择性价值,这意味着会存在某些劳动力囤积行为。这个选择性价值由式(2.15)中的积分项表示。由于岗位生产率发生改变的可能性,企业会维持某些当前不赢利的满置岗位。据此,企业在冲击到达之后就可以在新的生产率水平上立即开始生产,从而不必花费招聘成本,也不必在搜寻过程中停止生产。直觉上，如果生产率变化更加频繁（更高的 λ），保留一个工人的选择性价值提高了。如果折旧率降低，由于生产率变化的回报在未来会增加，故选择性价值也会增加。并且，如果由新的生产率所得到期望回报（由积分项表示）提高了，则选择性价值也会增加。

现在，在给定的 θ 下，当失业收入增加或者当劳动者的利润分享 β 提高时，保留生产率会增加。与 θ 一样，这些影响都基于工人的保留工资。由式(2.9)，当 z、β、θ 和 c 提高时，劳动者的保留工资也会提高。当差异化冲击到达率下降时，以及当利率提高时，由于岗位的选择性价值下降，保留生产率也会上升。

最后，当所有岗位的生产率都提高同样的比例 p 时，保留生产率会下降。原因在于，在更高的一般性生产率下，由于 z 与 p 无关，工人的机会成本相对来说不那么有吸引力了。正如我们在第一章所强调的那样，提高 p 所产生的这一效应在短期和中期均衡中都是可信的，但在长期增长均衡中却不可信。如果我们遵循第一章中的做法，将 z 表示为平均工资的一个比例，那么 p 对于保留生产率的影响就会消失（关于这一点，也可参见第三章中的讨论）。

为此，假设 z 是市场上所观察到的平均工资率的一个固定比例：

$$z=\rho E[w(x)\mid x\geqslant R], \tag{2.16}$$

其中 $0\leqslant\rho\leqslant 1$ 表示置换率。由式(2.10)可知：

$$E[w(x)\mid x\geqslant R]=(1-\beta)z+\beta p[E(x\mid x\geqslant R)+c\theta]。 \tag{2.17}$$

因此，

$$z=\frac{\rho\beta}{1-\rho(1-\beta)}p[E(x \mid x \geqslant R)+c\theta]。\tag{2.18}$$

不出所料，当置换率、劳动者工资分享份额、期望生产率和市场紧度提高时，失业收入也会提高。特别地，失业收入现在与一般性生产率参数 p 成比例。

将式(2.18)中的 z 代入式(2.15)，可得到新的岗位破坏条件：

$$R-\frac{\rho\beta}{1-\rho(1-\beta)}E(x \mid x \geqslant R)-\frac{\beta}{1-\beta}\frac{c\theta}{1-\rho(1-\beta)}+\frac{\lambda}{r+\lambda}\int_R^1(s-R)dG(s)=0。\tag{2.19}$$

这个保留生产率现在与 p 无关。如前所述，它正向地依赖于置换率 ρ 和所有其他参数。在图 2.1 中，岗位破坏曲线的正斜率没有受到这些代换的影响。在本章其余部分，我们将使用保留生产率的更为简单的表达式(2.15)。不过，当讨论经济增长时，我们将会回到类似于式(2.19)的情形。

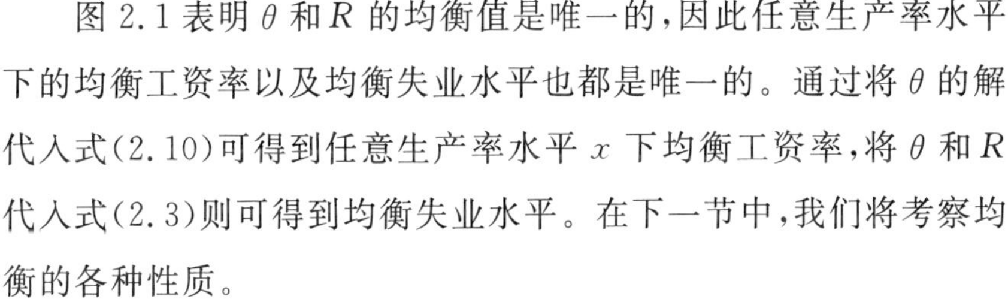

图 2.1 表明 θ 和 R 的均衡值是唯一的，因此任意生产率水平下的均衡工资率以及均衡失业水平也都是唯一的。通过将 θ 的解代入式(2.10)可得到任意生产率水平 x 下均衡工资率，将 θ 和 R 代入式(2.3)则可得到均衡失业水平。在下一节中，我们将考察均衡的各种性质。

2.3　失业、岗位创造与岗位破坏

在岗位破坏内生化的扩展模型中，均衡失业的性质由该模型中的三个方程联立求解得到，即岗位创造条件(2.14)、岗位破坏条件(2.15)和贝弗里奇曲线(2.3)。图 2.1 展示了前面两个方程。失业(和空缺)则由贝弗里奇图得到。正如我们在 2.1 节中所表明的那样,因为贝弗里奇曲线现在依赖于内生的 R,对于失业的分析而言,贝弗里奇图不再如其在第一章模型中那么有用了。不过,我们仍然会利用它来阐述本模型的一些性质。

如前所述,由式(2.3)所得到的贝弗里奇曲线在空缺—失业空间上被描述为一条向下倾斜的曲线。但是现在,对于匹配函数的各种限制不再足以产生负的斜率,因为更高的 θ(从而在给定失业水平下,有更多的空缺)一方面意味着更多的岗位匹配,另一方面又意味着更多的岗位破坏。前者意味着一个负斜率,但后者则意味着一个正斜率。我们假定 θ 通过匹配函数所产生的直接效应要胜过其通过保留生产率所产生的间接效应。每当发生类似冲突时,我们都将作出这样的假设。其理由是经验性的:经验估计的贝弗里奇曲线向下倾斜,并且,为了保证该假设成立,对生产率的概率分布所施加的一系列充分限制都是比较弱的。这种冲突首先在关于搜寻的局部分析模型中被注意到:在这些模型中,离开失业的概率等于接触岗位的概率与接受工作的概率之积。相关文献列举在第六章结尾的文献评注中。

在空缺对失业的岗位匹配效应胜于岗位破坏效应的假设下,贝弗里奇图与以前有着同样的形状。θ 的解仍然是唯一的,并且与失业无关。在图 2.1 中,可知均衡空缺与失业位于贝弗里奇曲线和岗位创造线的交点,并且以角度 θ 通过原点。由于此处的贝弗里奇图与第一章中的图 1.2 是一样的,所以没有画出来。

从经验意义上来说,岗位破坏率被定义为岗位破坏总数与失业量之比，即为 $\lambda G(R)$，而岗位创造率则如前所述为 $m(v,u)/(1-u)=\theta q(\theta)u/(1-u)$。尽管在稳态中这两个比率是相等的，它们对于生产率和其他变化的反应本身就是很有趣的(可参见第 2.5 节)。在给定失业水平下，R 是描述岗位破坏率行为的一个充分的统计量，而 θ 则是描述岗位创造率行为的一个充分的统计量。参数变化对于岗位创造和岗位破坏率的影响与稳态效应之间的差异是由失业(或就业)行为造成的。由式(2.14)和(2.15)组成的双方程系统决定了 R 和 θ 的均衡值，且与失业水平无关，因此当一个参数发生变化时，R 和 θ 会立刻跳到它们新的均衡值上。只有当由 R 和 θ 的变化所导致的新岗位创造和岗位破坏率不相等时，失业才根据式(2.2)开始变动。但是，这个岗位破坏率 $\lambda G(R)$ 与失业无关，因此它不会随着失业的任何变化做进一步的改变。岗位创造率则依赖于失业。因此，在给定的失业水平下，岗位创造率对于失业变化的反应不同于岗位破坏率，而在稳态中，根据定义，岗位创造率却应当等于岗位破坏率。

现在考虑生产率对于岗位创造率、岗位破坏率和失业的影响。一般性生产率的提高由更高的 p 表示，会使得图 2.1 中的岗位破坏曲线(在给定的 z 下)向下和向右移动。这导致市场紧度增加，保留生产率下降。在给定失业水平下，岗位破坏下降了，岗位创造率则上升了。失业不得不下降，直到岗位创造率水平下降到一个更低的岗位破坏率水平为止。因此，一般性生产率水平提高的稳态效应是使得岗位创造、岗位破坏率和失业都减少。

生产率对于失业的影响也可在贝弗里奇图中表示出来，其中 θ 的上升使得岗位创造线逆时针旋转，而保留生产率的下降则使得贝弗里奇曲线向原点移动(图2.2)。均衡从 A 点移向 B 点，其中失业下降了。这对于岗位空缺的影响是不明确的，但是如果我们假设 θ 的影响胜过 R 时，岗位空缺将会增加。经验上，空缺与失业在经济周期中朝相反方向移动，这一事实是我们在二者相互冲突时总是假设 θ 的影响胜过 R 的影响的另一个原因。

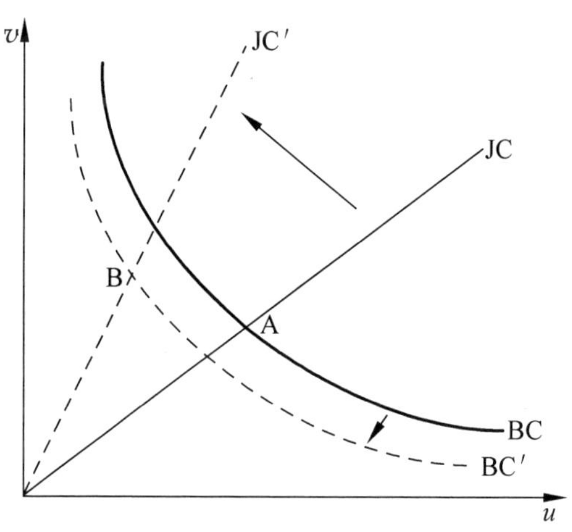

图2.2　生产力提高对均衡空缺与失业的影响

与第一章中的模型一样，生产率效应源于如下事实：提高生产率会增加工作的回报，但是对非市场活动的回报 z 却没有影响。这对于企业和付出更多时间工作的工人而言都是最优的。在分散化均衡中，由于进入工资方程的 z 是固定的，对于企业而言工资的增加会小于生产率的增加。工资率的较小变化同时增加了岗位创造和岗位持续的好处，从而导致在给定失业水平下岗位创造增加且岗位破坏减少。与在前一节中我们所表明的那样，如果 z 与工资成比例，那么这些效应便不会产生。

劳动生产率水平对于岗位创造和岗位破坏的影响仅限于它会

影响到比率 z/p。由于模型的这个性质，故 z 的变化和 p 的变化对于均衡有程度相同但符号相反的影响。因此，非市场收入的提高会使工资上升，在给定失业水平下减少岗位创造，并且会使岗位破坏增加，从而导致在稳态中有着更高的失业水平。假设失业收入的变化是由置换率 ρ 的外生变化造成的，如果失业收入与工资成比例，那么这些影响就仍然存在。这一点可由在此情形下决定岗位创造和岗位破坏的方程(2.19)和(2.14)所推导出来。

现在，因为所有现行岗位都拥有从 pR 到 p 范围内的生产率，提高 p 相当于所有岗位的生产率都成比例地提高。另外两个有趣的生产率变化是差异化生产率分布向右移动，以及该分布的均值水平的移动。前者是分析所有岗位生产率都增加的另一种方法，但是与同比例增加不同，它代表所有生产率中有着相同的绝对增加量。均值水平的移动则是表示生产率冲击的方差增加一种方法。沿用阿罗(Arrow,1965)的方法，我们将遵循一个参数化途径来分析这些变动。

对于可加性移动变量的分析，我们假定所有差异化生产率 x 都依赖于一个可加性移动参数 h，使得

$$x(h)=x+h。\qquad (2.20)$$

通过在点 $h=0$ 上考虑关于 h 的一个微小变化的结果，可以估计 h 对均衡的影响。

类似地，岗位生产率方差的提高也由参数 h 来表示。现在，它将围绕生产率分布的均值 $\bar{x}$ 而变动。至于这个变动是应当围绕总体分布的均值还是条件分布的均值 $E(x \mid x \geqslant R)$，则是有争议的。因为位于保留生产率 R 以下的生产率不会被接受，故后者即为可

观察到的平均生产率。我们将假设这个变动围绕着无条件均值 $\bar{x}$，因为它与模型中的其他参数无关，但是我们将施加一个限制，即 $z \leqslant p\bar{x}$，也就是说，失业工人的收入位于平均生产率之下。条件生产率均值总是满足这个限制，即 $z \leqslant pE(x|x \geqslant R)$。当存在对该分布的一个倍增冲击时，施加这个限制可以保证某些现行岗位的生产率会下滑。因此，为了考察生产率分布的可变性发生改变的影响，对于所有的 x，我们设：

$$x(h) = x + h(x - \bar{x}), \tag{2.21}$$

在 $z \leqslant p\bar{x}$ 的假设下，我们可估计在 $h=0$ 时 h 的一个微小变化所产生的影响。

首先，考虑生产率的一个统一的绝对增加量的影响，这可由式(2.20)中的可加性变动参数来表示。用 $x+h$ 取代 x，可对岗位创造和岗位破坏条件(2.14)和(2.15)进行整理。我们发现，这些可加性参数的影响是导致图 2.1 中的岗位破坏曲线向下移动，却并没有使岗位创造曲线发生移动。因此，差异化生产率分布中的可加性变动参数对于岗位创造和岗位破坏的影响与提高 p 的结果相同：它提高了市场紧度并减少了保留生产率。在给定失业率下，岗位创造率上升了而岗位破坏率则下降了，并且在均衡中失业也下降了。

类似地，一个倍增变化参数对于市场紧度和保留生产率也有着模棱两可的影响，尽管现在它们的推导不是那么直接了。对于由式(2.21)所定义的 $x(h)$，重新整理岗位创造和岗位破坏条件可得到：

$$(1-\beta)(1+h)\frac{1-R}{r+\lambda}=\frac{c}{q(\theta)} \tag{2.22}$$

和

$$(1+h)R-h\bar{x}+\frac{(1+h)\lambda}{r+\lambda}\int_{R}^{1}(s-R)dG(s)=\frac{z}{p}+\frac{\beta}{1-\beta}c\theta。 \tag{2.23}$$

可见，更高的 h 导致图 2.1 中的岗位创造曲线向右移动，这意味着在给定 R 下岗位创造增加了。但是，若只有 $\bar{x}\geqslant z/p$ 的限制，则岗位破坏曲线的移动方向是不明确的（尽管若增强对失业者的保留工资的限制以使得 $\bar{x}\geqslant rU$，那么它将向上移动）。因此，图 2.1 在倍增变化的分析中毫无用处。

然而，将式(2.22)和(2.23)对 h 微分表明，在 $h=0$ 时，市场紧度和保留生产率无疑都会上升。由式(2.23)微分可得：

$$\left[1-\frac{\lambda}{r+\lambda}[1-G(R)]\right]\frac{\partial R}{\partial h}$$

$$=\bar{x}-R-\frac{\lambda}{r+\lambda}\int_{R}^{1}(s-R)dG(s)+\frac{\beta}{1-\beta}c\frac{\partial\theta}{\partial h}。 \tag{2.24}$$

由式(2.22)对 h 微分则可得：

$$\frac{c\eta(\theta)\partial R}{\theta q(\theta)\partial h}=\frac{1-\beta}{r+\lambda}\left[1-R-\frac{\partial R}{\partial h}\right], \tag{2.25}$$

其中用到了弹性的表示

$$\eta(\theta)=-\frac{\partial q(\theta)}{\partial\theta}\frac{\theta}{q(\theta)}。 \tag{2.26}$$

正如我们在 1.1 节中所注意到的那样，该弹性不必为常数，但是它总是一个在 0 到 1 之间取值的数。将式(2.24)中的 $\partial R/\partial h$ 代入式(2.25)可知，$\partial\theta/\partial h$ 的符号将与下式的符号相同：

$$\left[1-\frac{\lambda}{r+\lambda}[1-G(R)]\right](1-R)-\bar{x}+R+\frac{\lambda}{r+\lambda}\int_R^1(s-R)dG(s)。\tag{2.27}$$

通过整理我们发现，式(2.27)的符号与下式的符号相同：

$$1-\bar{x}-\frac{\lambda}{r+\lambda}\int_R^1(1-s)dG(s),\tag{2.28}$$

其符号明显为正，因为

$$1-\bar{x}=\int_0^1(1-s)dG(s)。\tag{2.29}$$

所以，h 的提高对 θ 的影响为正。为了表明其对 R 的影响也为正，我们将式(2.25)中的 $\partial\theta/\partial h$ 代入式(2.24)，就可以发现的 $\partial R/\partial h$ 的符号与下式符号相同：

$$\bar{x}-R-\frac{\lambda}{r+\lambda}\int_R^1(s-R)dG(s)+\frac{\beta\theta q(\theta)}{\eta(\theta)}\frac{1-R}{r+\lambda}。\tag{2.30}$$

利用岗位创造条件(2.14)将上式最后一项中的 $1-R$ 去掉，我们可发现式(2.30)的符号与下式的符号相同：

$$\bar{x}-R-\frac{\lambda}{r+\lambda}\int_R^1(s-R)dG(s)+\frac{\beta}{(1-\beta)\eta(\theta)}c\theta,\tag{2.31}$$

给定岗位创造条件(2.15)以及 $0\leqslant\eta(\theta)\leqslant1$ 的事实，可知在 $\bar{x}\geqslant z/p$ 的限制下，上式符号明显为正。

我们关于生产率分布的方差增加效应的分析表明，在给定的失业水平下，岗位破坏和岗位创造率都会提高。因为岗位破坏率提高了，稳态中的岗位重置率，即岗位创造和岗位破坏率之和也提高了。但是，失业是增加还是减少则取决于其对于各种比率的相对影响程度。如果参数设定使得岗位破坏率的初始增加量高于岗位创造率的初始增加量，失业将会上升，以使得岗位创造率与岗位破坏率相等;如果岗位破坏率的初始增加量较低,则反之。根据贝弗里奇图,倍增冲击使得贝弗里奇曲线向外移动,并使得岗位创造曲线向上转动;与此相比,可加性冲击对岗位创造曲线有着相同的影响,但却使得贝弗里奇曲线向内移动。这种差异使得许多作者区分了总量冲击和重置冲击,前者可解释为岗位生产率的一般性增加或下降,后者则可解释为生产率方差的增加或减少,正如失业的周期性变化原因那样。尽管我们的分析完全限于稳态分析,然而在周期性分析中所蕴涵的原理与我们的分析是类似的。

生产率均值水平的移动(在给定失业下)会增加岗位创造的原因是容易理解的。均值水平的移动使得高于均值水平的生产率变得更好,低于均值水平的生产率则变得更糟了。然而,企业和工人不会接受位于保留价值以下的生产率;在他们的计算中,生产率的分布在 R 上被截断了。因此,均值以上的生产率提高所带来的好处会超过均值以下的生产率下降所带来的成本。

由式(2.24)的右边可见,倍增变化对于保留生产率有三个影响。第一个影响很直接,即如果 $R\leqslant\bar{x}$ 则使保留生产率上升,正如在 $\bar{x}\geqslant z/p$ 的限制下那样;否则将使保留生产率下降。如果 $R\leqslant\bar{x}$,保留岗位在倍增变化之后将会产生负利润。第二个影响即由于其增加了市场紧度从而改善了工人的外部选择,故其总是会提高保留生产率。最后一个影响是使得岗位的选择性价值增加,从而减少了保留生产率。选择性价值增加的原因与岗位创造增加的原因相同,即 R 对生产率的截断效应。我们已经施加了 $z\leqslant p\bar{x}$ 的限制,这足够保证保留岗位的收益负效应要胜过其正效应,从而在倍增变化之后,岗位破坏将会增加。这个限制使得保留生产率与分布均值相比时足够低，以避免保留岗位的生产率在倍增变化之后增幅过大。

现在，我们考虑模型中的其他参数对均衡岗位创造和岗位破坏率的影响，首先从利率开始。实际利率上升会导致图 2.1 中的岗位创造曲线向左移动，岗位破坏曲线向上移动。在给定保留生产率下，由于新岗位的未来利润折旧得更为严重，故岗位创造会减少。类似地，在给定的市场紧度下，利率上升会减少岗位的选择性价值，从而提高了保留生产率。这些变动对于市场紧度的影响肯定为负，但是对于保留生产率的影响则不明确。对此，将式(2.14)和(2.15)对 r 进行微分可得：

$$\frac{c\eta(\theta)}{\theta q(\theta)}\frac{\partial\theta}{\partial r}=-\frac{1-\beta}{r+\lambda}\left(\frac{1-R}{r+\lambda}+\frac{\partial R}{\partial r}\right), \tag{2.32}$$

$$\left[1-\frac{\lambda}{r+\lambda}[1-G(R)]\right]\frac{\partial R}{\partial r}=\frac{\lambda}{(r+\lambda)^2}\int_R^1(s-R)dG(s)+\frac{\beta c}{1-\beta}\frac{\partial\theta}{\partial r}。 \tag{2.33}$$

将符号明确的$\partial\theta/\partial r$ 从这些表达式中消去，并利用原来的方程(2.14)和(2.15)对此式进行简化，我们可以发现$\partial R/\partial r$ 的符号与下式的符号相同：

$$\frac{z}{p}+\frac{\beta c\theta}{1-\beta}-R-\frac{\beta c\theta}{(1-\beta)\eta(\theta)}。 \tag{2.34}$$

上式的符号一般来说是不明确的。对此，假设在均衡中 θ 趋近于 0。于是，岗位破坏条件(2.15)意味着式(2.34)近似地等于岗位的选择性价值，因此其符号为正。在惰性市场上，提高利率将使岗位破坏增加。如果市场紧度远不为零，那么易知足够小的弹性 $\eta(\theta)$可使式(2.34)为负。然而，即使 $\eta(\theta)$接近于其上界值 1，式(2.34)会近似于 $z/p-R$。如果 θ 很大，$z/p-R$ 并不必然为正。

相比之下，差异化冲击的到达率在岗位创造表达式中充当了折旧率的角色，其对于岗位创造和岗位破坏的影响却都是很明确的。差异化冲击的到达率提高会减少岗位的期望寿命，从而会减少岗位创造，导致图 2.1 中的岗位创造曲线向左移动。然而，岗位的期望寿命减少会降低保留生产率，因为现在岗位的选择性价值也提高了。企业更愿意维持劳动力以期在冲击到达时能够更快地改善其处境。这两个效应无疑意味着保留生产率会下降，但是其对于市场紧度的影响则是不明确的。然而，将岗位创造和岗位破坏条件微分可以得到：

$$\frac{c\eta(\theta)}{\theta q(\theta)}\frac{\partial\theta}{\partial\lambda}=-\frac{1-\beta}{(r+\lambda)^2}(1-R)-\frac{1-\beta}{r+\lambda}\frac{\partial R}{\partial\lambda}, \tag{2.35}$$

$$\left[1-\frac{\lambda}{r+\lambda}[1-G(R)]\right]\frac{\partial R}{\partial\lambda}=-\frac{r}{(r+\lambda)^2}\int_R^1(s-R)dG(s)+\frac{\beta c}{1-\beta}\frac{\partial\theta}{\partial\lambda}。 \tag{2.36}$$

由替换可得：

$$\left[\left[1-\frac{\lambda}{r+\lambda}[1-G(R)]\right]\frac{(r+\lambda)c\eta(\theta)}{(1-\beta)\theta q(\theta)}+\frac{\beta c}{1-\beta}\right]\frac{\partial\theta}{\partial\lambda}=$$
$$\frac{r}{(r+\lambda)^2}\int_R^1(s-R)dG(s)-\left[1-\frac{\lambda}{r+\lambda}[1-G(R)]\right]\frac{1\quad R}{r+\lambda}。 \tag{2.37}$$

上式右边为负，因为它等于

$$-\frac{1-R}{r+\lambda}\left[1-\frac{\lambda}{r+\lambda}[1-G(R)]-\frac{r}{r+\lambda}\int_R^1\frac{s-R}{1-R}dG(s)\right], \tag{2.38}$$

方括号中的后两项是两个小于 1 的数的加权平均。

如此使市场紧度随着 λ 而下降。在给定失业水平下，差异化冲击的更快到达会使岗位创造减少。岗位破坏率 $\lambda G(R)$ 将受到两个相反的影响。一方面，由于平均来说现在存在更多的冲击，故岗位破坏会增加，但一方面，由于企业维持岗位的时间更长了，从而减少了岗位破坏。如果像文献中普遍（通常是隐含地）假设的那样，直接影响更占优势的话，则差异化冲击的更快到达会使岗位破坏增加而岗位创造减少。因此，失业肯定会增加。在图 1.2 中的贝弗里奇空间中，更高的 λ 会导致贝弗里奇曲线向外移动，并使得岗位创造线向下转动。

对于上述研究而言，一个相关参数的影响是匹配失败的程度。正如我们在第一章中所表明的那样，匹配失败的增加由总量匹配函数的反向变动来表示，这导致在给定市场紧度下工人到达企业的比率会下降。在图 2.1 中，这会导致岗位创造曲线向左移动，既降低了市场紧度，也降低了保留生产率。岗位破坏减少，而岗位创造在给定失业水平下也下降了，这主要有两个原因，即匹配失败增加和市场紧度下降。在贝弗里奇图中，这使得岗位创造线顺时针转动。贝弗里奇曲线则受到两个影响。工人到达岗位的比率下降会导致贝弗里奇曲线向外移动，但是岗位破坏率下降则导致其向内移动。一般而言，我们无法确定哪种影响更占优势，但是经验上，我们总是假设在给定市场紧度下，匹配率下降的直接影响总是更占优势。在此假设下，贝弗里奇曲线向外移动，从而意味着更高的均衡失业水平。

最后，我们考虑工资谈判中提高劳动者分享份额 β 的影响。

将式(2.15)对 β 微分可得：

$$\left[1-\frac{\lambda}{r+\lambda}[1-G(R)]\right]\frac{\partial R}{\partial\beta}=\frac{1}{1-\beta}\left[\frac{c\theta}{1-\beta}+\beta c\frac{\partial\theta}{\partial\beta}\right]。\tag{2.39}$$

将式(2.14)进行微分可得：

$$\frac{c\eta(\theta)\partial\theta}{\theta q(\theta)\partial\beta}=-\frac{1-R}{r+\lambda}-\frac{1-\beta\,\partial R}{r+\lambda\,\partial\beta}。\tag{2.40}$$

劳动者分享份额提高的影响是导致图 2.1 中的岗位破坏曲线向上移动、岗位创造线向左移动。在给定市场紧度下，因为工资增加并且岗位创造也由于类似的原因而下降了，从而岗位破坏增加了。其净效应是减少了市场紧度，从而在给定失业水平下减少了岗位创造，但是其对于保留生产率的影响则是不明确的。

有趣的是，将式(2.40)中的$\partial\theta/\partial\beta$ 代入式(2.39)可知，$\partial R/\partial\beta$ 的符号与 $\eta(\theta)-\beta$ 的符号相同。因此，R 在 $\beta=\eta(\theta)$ 时取得唯一的最大值。在劳动者分享份额为较低的 β 时，岗位破坏会上升，而在较高的 β 时岗位破坏则下降，这是因为市场紧度和保留工资对 β 反应是非线性的。我们将在后面(第八章)表明，尽管不存在这两个参数应当相等的理由，即便当 $\eta(\theta)$ 为常数时也是如此，但是由于效率方面的原因，采取常数 η 等于 β 的限制性假设将是一个很自然的分析起点。在此限制下，保留生产率与劳动者分享份额无关，并且劳动者分担份额对于市场紧度的净效应则变为：

$$\frac{\partial\theta}{\partial\beta}=-\frac{\theta}{(1-\beta)\eta}。\tag{2.41}$$

在贝弗里奇图中，提高劳动者分享份额将会使得岗位创造线向下转动，且贝弗里奇曲线则不会移动，从而意味着均衡失业增加、岗位空缺减少。

2.4 资本

沿第一章讨论问题的思路，在分析中引入资本，其结果不会有太大变化。进一步，假设存在一个完善的二手资本市场，就保证了主宰投资行为的规则如前所述，也与其他新古典模型一样。

在本章模型中，岗位生产率水平可能位于 pR 到 p 之间的任何位置。我们将 px 解释为岗位的效率单位，并且如前所述，我们将 k 定义为每有效单位劳动所对应的单位资本，而 $f(k)$ 则定义为单位生产函数。根据产品的价格，拥有生产率 px 的企业购买的资本为 pxk，产出为 $pxf(x)$。如果一个冲击到达后，使岗位的生产率变为 px'，那么若 $x'\geqslant R$ 则企业会出售资本存量 $p(x-x')k$，并继续维持生产；然而，若 $x'<R$ 则企业会出售掉它的全部资本存量并且关闭。因此，拥有差异化生产率参数 x 的工作岗位的价值现在满足：

$$r[J(x)+pxk]=px[f(x)-\delta k]-w(x)+\lambda\int_R^1 J(s)dG(s)-\lambda J(x)。\tag{2.42}$$

由关于资本的岗位价值最大化可得到如下熟悉的条件：

$$f'(k)=r+\delta。\tag{2.43}$$

在分析中引入资本存量后，其他价值表达式不会发生变化。空缺、就业和失业的价值仍然分别满足式(2.7)、(2.5)和(2.9)。工资分担原则仍然是式(2.6)，而岗位创造和岗位破坏条件仍然由两个零利润条件给定，即 $V=0$ 和 $J(R)=0$。

为了导出岗位创造和岗位破坏条件，我们注意到工资分担原则给出如下工资方程：

$$w(x)=(1-\beta)z+\beta px[f(k)-(r+\delta)k]+\beta pc\theta。\tag{2.44}$$

将此式代入式(2.42)并利用岗位破坏条件，我们可得到：

$$(r+\lambda)J(x)=(1-\beta)p(x-R)[f(k)-(r+\delta)k]。\tag{2.45}$$

因此，式(2.42)变为：

$$(r+\lambda)J(x)=(1-\beta)p[f(k)-(r+\delta)k]\left[x+\frac{\lambda}{r+\lambda}\int_R^1(s-R)dG(s)\right]-(1-\beta)z-\beta pc\theta。\tag{2.46}$$

根据式(2.45)和(2.46)，岗位创造和岗位破坏条件很容易被推导出来。以前满足式(2.8)的岗位创造条件现在由式(2.45)导出，即

$$(1-\beta)\frac{1-R}{r+\lambda}[f(k)-(r+\delta)k]=\frac{c}{q(\theta)}。\tag{2.47}$$

比较其在无资本情形下的条件(2.14)，可见这是一个明显的推广。

岗位破坏条件由式(2.46)导出：

$$[f(k)-(r+\delta)k]\left[R+\frac{\lambda}{r+\lambda}\int_R^1(s-R)dG(s)\right]=\frac{z}{p}+\frac{\beta}{1-\beta}c\theta。\tag{2.48}$$

再次，将其与式(2.15)进行比较，可见此处唯一的推广是将生产率乘上了 $f(k)-(r+\delta)k$。

通过资本条件(2.43)、岗位创造条件(2.47)、岗位破坏条件(2.48)、工资方程(2.44)以及失业演化方程(2.2)，即可定义均衡。在给定的利率下，该均衡模型是递归的，首先确定每有效单位劳动

的资本存量，然后确定 θ 和 R，最后再确定工资和失业。经济中的资本总量为：

$$K = L(1-u)pk\int_R^1 x dG(x), \tag{2.49}$$

总产出为 $F(L(1-u),K)$，或者用单位形式可将其表示为：

$$Y = L(1-u)pf(k)\int_R^1 x dG(x)。 \tag{2.50}$$

很明显，对于岗位创造和岗位破坏而言，关键方程组的性质仍然与图 2.1 中所示的一样。资本存量的引入不会改变前面所描述的任何性质，只要我们假设存在一个完善的资本品租赁市场即可。因此，我们将继续使用无资本品的模型来研究岗位创造和岗位破坏，以及工资和失业的性质。

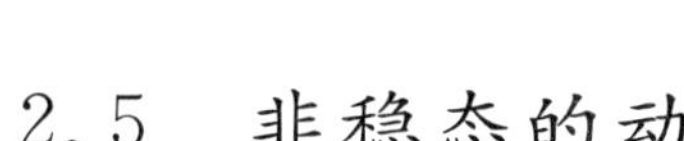

2.5　非稳态的动态分析

在非稳定状态下，岗位创造、岗位破坏以及失业的动态分析与第一章中的研究结果类似，但是有一个重要的差异。在这一节中，我们会强调这一差异，而对其他性质则只进行简单的讨论。基于与第一章中同样的理由，我们忽略掉资本，以及其向均衡缓慢调整所带来的相关问题。

回顾一下，在第一章中，工资方程和岗位创造条件给定了 w 和 θ 的唯一解，这并未牵涉到任何粘性变量。因此，w 和 θ 都总是处于其稳态值，随着无法预测的参数变化，会从任意初始值跳跃到稳态水平（当然，可预测的或提前知晓的参数变化对于 w 和 θ 能够产生不可忽视的动态变化过程，这是基于理性预期文献中的探讨思路，但在本书中我们不会讨论这一问题）。

与第一章中的模型一样，我们对岗位创造和工资决定作出同样的假设，也就是说，企业可以随时开设或关闭空置岗位，并且工资谈判结果可以随时重新进行协商。如前所述，这些假设意味着，新空置岗位的零利润条件 $V=0$ 或其等价形式(2.8)在稳态和非稳态中都成立，而分担原则(2.6)也是如此。然而，在第一章模型中，岗位破坏率 λ 是一个常数，而在本章模型中，岗位破坏率则依赖于保留生产率 R 并给定为 $\lambda G(R)$。一个自然的假设是企业可以随时关闭不赢利的工作岗位，从而无论在稳态还是非稳态中 R 都将满足零利润条件(2.1)。

在此假设下，R 变为一个跳跃性变量。因为岗位破坏条件(2.15)不依赖于粘性变量（如前所述，岗位创造条件(2.14)和工资方程(2.10)也都是如此），当不存在可预期的参数变化时，R、θ 和 $w(x)$ 这三个变量在任何时候都必须处于稳态中。这与在第一章模型中 θ 和 w 总是处于稳态的原因是一样的：工作岗位被作为资产对待，其价值由前瞻性的套利方程所决定。对于稳态的任何偏离都将导致其无法收敛，并且会违背隐含在套利方程中的最优化问题的横截面条件。这个“不稳定性”可以更明确地从第1.7节中所引入的那种动态资产估值方程组推导出来，但在这里我们不再赘述。

在非稳态下，失业的动态过程由方程(2.2)给定。如前所述，失业具有黏性，并且由两个前瞻性变量 R 和 θ 决定。三变量 u、R 和 θ 的均衡是一个鞍点，其中失业有一个稳定的根，而 R 和 θ 则各自有一个不稳定的根。

至此，我们可以表述本模型中的动态过程与第一章模型中的动态过程之间的重要差异。这个差异源于岗位破坏率的内生化以及企业可以随时关闭岗位的假设。假设一个参数变化使得均衡保留生产率从 R 增加到某个其他值 R'，那么，岗位破坏率增加到 $\lambda G(R')$，但是由于保留生产率所满足的零利润条件，差异化生产率水平 x 在 $R \leqslant x < R'$ 区间的那些岗位不再具有赢利性，从而被关闭掉。如果最初经济处于一个稳态中，被关掉的那些岗位其数量会不少，即为$[G(R')-G(R)](1-u)$。岗位破坏数量和失业率立刻会增加这个数量。然而，根据式(2.2)，随着这个跳跃，失业的动态调整过程更慢了。岗位破坏数量下降到 $\lambda G(R')$，如果没有参数的进一步变化，它将维持这个水平。

失业中的跳跃是不对称的，因为当保留生产率下降时它就不会发生。如果随着参数的变化 R' 下降到 R，企业现在希望维持生产率水平在(R',R)之间的那些工作岗位，而这些岗位在前面的分析中会被裁掉。但是，它们不能使就业马上增加$[G(R')-G(R)](1-u)$，因为在匹配函数的限制下，雇佣员工的过程是缓慢的，而那些使得生产率水平处于(R',R)之间的差异化冲击的到达也是缓慢的。因此，若保留生产率下降了，失业却不会有跳跃，失业的初始值仍将维持与以前一样，而其所遵循的动态调整过程在整个路径上都将是平滑的。

根据在第 2.3 节中所讨论的那种参数变化，我们现在讨论岗位创造和岗位破坏率的动态行为。在此讨论中，我们不会明确地提到工资的动态过程，这由 θ 的动态过程所驱动；我们更加倾向于利用给出 θ 和 R 的值的那两个方程，即式(2.14)和(2.15)。

考虑两个最有趣的生产率冲击，一个一般性生产率变化 p，以及在差异化生产率分布中的一个倍增变化 $G(x)$。在第 2.3 节中我们看到，通过 R 的一个向下跳跃和 θ 的一个向上跳跃，p 的上升使岗位破坏率减少了 $\lambda G(R)$，并在给定失业水平下使岗位创造率增加了 $\theta q(\theta)u/(1-u)$。随着初始的变动，失业会平滑地下降，从而降低了岗位创造率，一直到它收敛于一个新的更低的岗位破坏率水平为止。这些调整由图 2.3 中的图(a)来展示。在该图中，岗位创造和岗位破坏率最初是相等的。当变化发生时，岗位创造率从其初始值 A 跳跃到一个新值 B，而岗位破坏率则从 A 点向下跳跃到 C 点。最终，失业会下降，直到岗位创造率下降到岗位破坏率水平为止，此时经济到达一个新的稳态。

如果共同的总量生产率下降了，R 会跳跃到一个更高的值，而 θ 则会跳跃到一个更低的值。现在，岗位破坏率增加到 $\lambda G(R')$，其中 R' 是一个更高的值，在其影响下有大量的工作岗位被破坏掉，数量为 $[G(R')-G(R)](1-u)$。因此，正如图 2.3 中的图(b)所示，岗位破坏率从其初始值 A 跳跃到一个更高的值 D；而后，其又回到 C 点，这又反映了图(a)中的情形。D 与 C 之间的差异表示就业中被破坏掉的那部分岗位的比例，即 $G(R')-G(R)$。现在，岗位创造率下降了，但由于失业上升了 $[G(R')-G(R)](1-u)$，因此在给定的 u 下它并没有下降其本应当下降的那么多。在该变化的初始影响过后，岗位创造率开始上升，并最终上升到与更高的岗位破坏率相匹配的水平，此时便到达了一个新的稳态，其失业也增加了。

在生产率分布均值水平的扩展之后，调整过程的分析将遵循相似的思路。在此扩展之后，保留生产率和市场紧度都会增加。结果，大量岗位被破坏掉，使得岗位破坏率发生了一个跳跃。随着

(a) 增加

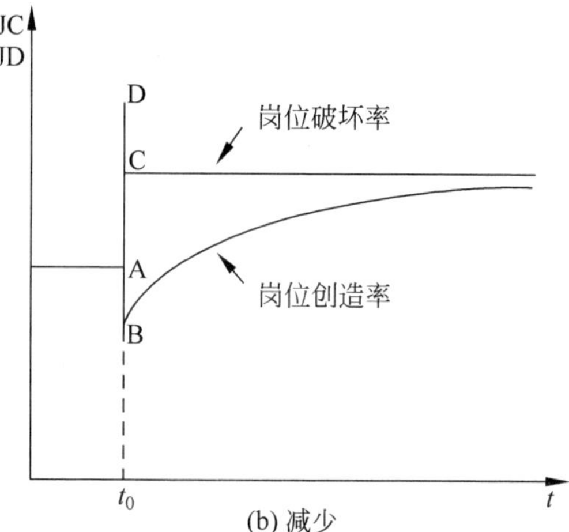

(b) 减少

图 2.3　总体生产率变化下的岗位创造与岗位破坏率调整

该跳跃，岗位破坏率下降，但仍高于其初始值的水平，从而完成了其向一个新的稳态调整的过程。由总量生产率下降所导致的岗位破坏率的调整过程类似于图 2.3 中的图(b)。然而，不同于该图中所显示的路径，岗位创造率会先上升，正如图 2.3 中图(a)中所示的那样。在这个最初的上升之后，由于失业率的变化，岗位创造率会逐渐调整到新的岗位破坏率水平上。它可能进一步增加或下降，取决于岗位破坏率的初始增加量是大于还是小于岗位创造率的初始增加量。新的稳态失业水平可能高于或低于其初始稳态水平，这取决于 R 和 θ 的变化范围。但是失业终究会上升，因为岗位破坏率对于该变化的反应比岗位创造率的反应更快。

如果差异化生产率的分布发生了一个负向的均值水平的扩展，那么岗位破坏和岗位创造率都会下降。岗位破坏率会一次性下降到其新的均衡水平，这与图 2.3 中的图(a)所示的变化类似。岗位创造率也终究会下降，但是它在最初的变化之后是上式还是下降仍然取决于这两个比率的相对下降幅度。

因此，在生产率统一变化的情形下，岗位创造率的最初变化与岗位破坏率的最初变化是负相关的，但是在生产率分布的扩展型变化下，它们则是正相关的。在这两种情形下，岗位破坏率的行为都存在一个不对称性，也就是说，当岗位破坏率的变化为正时(即当它增加时)它会有着更高的初始跳跃。同样，在两种情形下，随着其初始变化，岗位创造率都由于其所导致的失业的变化而调整到相应的岗位破坏率水平上。

2.6　文献评注

本章模型基于 Mortensen 和 Pissarides(1994)。Davis 和 Haltiwanger(1990,1992)关于美国制造业数据为该模型提供了经验上的动力。更多的经验证据和讨论请参见 Davis，Haltiwanger

和 Schuh(1996)。其他关于工作岗位流动的经验研究包括 Leonard(1987)和 Dunne,Roberts 和 Samuelson(1989)关于美国的研究;Konings(1995)、Blanchflower 和 Burgess(1993)关于英国的研究;Boeri 和 Cramer(1992)关于德国的研究;Broersma 和 den Butter(1994)、Gautier(1997)关于荷兰的研究;Lagarde、Maurin 和 Torelli(1994)关于法国的研究;Albaek 和 Sorensen(1995)关于丹麦的研究;以及 Contini 等人(1995)关于欧盟国家的研究。也可参见经济合作与发展组织(OECD,1996)所收集的模型及其成员国的数据可用性的讨论,以及 1994 年 OECD 就业概览中的 OECD 中的可比性数据。在 OECD 之外,关于波兰转型期的岗位创造和岗位破坏数据由 Konings、Lehmann 和 Schaffer(1996)报道,其他一些转型经济则由 Bilsen 和 Konings(1998)予以报道。

Davis 和 Haltiwanger 以及其他人的经验观察产生了大量关于岗位流动的理论上的兴趣。Mortensen 和 Pissarides(1994)的模型的一个变体由 Cole 和 Rogerson(1996)进行了校准,他们解释了 Davis-Haltiwanger 的观察,发现非就业的寻职者的比例大约是失业率的两倍。这与 Blanchard 和 Diamond(1990)所提供的证据是一致的。他们发现从劳动力队伍外部向就业队伍的流入验证了劳动力队伍外部的寻职者数量与失业者数量相当的假设。Den Haan、Ramey 和 Watson(1997)将该模型植入一个真实经济周期模型,并对其进行了校准。他们表明,该模型可以解释岗位创造和岗位破坏的变化,此外,劳动力市场的摩擦性使得真实经济周期冲击的效应放大了,并且更具有持续性。

对岗位创造和岗位破坏进行建模的其他途径包括 Cabllero

和 Hammour(1994,1996),Bertola 和 Caballero(1994),Ramey 和 Watson(1997),Greenwood、MacDonald 和 Zhang(1995),Hopenhayn 和 Rogerson(1993),以及 Bertola 和 Rogerson(1997)。与 Mortensen 和 Pissarides(1994)以及本章模型将匹配作为分析的基本单位的方法相比,这些论文更多地将企业作为分析的基本单位。

岗位创造与岗位破坏的不对称性是 Mortensen 和 Pissarides(1993,1994)的一个分析主题,对此 Campbell 和 Fisher(1998)也在一个不同的框架下进行了分析。在关于岗位流动不对称性的理论解释中,Davis-Haltiwanger 关于岗位破坏比岗位创造更不稳定的观察被视为理论解释所必需的一个事实。然而,Boeri(1996)表明,除了英国之外,这个在美国所观察到事实并不是欧洲国家中岗位重置的特征。在欧洲大陆国家,岗位创造一般会显示出更多的周期性变化。Garibaldi(1998)解释了这一差异,认为在欧洲,政策限制意味着企业不能随时关闭工作岗位,而这正是得到本章模型所讨论的不对称性所必需的假设。但是,即使是在美国,Foote(1998)注意到非制造行业与制造行业相比也展现了不同程度的不对称性,其中岗位创造更加不稳定。他将其解释为经济中走下坡路的部门在岗位破坏中展现了更多的不稳定性,而扩展型部门则在岗位创造中展现了更多的不稳定性。

Gomes、Greenwood 和 Rebelo(1997)也研究了失业的周期性变化。在其模型中市场是不完备的,在给定对其岗位价值的随机冲击下,失业的周期性变化由工人在每期中的工作与寻职的决策所驱动。

在本章中，倍增生产率冲击（或更一般地，方差的增加）的分析是由一个最初由 Lilien（1982）所提出的观点所激发的，即生产的部门变换是经济周期的驱动力。然而，这个观点已引起争议。Abraham 和 Katz（1986）、Blanchard 和 Diamond（1989）利用了贝弗里奇曲线对总量冲击和重置性冲击反应不同的事实，发现总量冲击是一个更为显著的驱动力。Davis 和 Haltiwanger 以及其他人利用相关的预测来区分这两个驱动力：如果倍增冲击是其驱动力，岗位创造和岗位破坏应该在整个周期上呈现出正相关性。Davis、Haltiwanger 和 Schuh（1996）的数据表明，岗位创造和岗位破坏率之间存在很强的负相关性。

利用第一章中讨论的典型事实，基于倍增变化的经济周期解释将产生沿贝弗里奇曲线的过于“平坦”的循环（也就是说，空缺不会充分地波动）。更可能的情形是，由总量冲击所造成的结构性变化在萧条期间比在繁荣期间更为频繁，因为在萧条期间重置和生产结构转换的机会成本更小。关于这一点，更多的讨论请参见 Davis（1987）、Caballero 和 Hammour（1994）。

第三章　长期均衡与平衡增长

在本章中，我们首先回到岗位破坏率固定的模型，并从一个存在企业调整成本的传统动态模型中推导出岗位创造条件。我们将表明，当重新表述第一章中的企业模型后，对传统劳动力需求理论的唯一本质上的背离在于，本章的模型中存在依赖于市场紧度的线性调整成本。这种对应关系有助于引导和建立本章以及后面几章中的许多结论。

因此，我们将模型扩展到一个齐次性长期均衡模型，该模型与平衡增长路径上存在固定失业率的结论相一致。为此，我们改变了关于失业工人的时间价值的描述。我们讨论了诸多可能性，所有这些可能性都与平衡增长路径的存在性相一致。

引入经济增长对于我们的分析是重要的，因为一个合理的关于失业的均衡模型必须能够容纳一个典型事实，即在平衡增长路径上失业率是固定的。我们通过两种方法引入经济增长。首先，我们假设技术进步是非物化的，从而现存岗位的劳动生产率会在一个外生的技术进步率下增长。我们也在该模型中引入了资本，结果导致了一个新古典（索罗）增长模型，其中失业率是固定的，并且与经济增长率负相关。在此分析中，利率也被视为一个外生的常数。然而，通过假定存在固定储蓄率或拉姆齐消费者，从而将利率进行内生化处理时，结论就可能发生改变，其结果是更快的经济增长会导致更高的失业。原因在于，在外生利率下资本的供给弹性被隐含地假定为无穷大，而当利率被内生化且资本供给依赖于储蓄时，更快的经济增长减少了每有效单位劳动的可利用资本。

引入经济增长的第二种方法由熊彼特的“创造性破坏”思想所激发。技术进步被物化在新的岗位中，而现存岗位的生产率却并不增长。通过破坏岗位并创造一些新的生产力更高的岗位，或者通过不必破坏任何岗位的“结构性调整”，都能带来经济增长。我们将仅对创造性岗位破坏的情形进行建模，在文献评注中会提到其他模型。在创造性岗位破坏情形下，岗位破坏率是内生的，并且经济增长率越快岗位破坏率就越高。因此，与非物化技术进步情形相比，更快的技术进步与更高的稳态失业率相关联，甚至也与固定利率相关联。

3.1　大企业

通过假定每个企业仅拥有一个岗位，我们推导出一个关键的岗位供给条件(1.30)。在本节中，我们假设企业可以雇佣多个员工，并且平均来说企业足够大，以至于可以抵消劳动力流动方面的任何不确定性，从而再次推导出与前面一样的条件。我们继续假设工资率由个体层面上的隐性谈判所给定。也就是说，工资是固定的，就好像企业会在其他所有雇员的工资都给定的情况下，分别与每个雇员进行纳什谈判。很明显，这个假设最接近市场竞争环境下的工资决定结果。在决定开设岗位的数量时，企业能够正确地预测工资，但在选择岗位数量时企业却会将工资视为给定的。当不存在长期合同且存在一个完善的二手资本品市场时，这与企业的利润最大化行为是一致的。

设 K_i 和 N_i 分别为企业 i 的资本和雇佣人数，并设 $F(K_i, pN_i)$ 为一个规模报酬不变的生产函数。参数 p 是一个劳动扩展型生产率参数。企业在给定的产出价格下购买资本设备 K_i，并支付给工人实际工资 w，这个工资由式(1.31)确定，并且企业会将其视为给定的。我们假设不存在资本调整成本，但在雇佣方面的调整却会涉及一些线性的调整成本。

企业失去工人的比率为 λN_i。为了招聘工人，它必须开设空置岗位并发布招聘广告。假设每一个空置岗位花费企业的招聘成本为 pc，并且得到一个工人的可能性为 $q(\theta)$，其中 θ 是企业无法控制的。设 V_i 为企业的空置岗位数量。于是，企业劳动力将根据下式发生变化：

$$\dot{N}_i = q(\theta)V_i - \lambda N_i。\tag{3.1}$$

在式(3.1)中企业的选择变量为 V_i。

企业期望利润的折现值为：

$$\Pi_i = \int_0^{\infty} e^{-rt}[F(K_i, pN_i) - wN_i - pcV_i - \dot{K}_i - \delta K_i]dt,\tag{3.2}$$

其中 δ 为资本存量的折旧率。企业将式(3.2)在约束条件(3.1)下对 K_i 和 V_i 进行最优化。将式(3.1)相应的辅助变量表示为 x，我们可得到如下的欧拉方程组：

$$e^{-rt}[F_1(K_i, pN_i) - \delta] - \frac{d}{dt}(-e^{-rt}) = 0,\tag{3.3}$$

$$e^{-rt}[pF_2(K_i,pN_i)-w]-\lambda x+\frac{dx}{dt}=0, \tag{3.4}$$

$$-e^{-rt}pc+q(\theta)x=0。 \tag{3.5}$$

在给定 p 和 θ 的路径下，K_i 和 N_i 的最优路径将满足上述方程。对于常数 p 和 θ，存在满足如下条件的一个稳态解：

$$F_1(K_i,pN_i)-\delta-r=0, \tag{3.6}$$

$$pF_2(K_i,pN_i)-w-\frac{r+\lambda}{q(\theta)}pc=0, \tag{3.7}$$

其中 w、N_i 和 K_i 为常数。企业岗位空缺的稳态解 V_i 由约束条件(3.1)在 $\dot{N}_i=0$ 时得到：

$$V_i=\frac{\lambda N_i}{q(\theta)}。 \tag{3.8}$$

现在，由于 $F(K_i,pN_i)$ 为规模报酬不变，我们可以将 $F_1(K_i,pN_i)$ 和 $F_2(K_i,pN_i)$ 表示为一个变量 K_i/pN_i 的函数。于是，在式(3.6)和(3.7)中，除 K_i/pN_i 以外的其他所有变量均为市场变量：它们都没有下标 i。因此在稳态中，所有企业都将拥有同样的比率 K_i/pN_i，我们将其用 k 表示。我们定义：

$$f(k)=\frac{1}{pN_i}F(K_i,pN_i)=F\left(\frac{K_i}{pN_i},1\right), \tag{3.9}$$

其中 $pf(k)$ 即为每个雇佣工人的产出。因此：

$$F_1(K_i,pN_i)=f'(k), \tag{3.10}$$

$$F_2(K_i,pN_i)=f(k)-kf'(k), \tag{3.11}$$

将式(3.10)代入式(3.6)可得到：

$$f'(k)=r+\delta, \tag{3.12}$$

这正是条件(1.28)。同样，将式(3.11)代入式(3.7)可得到

$$p[f(k)-kf'(k)]-w-\frac{r+\lambda}{q(\theta)}pc=0,\qquad(3.13)$$

由式(3.12),可知这正是岗位创造条件(1.30)。

条件(3.8)意味着在稳态中,所有企业所选择的空置岗位与雇佣人数之比都相同,因此,式(3.8)也给出了所有岗位空缺与就业总量之比。恢复第一章中所使用的符号,设$\sum V_i=\theta uL$,其中L表示劳动力总量,且$\sum N_i=(1-u)L$,从而式(3.8)变为:

$$\theta\frac{u}{1-u}=\frac{\lambda}{q(\theta)}。\qquad(3.14)$$

将式(3.14)整理可得到式(1.32),即为第一章模型中的最后一个均衡条件。

观察企业的现值表达式(3.2),可知在该生产要素需求理论中一个新的关键因素是雇佣调整成本$[pc/q(\theta)](\dot{N}_i+\lambda N_i)$。这个成本对于$\dot{N}_i$是线性的,并且对于稳态中的就业水平也有一些影响。进一步,因为θ表示劳动力—市场紧度,所以这个调整成本依赖于市场紧度:当市场紧度降低时(更低的θ),企业的雇佣调整成本就更低了。我们在第一章中所讨论的拥挤外部性即源于这个新的因素。如果所有企业都试图一起扩大雇佣水平,他们将通过同时开设更多的空置岗位来竞争失业工人。这增加了市场紧度并且增加了企业在找到合适员工之前所必须等待的时间。但是,如果企业试图单独扩大雇佣规模,等待的时间就要短一些。不管其他企业如何做,企业都将遵循同样的雇佣策略,从而忽略了这类策略给市场上其他企业所带来的拥挤性。

3.2　失业收入

在第一章中，当我们分析生产率变化的影响时，看到一般性生产率水平会影响就业，这是因为工人失业期间拥有固定的实际或应计收入。纳什工资方程是失业收入和劳动生产率的线性组合，并且当前者固定时，生产率的变化将导致岗位赢利性和岗位创造的变化。我们将表明，在长期均衡中，允许失业收入就模型中的某些变量变化作出反应是更为合理的，这将导致工资与一般性生产率之间存在一个比例关系。我们将要描述的这些反应并不是由明确的最大化模型所推导出来的，但是容易看到，它们与通常使用的模型是一致的。我们略去此推导以避免偏离本书的中心主题太远。我们将会发现，固定失业收入的假设在该模型的大部分应用中是无害的，但是其在永久性生产率变化的效应分析中却很重要。

失业收入由失业时实际得到的收入和失业工人的时间的应计价值组成。如果实际收入由转移支付构成，那么假设其由当前工资率而不是由当前物价水平确定将显得更为合理。例如，失业保险金也许是由平均工资率来进行指数化的，正如为失业保险融资的税收一般与工资所得成比例，而不是定额税一样(可参见第九章)。转移支付之外的任何失业收入，例如在次级经济部门打零工所赚取的收入，应当是在稳态路径上主级部门工作收入的一个固定比例。因此，z 的实际收入部分对于存在失业的平衡增长路径的存在性不会造成任何严重的问题。可以合理地假设其与平均工资成比例。

现在讨论闲暇活动的应计收入，这也是 z 的一部分。工人的闲暇价值被计为一个真实的补偿，这是让工人放弃闲暇时间去工作所必需的补偿。如果闲暇时间是一种消费品，那么工人对其所赋予的价值将与市场回报无关。一般而言，如果存在一个完善的资本市场并且工人有无限期的时间，那么让工人放弃其所拥有的消费品所需的最低补偿将是其财富的函数。因此，在一个关于工作搜寻的普通效用最大化模型中，z 可能既依赖于人力资本，也依赖于非人力资本。

失业工人的人力财富等于 U，即搜寻工人的“资产价值”。非人力财富在我们的模型中无关紧要，将其表示为 A。那么，在一个普通的效用最大化框架下，应计失业收入可以近似地表示为持久性收入的函数，是人力和非人力财富的平均：

$$z = \zeta r(A + U), 0 < \zeta < 1, \tag{3.15}$$

其中 ζ 假定为常数。

首先假设我们忽略掉非人力财富。例如，设 $A=0$。那么将式(3.15)中的 z 代入我们推导 U 的那些表达式，例如式(1.19)，便可得到：

$$rU = \frac{\beta}{(1-\zeta)(1-\beta)} pc\theta, \tag{3.16}$$

故在稳态中：

$$z = \frac{\zeta}{1-\zeta} \frac{\beta}{1-\beta} pc\theta。\tag{3.17}$$

进一步，将式(3.17)中的 z 代入存在资本情形下的工资方程(1.31)，可得到：

$$w=\beta\left[f(k)-(r+\delta)k+\frac{\zeta}{1-\zeta}c\theta\right]p。\tag{3.18}$$

因此，我们关于工人应计失业收入的假设使得工资与劳动扩展型生产率参数 p 成比例。这个比例因子依赖于工资谈判中工人的分享份额、工人所赋予其闲暇时间的价值(ζ)、企业的招聘成本和市场紧度。

非人力财富对于此分析有十分重要的影响，因为如果我们设 $A>0$ 并利用式(3.15)代替式(3.17)，可得：

$$z=\frac{\zeta}{1-\zeta}\left[rA+\frac{\beta}{1-\beta}pc\theta\right]。\tag{3.19}$$

于是，工资方程变成：

$$w=\frac{(1-\beta)\zeta}{1-\zeta}rA+\beta\left[f(k)-(r+\delta)k+\frac{\zeta}{1-\zeta}c\theta\right]p。\tag{3.20}$$

因此，工资又是两项的线性组合，其中一项与生产率成比例，另外一项则明显与生产率无关。

然而，正如菲尔普斯(Phelps，1994)所表明的那样，尽管可以假设非人力财富在短期内与市场结果无关，但是在长期中，非人力财富将依赖于劳动力市场上的工资。工资的暂时性增加对于财富也许没什么影响，但是一个持久性增加将导致更多的储蓄并最终会使财富增加相当一部分。

如果财富在决定保留工资和工人的谈判立场中能起重要作用，那么其对于劳动力市场条件的长期变化的缓慢反应就能够解释生产率变化对失业的持续性影响。例如，如果工资遵循式(3.20)并且 ζ 的值不小，那么生产率 p(或者其增长率)的持久性下降就能够增加失业并使其长期位于稳态水平之上(时间长到足以使得人力财富下降到与更低的生产率水平相一致的水平上，从而允许工资也下降）。

由20世纪70年代发生在工业国家的长期生产率变化可知，这些对长期生产率变化的暂时性（但有长期存在的潜在可能性）失业反应在失业的经验分析中可能很重要。然而，在随后的分析中，我们将集中于均衡的长期稳态性质，那时非人力财富（如果重要的话）已有时间调整到其劳动力市场均衡水平。在这些情形下，不失一般性，我们可以忽略掉非人力财富，以避免对消费与储蓄决策进行建模，并将应计失业收入的价值写为如式(3.15)那样，其中 $A=0$ 且 ζ 是一个很小的正数。工资方程是式(3.18)，从而更高的闲暇价值（更高的 ζ）意味着更高的工资。由于更高的工资，这也意味着更低的劳动力市场紧度[例如，参见式(3.13)]，从而有更低的岗位创造和更高的失业。这些都是非常直观的结论，无须进一步讨论。

本节中的扩展模型的关键性质在于，工资与一般性生产率参数成比例，其中这个比例因子与劳动力市场紧度和闲暇的价值正相关。利用式(3.12)，将式(3.18)代入工资创造条件(3.13)，可得到：

$$(1-\beta)[f(k)-kf'(k)]-\frac{\zeta}{1-\zeta}\beta c\theta-\beta\frac{r+\lambda}{q(\theta)}c=0。\quad(3.21)$$

稳态中的劳动力—市场紧度与生产率水平 p 无关。

在本节扩展模型中，我们注意两点。首先，通过设 $z=\zeta p$，可以推导出一个很类似但更为简单的工资方程。在式(3.21)中，重要的是闲暇的应计价值与生产率成比例。尽管这个更为简单的限

制条件 $z=\zeta p$ 不能由效用最大化模型所推导出来，但是在该模型的许多长期应用中，这个简化是合理的。当生产率冲击为短期性冲击时，我们在此所遵循的思路，即设时间的应计价值依赖于持久性收入，将会显得十分重要。例如，p 的一个暂时性上升对工资仅有一个暂时性影响，从而工人的持久性收入增加小于生产率的上升。这使得期望利润持续增加（只要生产率仍然维持高水平），从而导致更多的岗位创造。如果生产率的上升被认为是持久性的，这就不可能发生。

第二点是关于企业的招聘成本，在一开始时我们假设其与一般性生产率 pc 成比例。直觉上，更为合理的做法也许是将招聘成本设为工资的函数，因为招聘活动是一个劳动密集型活动。当然，在后一种情形下，工资也必须与生产率成比例，但是此外，它们也将与劳动的边际产出 $f(k)-kf'(k)$ 成比例。然而，就我们的目的而言，用 wc 代替 pc 是不必要的复杂化，我们将不会采用这种方式。

在第一章的均衡方程系统(1.29)至(1.32)中，我们用工资方程(3.18)代替了式(1.31)。未知数仍然与以前一样包括 k、w、θ 和 u。在定性分析方面，由式(1.29)、(1.30)、(3.18)和(1.32)组成的新系统的性质与式(1.29)至(1.32)组成的系统的性质是一样的，只有一个重要的例外。现在，一般性劳动扩展型生产率冲击完全地被工资所吸收，因此它们对均衡失业没有影响。这个性质使得这个新模型比第一章中的模型更适合于长期分析。

3.3　技术进步：资本化效应

通过引入外生的劳动扩展型技术进步，我们开始将第一章中的静态劳动力市场模型扩展为一个平衡增长模型。与标准的新古典模型一样，技术进步是“非物化”的，也就是说，现存岗位和新岗位都无须重置其资本存量即可获得劳动生产率提高的好处。

假设技术进步率为 $g<r$。假设利率是外生的，并且资本供给是无限的，很明显，这在长期增长模型中是很极端的假设，但却有利于失业的分析。在下一节中我们将回到这一问题。设劳动扩展型生产率参数是时间的函数，并假设其增长率为常数 g：

$$p(t)=e^{gt}p_0, \tag{3.22}$$

其中 $p_0>0$ 是某个初始的生产率水平。

由经济增长理论的结论可知，这是与平衡经济增长相一致的唯一一种技术进步形式。推导均衡增长的含义的最简单的方法是直接利用欧拉方程(3.3)至(3.5)(很明显这几个方程仍然有效)，并将 p 明确地设为时间的函数。在稳态中，比例 θ 是常数，但是工资以比率 g 增长。因此，欧拉条件组变为

$$F_1(K_i,pN_i)-r-\delta=0, \tag{3.23}$$

$$F_2(K_i,pN_i)-w-\frac{r+\lambda-g}{q(\theta)}pc=0。 \tag{3.24}$$

如前，将 k 定义为比率 K_i/pN_i，现在我们发现一个拥有固定的 k 的稳定状态满足如下条件：

$$f'(k)-r-\delta=0 \tag{3.25}$$

且

$$f(k)-kf'(k)-\frac{w}{p}-\frac{r+\lambda-g}{q(\theta)}c=0。\qquad(3.26)$$

工资方程与以前一样是式(3.18)，在固定的 k 下，这表明在稳态中工资以比率 g 增长。将式(3.18)中的 w 代入式(3.26)，可得到关于劳动力市场紧度的条件：

$$(1-\beta)[f(k)-kf'(k)]-\frac{\zeta}{1-\zeta}\beta c\theta-\frac{r+\lambda-g}{q(\theta)}c=0。\qquad(3.27)$$

平衡增长均衡即为由式(3.25)、(3.26)和(3.18)所定义的 k、θ 和 w 的路径。与以前一样，稳态失业路径由贝弗里奇条件(3.14)给定。

技术进步率会影响均衡的劳动力市场紧度。通过微分我们可以发现，在更高的 g 下，θ 也更高。而在更高的 θ 下，工资和空缺都提高了，失业则下降了。

由于企业雇佣决策中的跨期因素，技术进步率会影响市场紧度和失业。严格地说，这个因素体现在欧拉条件(3.4)和(3.5)中。现在，为了招到能够在未来产生某些利润的工人，企业产生了一些雇佣成本。如果企业知道在稳态中，雇佣成本会以与利润相同的比率上升，它就会提前进行某些雇佣活动以使其未来的雇佣成本最小化。因此，在更高的经济增长率下，企业将会开设更多的空置岗位进入市场。而在更低的经济增长率下，等待对于企业来说更为有利，从而减少了空置岗位。

因此，在劳动扩展型技术进步下，稳态中的资本存量总量、实际工资和资本劳动比率都在增长，但失业率和岗位空缺率则是固定不变的。更快的技术进步率意味着更低的失业率和更高的岗位空置率。

这些结论严重地依赖于技术进步率对企业的"有效"折旧率 $r-g$ 的影响。关于我们所推导出的经济增长效应的直觉的另一种表述方式是说，在更快的技术进步率下所有未来的收入流都以更低的比率进行折旧。因为现在创造空置岗位的成本产生了，而空置岗位的利润在未来将会增加，所以更低的折旧率将会增加岗位创造。由于这个原因，Aghion 和 Howitt(1994)将经济增长对失业的这个影响称之为"资本化效应"。

在我们的模型中，之所以存在资本化效应是因为利率是外生的。如果差 $r-g$ 相对于 g 下降了，这个效应也会存在；但若差 $r-g$ 相对于 g 增加了则不会。接下来，我们给出两个利率决定模型，其与 $r-g$ 增加或减少的结果都是一致的。

3.4　内生资本与利率

在一个资本完全自由流动的小型开放经济中，资本供给在世界利率下是无限的。因此，小型开放经济的增长率不会影响利率，前一节中的那些结论仍然成立。然而，在一个封闭经济或一个大型开放经济中，情况就未必如此。接下来，我们考察两个关于利率决定的模型，其中一个模型与索罗增长模型一样拥有外生的储蓄率，另一个模型则与拉姆齐模型一样拥有最优储蓄行为。在这两个模型中，我们都考虑代表性主体的储蓄行为；也就是说，我们忽略掉由劳动力市场地位差异所导致的个体异质性。如果考虑劳动力市场地位的显著差异，个体将分享大家庭单位的收入，这是劳动力市场整体中的一个微观世界，可用这样的假设做适当的修正。也可以说，代表性消费者假设是一条有用的捷径，可以避开由刻画收入历史所引起的消费决策的复杂性。

在稳态中，国民收入给定为 $F(K,pN)$，这在固定劳动力规模下等于 $p(1-u)f(k)$。u 和 k 都是常数，但是 p 是关于时间的函数并以比率 g 增长。在这个经济中，储蓄被给定为国民收入的一个固定比例 s。储蓄用于增加资本存量总量，以及支付岗位空置的成本。资本存量总量为 $K=p(1-u)k$，岗位空置的总成本可由劳动力来表示，即 $pcv=pc\theta u$。因此，在折旧率 δ 下，有：

$$\dot{k}=\frac{\dot{K}}{(1-u)p}+\left(\frac{\dot{u}}{1-u}-g\right)k$$

$$=sf(k)-\left(\delta+g-\frac{\dot{u}}{1-u}\right)k-c\theta\frac{u}{1-u}。\qquad(3.28)$$

在稳态中，k 和 u 都是固定的，因此资本存量即为下式的解：

$$sf(k)-(g+\delta)k=\frac{u}{1-u}c\theta=\frac{\lambda c}{q(\theta)},\qquad(3.29)$$

其中利用了贝弗里奇方程(3.14)。

式(3.29)决定了资本存量，式(3.25)决定了利率，这与传统的索罗增长模型是一致的。然而，与传统模型不同的是，式(3.29)依赖于另外一个未知数 θ。但是与以前一样，θ 由式(3.27)给定。一旦知道了 θ 的值，由贝弗里奇方程(3.14)便可得知失业水平。

通过将方程组(3.29)、(3.25)和(3.27)化简为包含两个未知数 k 和 θ 的两个方程，我们考察了失业对经济增长率的依赖性。将式(3.25)代入式(3.27)得到关于内生 r 的岗位创造条件：

$$(1-\beta)[f(k)-kf'(k)]-\frac{\zeta}{1-\zeta}\beta c\theta-\frac{f'(k)-\delta+\lambda-g}{q(\theta)}c=0。\tag{3.30}$$

由式(3.29)和(3.30)求解可得到由外生经济增长率表示的 k 和 θ 的稳态值。

首先,在图 3.1 中考虑式(3.29)。如果 θ 是一个非常小的数,则式(3.29)的右边也非常小,并且随着 θ 趋近于零,$1/q(\theta)$ 的极限为零。因此,在图 3.1 中,k_1 为 $\theta=0$ 时的极限资本存量。当 θ 从零开始上升时,式(3.29)的右边也上升,因此均衡资本存量下降。在图 3.1 中,因为储蓄必须超过资本用量以支付招聘成本 c,故对于 $\theta>0$,均衡点位于 k_1 的左边。在一个均衡中能够承受的最大的 θ 即为在式(3.29)中给出资本存量 k_0 的 θ 值。如果 θ 上升超过这个水平,储蓄将必须超过资本用量甚于其在 k_0 时的情形,而这由图 3.1 可知是不可能的。因此,在稳态均衡中,资本存量必须在 k_0 到 k_1 之间取值,其中 k_0 和 k_1 分别定义为:

$$sf'(k_0)=g+\delta,\tag{3.31}$$

且

$$sf(k_1)=(g+\delta)k_1。\tag{3.32}$$

在此范围内,$sf'(k)\leqslant g+\delta$,从而在 $\theta-k$ 空间中,代表式(3.29)的曲线的斜率为负。在图 3.2 中将该线记为 KE(即资本市场均衡的缩写)。第二个均衡关系(3.30)有一个正的斜率,将其记为 JC。均衡位于这两条曲线的唯一交点上。一旦知道了 θ 的值,我们就可以由贝弗里奇曲线得知失业水平;一旦知道了 k 的值,就可以从边际生产率条件(3.25)得知利率水平。

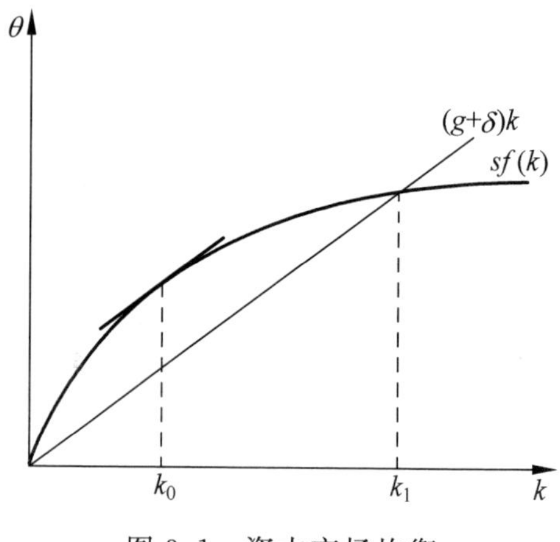

图 3.1　资本市场均衡

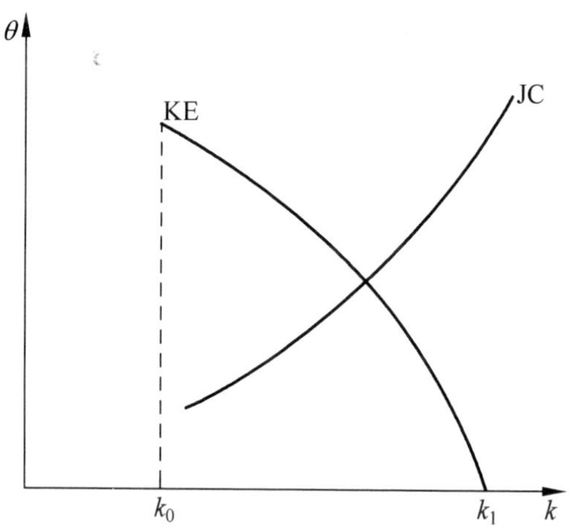

图 3.2　固定储蓄率下的均衡资本存量和市场紧度

外生的经济增长率使得资本均衡条件向左移动，使得岗位创造条件向上移动。在固定利率下，资本存量也是固定的，因此 θ 肯定会上升。这是资本化效应的基础。但是在内生 r 及其所蕴涵的 KE 的移动下，资本存量会下降，但其对于 θ 的影响则是不明确的。因此，对于 θ 的影响的符号不能由参数值的简单限制来确定。在古典情形下，KE 曲线是垂直的，经济增长率对资本存量的影响为：

$$\frac{\partial k}{\partial g}=\frac{k}{sf'(k)-(g+\delta)}, \tag{3.33}$$

在此情形下给定 $g+\delta=sf(k)/k$，对于一个科布—道格拉斯生产函数而言，上式将变为：

$$\frac{\partial k}{\partial g}=-\frac{k^{2-\alpha}}{s(1-\alpha)}。 \tag{3.34}$$

由式(3.25)我们即可得到：

$$\frac{\partial r}{\partial g}=-\alpha(1-\alpha)k^{\alpha-2}\frac{\partial k}{\partial g}=\frac{\alpha}{s}。 \tag{3.35}$$

可信的参数取值(例如，资本分担份额 α 近似为 0.3；投资作为国民收入的一个部分，对于不同国家而言其比例不尽相同，但通常会低于 0.3)将给出一个大于 1 的影响，从而意味着当 g 上升时 $r-g$ 也会上升，从而 θ 会下降。

更一般地，对于此模型，将式(3.29)和(3.30)进行微分可知，在科布—道格拉斯生产函数下，经济增长率对 θ 的影响的符号将满足：

$$\operatorname{sign}\frac{\partial\theta}{\partial g}=\operatorname{sign}\left(\frac{\alpha(1-\alpha)k^{\alpha}}{\alpha sk^{\alpha-1}-(g+\delta)}+\frac{\alpha(1-\alpha+s)k^{\alpha-1}-(g+\delta)}{\alpha sk^{\alpha-1}-(g+\delta)}\frac{c}{q(\theta)}\right)。 \tag{3.36}$$

由图 3.1 可知右边第一项为负。第二项的分母也为负，但是分子可能为正也可能为负。然而，利用式(3.25)引入利率以代替 k，可以得到：

$$\alpha(1-\alpha+s)k^{\alpha-1}-(g+\delta)=(1-\alpha+s)(r+\delta)-(g+\delta)。 \tag{3.37}$$

满足式(3.31)和(3.32)的一组数值是 $\alpha=0.3$，$s=0.25$，$r=0.04$，$\delta=0.07$，以及 $g=0.02$。这组参数值使得式(3.37)中的求和结果为 0.0145，是一个正值。这意味着可信的参数值给出经济增长与岗位创造的影响为负。然而，在可行的参数值范围内可能存在正效应。

到目前为止，经济增长对失业可能存在的正效应(意味着当经济增长率提高时失业率也会提高)源于如下事实：在外生储蓄率下，当经济增长加快时，每有效单位劳动的资本存量大幅下降，从而导致利率的大幅上升。作为第二个储蓄模型，我们考虑一个具有最优化行为的代表性家庭模型，其中等弹性效用函数为 $(C^{1-\gamma}-1)/(1-\gamma)$，$\gamma>0$。$C$ 是每个人的消费。劳动力市场决策的实现过程与以前一样，但是现在资本是唯一的资产，家庭选择消费路径使得：

$$\frac{\dot{C}}{C}=\frac{r-\rho}{\gamma}, \tag{3.38}$$

其中 ρ 为纯粹的时间偏好率。在稳定状态中，个体产出以外生比率 g 增长，消费也必须以比率 g 增长，从而利率满足：

$$r=\gamma g+\rho。 \tag{3.39}$$

在外生经济增长下，式(3.39)给出了利率的唯一解，而式(3.25)则给出了稳态资本存量：

$$f'(k)=\gamma g+\rho+\delta。 \tag{3.40}$$

如前，式(3.30)给定了 θ 的值，贝弗里奇曲线则给出了失业率。

现在，由式(3.39)我们马上可得到$\partial r/\partial g=\gamma$，而由岗位创造条件(3.30)，可知使得经济增长对失业的效应为正的一个充分条件是$\gamma\geqslant 1$。更一般地，给定式(3.40)，将式(3.30)微分可得到经济增长对岗位创造的如下效应：

$$\frac{\partial\theta}{\partial g}=-\frac{(1-\beta)k\gamma+(\gamma-1)/q(\theta)}{\frac{\zeta\beta c}{(1-\zeta)}+\frac{(r+\lambda-g)c\eta}{\theta q(\theta)}},\tag{3.41}$$

其中η为$q(\theta)$的负弹性，是一个位于0到1之间的数。很明显，由式(3.41)可知，即使γ的值低于1也仍然可以给出经济增长对岗位创造的一个负效应。当然，$\gamma=1$给出了对数效用函数。因此，正如拥有外生储蓄率的索罗模型一样，在此最优化模型中，只要跨期替代弹性$1/\gamma$的取值在一个可信的范围内，经济增长加快将增加失业，这就与资本化效应形成对比。然而，正如在固定利率模型中那样，较小的γ值也可能给出一个正的资本化效应。

我们考察过的这些储蓄模型意味着当利率被内生化时，经济增长的资本化效应可能为正也可能为负，取决于参数的取值。这个问题最终是经验性的，但是当经济增长外生变化时，关于$r-g$的行为缺乏直接的证据。利用结构性模型参数的可信值，间接证据表明当g上升时，$r-g$也可能上升，从而抵消了经济增长的资本化正效应。然而，当g也被内生化时，结果再次发生变化，但对于这个问题我们在此不再深究(参见文献评注中的一些新近的研究工作)。显然，要想得到更为稳健的结论，关于经济增长与失业的问题还需要做更多的努力。在下一节中我们将采取一种方法来研究此问题。

3.5　创造性岗位破坏

到目前为止，模型中的岗位破坏是就业水平的一个外生比例 λ。沿着第二章中的分析思路，原则上，差异化生产率冲击的引入在前一节中的技术假设下是很直接的。如果技术进步是索罗型的，也就是说技术进步是非物化的、并且能被所有的现存资本设备立即吸收，那么无论 x 的取值如何，拥有差异化生产率为 x 的岗位的企业和工人能够享受比率为 g 的价值增值。在给定的 r 下，这使得企业和工人所采取的有效折旧率等于 $r-g$。引入非物化的技术进步不会对第二章中的岗位破坏模型带来任何变化，除了折旧率变为 $r-g$ 之外。为避免重复，我们不会在此充分地刻画该模型。然而我们注意到，由于在第二章模型中，折旧率会减少岗位创造，但是对岗位破坏的影响则不明确，因此技术进步的资本化效应增加了岗位创造，但是对岗位破坏的影响则不明确。如果我们也考虑利率对财富价值的负效应，技术进步的资本化效应会增加财富，从而也会增加应计失业收入的价值。折旧率的这第二个影响也是快速经济增长期间岗位创造下降而岗位破坏上升的一个原因。

当存在技术进步时，关于岗位破坏的一种更有趣的情形是由过时效应导致的岗位破坏。假设技术被新的资本设备所物化。或者说，与前面的非物化技术使所有现存岗位受益不同，现在，新技术只会使那些明确地投资新设备的工作岗位受益。在现实中，对于新设备的投资可能发生在现存的雇佣关系中，使得现存工作岗位的工人能够学习如何使用新技术。但是也有一些工作岗位产生于新技术创新,从而使得现存岗位过时了,也就是说,在现存岗位上企业支付其雇员的工资使得岗位分离成为最佳选择。

在本节中,我们考虑一个简化的模型,其中所有工作岗位在被投资使用新的和更高级的设备时,其现存的雇佣关系会被破坏掉。与第二章中的模型一样,岗位在最先进的技术水平下被创造出来,但是现在将保持相同的技术直到岗位被破坏掉。岗位破坏可因为如下两个原因之一而发生。第一个原因是差异化冲击的到达,与前面一样,其发生的比率固定为 λ;第二个原因是新岗位的工资和成本的增加,使得现存工作岗位过时了。跟随阿吉奥(Aghion)和豪伊特(Howitt,1994)的做法,我们将后一个岗位破坏的原因(利用熊彼特的术语)称之为"创造性岗位破坏"。

通过忽略掉资本并假设一个新岗位生产出一个外生产出水平 p,其增长率为常数 $g<r$,我们的分析还可以进一步简化。利率是外生的和固定的。一旦一个岗位被创造出来,其产出水平将保留在其被创造之初的水平。为了使这个事实更加明确,我们需要将某些变量由当前时刻和岗位创造时刻两个不同的时刻来区分。设这两个时刻分别为 t 和 τ。在 $\tau\leqslant t$ 时刻所创造的工作岗位在 t 时刻的产出水平为 $p(\tau)$,但工资一般会随着时间变化。工资被连续地重新协商,且表示为 $w(\tau,t)$。岗位创造时间是岗位的"酿造日期"。

在给定岗位 工人匹配下,未来利润 J 和的工资收入 W 的期望折现值都依赖于岗位的"酿造日期"和当前日期。求解如下资产定价方程可得到这些价值函数:

$$rJ(\tau,t)=p(\tau)-w(\tau,t)-\lambda J(\tau,t)+\dot{J}(\tau,t), \tag{3.42}$$

$$rW(\tau,t)=w(\tau,t)-\lambda[W(\tau,t)-U(t)]+\dot{W}(\tau,t), \tag{3.43}$$

其中$U(t)$与以前一样表示在t时刻失业搜寻者的价值。注意，在稳态中，企业和工人都从岗位的价值变化中得到资本收益，这可表示为式(3.42)和(3.43)中的时间导数。在这些价值表达式中隐含着岗位寿命的最优选择，因为在此情形下岗位破坏不再是外生的。

在均衡中，创造一个空置岗位的价值$V(t)$为零，也就是说：

$$-cp(t)+q(\theta)J(t,t)=0。 \tag{3.44}$$

注意到新岗位总是在最先进的技术下被创造出来，从而可由式(3.42)得到新岗位的价值$J(t,t)$；也就是说，在t时刻创造的工作岗位在工人到岗后的产出为$p(t)$。最后，求解如下资产定价方程可得到失业的价值：

$$rU(t)=z(t)+\theta q(\theta)[W(t,t)-U(t)]+\dot{U}(t) \tag{3.45}$$

其中$z(t)$的值与以前一样由式(3.17)给定。

在任何时刻t，工资谈判将最大化如下纳什乘积：

$$w(\tau,t)=\text{argmax}[W(\tau,t)-U(t)]^{\beta}[J(\tau,t)-V(t)]^{1-\beta}, \tag{3.46}$$

因此，与前面一样，当$V(t)=0$时工资设定将满足：

$$\beta J(\tau,t)=(1-\beta)[W(\tau,t)-U(t)], \tag{3.47}$$

其中β表示工人的分享份额。首先，注意到式(3.47)中的分享规则对于资本回报项也同样成立，我们可将$J(\tau,t)$、$W(\tau,t)$和$U(t)$分别从式(3.42)、(3.43)和(3.45)代入式(3.47)。然后，我们将式(3.17)的 $z(t)$ 替换出刚才所得到的工资方程，从而可得到：

$$w(\tau,t)=\beta p(\tau)+\frac{\zeta}{1-\zeta}\beta c\theta p(t)。\tag{3.48}$$

将上述工资方程与非物化技术进步情形下的工资方程(3.18)进行比较，我们发现，与以前一样工资仍然是两部分之和，一部分代表岗位产出的价值，另一部分代表外部选择的价值。但是外部选择在此情形下以技术进步率增长，而工作岗位的产出却维持在岗位创造时产出水平 $p(\tau)$，因为所有新的岗位都在最先进的技术下被创造出来。这就与非物化技术进步的情形形成对比，在非物化技术进步下岗位产出水平仍然以技术进步的比率在增长。因此，在物化的技术进步下，工资在岗位存续期间仍然增长，但是比新岗位的工资增长要慢一些。这意味着两点：首先，利润最终将变为负的，并且岗位最终会被破坏掉；第二，当失业的工人找到另一份工作时，其工资会有一个跳跃，以弥补其前一份工作的工资更为缓慢的增长。

通过将工资方程代入式(3.42)，我们可得到：

$$(r+\lambda)J(\tau,t)=(1-\beta)p(\tau)-\frac{\zeta}{1-\zeta}\beta c\theta p(t)+\dot{J}(\tau,t)。\tag{3.49}$$

企业选择适当的岗位期限以最大化其价值。这个选择是动态一致的，也就是说，在岗位创造时岗位期限的最优选择在这之后也仍然是最优期限选择，并且最终与岗位价值减少至零的时间相一致。要严格地得到这个结论，可设 T 为岗位的最优期限，并将式(3.49)从当前时刻到 $\tau+T$ 时刻进行积分，其中 $\tau+T$ 表示岗位破坏的时间。于是，在任何时刻 t，岗位的最优价值满足：

$$J(\tau,t)=\max_{T}\left\{\int_{\tau}^{\tau+T}\left[(1-\beta)p(\tau)-\beta\frac{\zeta}{1-\zeta}c\theta p(s)\right]e^{-(\gamma+\lambda)(s-t)}ds\right\} \tag{3.50}$$

最优化的一阶条件为：

$$(1-\beta)p(\tau)-\beta\frac{\zeta}{1-\zeta}c\theta p(\tau+T)=0; \tag{3.51}$$

也就是说，岗位期限的选择会使得企业的产出分享等于企业在岗位期限结束时所付出的成本。将一阶条件代入式(3.50)可以清楚地看到 $J(\tau,\tau+T)=0$，从而说明岗位会在其价值跌至零的时刻被破坏掉。同样，将一阶条件(3.51)代入工资方程(3.48)可见，在岗位被破坏掉时，$w(\tau,\tau+T)=p(\tau)$，从而说明工资率已经上升至总产出的价值。由于新岗位的竞争，在 $\tau+T$ 之后，雇佣关系的继续将会使得工资超过岗位的总产出的价值。

条件(3.51)可以被简化为：

$$1-\beta-\frac{\zeta}{1-\zeta}\beta c\theta e^{gT}=0, \tag{3.52}$$

这给出了用市场紧度 θ 表示的最优寿命 T。由此我们马上可以发现，岗位的存在期限随着市场紧度而下降，因为在更高的市场紧度下工资将变得更高，结果岗位将过时得更快。在给定的市场紧度下，一方面，当经济增长率提高时，岗位的最优存在期限会缩短，因为工资(以及其他成本)上升得更快了；另一方面，当闲暇的价值和工人在工资谈判中的分享份额提高时，岗位的最优期限也会缩短，这同样是因为工资也提高了。

现在，为了完成对均衡的描述，我们需要一个市场紧度的方程和一个失业的方程。关于市场紧度的方程如前所述来源于岗位创造条件，而失业方程则来源于贝弗里奇曲线的推广。

岗位创造一直在发生，直到新空置岗位的价值跌至零为止。由式(3.44)可知这意味着：

$$J(\tau,t)=\frac{c}{q(\theta)}p(t)。\tag{3.53}$$

根据价值方程(3.50)在 $t=\tau$ 时的取值和最优的 T，这意味着：

$$J(\tau,t)=p(t)\int_{\tau}^{\tau+T}\left[1-\beta-\frac{\zeta}{1-\zeta}\beta c\theta e^{gs}\right]e^{-(\gamma+\lambda)s}ds。\tag{3.54}$$

将积分的值表示为 $J^0(\theta,g)$，其他参数在此表示中未予显示。由包络定理可知 J^0（局部地）独立于 T。它对于 θ 是递减的，因为更高的 θ 意味着更高的工资；它对于经济增长率也是递减的，因为工资和其他成本在更高的 g 下上升得更快了。利用这个新的符号，岗位创造条件(3.53)变为：

$$J^0(\theta,g)=\frac{c}{q(\theta)}。\tag{3.55}$$

由条件(3.52)和(3.55)求解可得到唯一的最优岗位期限和市场紧度。在期限—紧度空间上，式(3.52)向下倾斜，而式(3.55)则是垂直的(图 3.3)。最优期限条件由 JD 表示，因为正是这个条件决定了创造性破坏的发生。更高的 T 意味着更低的岗位破坏。

我们已经看到，在给定市场紧度下，经济增长率提高会降低最优期限。因此在图 3.3 中，岗位创造曲线会向下和向左移动。在式(3.55)中，经济增长率提高意味着更低的 θ，故当 g 提高时，图 3.3 中的岗位创造线向左移动。这些效应由图 3.4 所示。市场紧度(从而岗位创造)明确地下降了。经济增长率对于最优期限的影响方向无法由该图单独地展示出来，但是我们可以很容易地表明这个影响是负的。将下式：

$$\frac{\zeta}{1+\zeta}\beta c\theta=(1-\beta)e^{-gT} \tag{3.56}$$

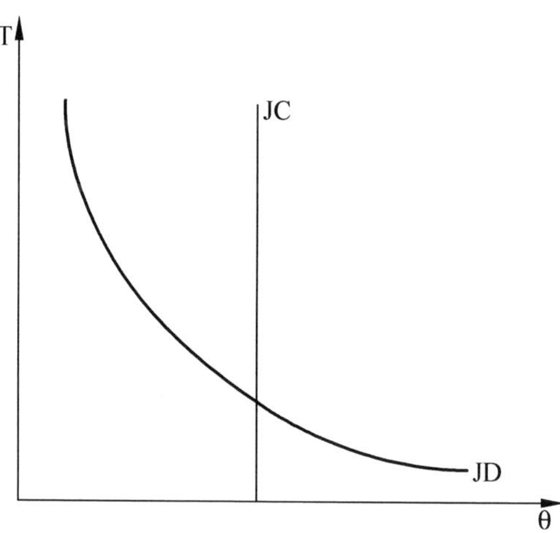

图 3.3　均衡岗位过时与市场紧度

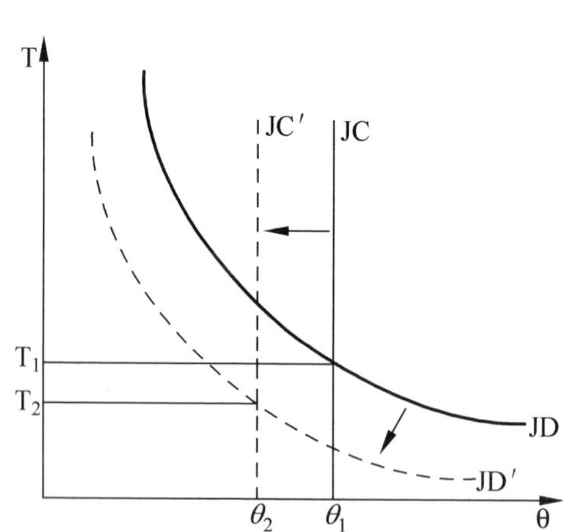

图 3.4　技术进步加快对均衡的影响

从式(3.52)代入式(3.54),然后代入式(3.55),可以得到:

$$(1-\beta)\int_0^T (1-e^{-g(T-s)})e^{-(\gamma+\lambda)s}ds=\frac{c}{q(\theta)}。\qquad(3.57)$$

上式左边对于 T 和 g 是递增的,右边对于 θ 是递增的,因此 g 对于 T 的效应必定为负。

这些结论与非物化技术进步情形下所推导出来的结论形成对比:给定的 r,在更高的技术进步率下,市场紧度更高了。原因在于,在非物化的技术进步情形下,当存在更多的技术进步时,现存岗位的收益和成本都会增加,然而在物化的技术进步情形下,只有现存岗位的成本会上升。因此,在后一种情形下资本化效应妨碍了岗位创造,因为所获取的收益较为平稳,而所支付的成本却在增加,这与前一种情形形成对比。同样,在此模型中,在更快的技术进步下会存在更多的岗位破坏,因为最优期限缩短并且会发生更多的过时现象,与此相比,在非物化的技术进步下,新技术的采纳无须带来岗位破坏。

为了推出失业和岗位流动分析的含义,首先注意到在 t 时刻岗位创造为

$$C(t)=\theta q(\theta)u(t),\qquad(3.58)$$

其中 $u(t)$表示失业率。岗位破坏量等于到达最优期限的岗位数量加上所有经历了外生岗位破坏的岗位数量。因为存续至时期 T 的工作岗位比率为 $e^{-\lambda T}$,在给定的外生岗位破坏率 λ 下,在 t 时刻总的岗位破坏量为:

$$D(t)=e^{-\lambda T}C(t-T)+\lambda[1-u(t)]。\qquad(3.59)$$

在稳定状态中,θ 和失业都是固定的。因此,稳态失业率会使得岗

位创造量和岗位破坏量相等，即为：

$$u=\frac{\lambda}{\lambda+(1-e^{-\lambda T})\theta q(\theta)}。\tag{3.60}$$

式(3.60)是贝弗里奇方程的推广。更高的过时率表现为更低的 T，会导致贝弗里奇曲线向右移动；在给定的市场紧度下它增加了失业。因此，更快的技术进步率无疑与更高的失业联系在一起：创造性岗位破坏增加了，从而导致贝弗里奇曲线向右移动，并且市场紧度降低了，从而导致岗位创造线顺时针旋转。此处的图形分析与图 2.2 中一次性的生产率提高的情形相同，只不过现在曲线移动的方向相反。由该图可知，经济增长更快的经济将位于点 A，而经济增长更慢的经济则位于点 B。

3.6　文献评注

由对称性岗位匹配模型中所推导出来的均衡可以重新表述为企业拥有可变雇佣调整成本的一个标准问题。这个思想首先在本书的第一版中予以严格表述。Mortensen(1970)在其搜寻模型中将企业描述为拥有调整成本的利润最大化者，然而，他的模型与我们的模型之间主要的区别在于工资方程和均衡的描述，而不在于对企业的建模。

本书第一版在搜寻均衡模型中引入了平衡增长，这种做法也是新的。在工资谈判中对劳动者初始点的重新描述是平衡增长所必需的，这一点由 Pissarides(1987)进行了讨论，其指出了持久性和暂时性生产率冲击效应之间的差别。本书第一版强调了经济增长效应，这正是 Aghion 和 Howitt(1994)所频繁提到的资本化效应。此外，Aghion 和 Howitt(1994)在一个模型中强调了创造性破坏效应，除了不存在随机因素之外，该模型类似于本章所讨论的模型。本章关于创造性破坏效应的讨论基于 Mortensen 和 Pissarides(1998)。在后来的文献中，也有关于更一般化的模型的讨论，这些模型允许企业在某个成本下采用新技术。在此情形下，随着采用新技术的成本趋近于零，资本化效应占据优势，而随着采用新技术的成本变大，创造性破坏效应又开始占据优势。结果，存在一个临界成本点，使得经济增长对于失业的影响由负到正发生逆转。

至目前为止所提到的所有文献中，利率都被假设为外生的和固定的。Eriksson(1997)在一个拥有内生利率的最优化(拉姆齐)模型中考虑了经济增长的资本化效应，并表明合理的参数值可以得出与本章相反的效应，原因已在正文中解释过。本章中的拉姆齐模型的分析正是基于他的文章。然而，他也表明如果经济增长是内生的，那么经济增长与就业之间的正向关系将会重现，这一点也由 Falkinger 和 Zweimuller(1998)等人指出。Merz(1995)通过假设所有个体属于一个大家庭单位，从而避开了关于异质性消费历史建模的困难。Andolfatto(1996)也在其模型中使用过一个类似的“保险”假设。很明显，尽管这个假设显得比较方便，但是在资本市场不完善、失业者没有抵押就无法借贷等情形下，这个假设便掩盖了大量新的结论。关于这类情形的研究在搜寻模型中尚未展开。

经济增长加快的岗位破坏效应也由 Caballero 和 Hammour(1994)进行了考察，其模型与 Aghion 和 Howitt(1994)的模型有些类似之处，Cohen 和 Saint-Paul(1994)在一个存在交替性生产率改进型冲击的两部门模型中也对此进行了考察。也可参见 Aghion 和 Howitt(1988，第四章)。生产率增长对失业的影响的证据，由 Wilson(1995)进行了检验，其发现尽管对生产率增长的正向冲击会增加失业，但是在长期中这个影响会消失。

King 和 Welling(1995)考察了一个类似于 Lucas 和 Prescott (1974)的模型，其中经济增长的资本化效应作用于工人，而不是企业，这正如本章模型中那样。他们发现，更快的经济增长会增加搜寻活动。其他存在经济增长效应的搜寻模型可参见 Laing、Palivos 和 Wang(1995)，Bean 和 Pissarides(1993)，Acemoglu (1997)。Laing 等人(1995)探讨了由搜寻前的教育投资所推动的内生经济增长，从而搜寻模型的参数会通过工人的教育决策来影响经济增长。Bean 和 Pissarides(1993)考察了失业对经济增长的影响，认为更高的失业(1)会损害工人的技能，(2)减少储蓄，这对于经济增长都是有害的。Acemoglu(1997)认为，当拥有不同技能的工人在存在搜寻摩擦性的市场上竞争相同岗位时，与瓦尔拉斯市场相比，熟练工人将在更少的物质资本下工作。这意味着工资不平等减少，并且资本的回报率降低。后者会减少投资和经济增长。在一个与本章类似的模型中，Jones 和 Newman(1995)通过假设匹配效率会增加工作岗位的期望期限，考察了经济增长加快与匹配效率之间的冲突。

由于闲暇的应计价值依赖于非人力财富，从而生产率增长效应对失业有一个长时间的、但仍然非永久性的影响，这一思想源于 Phelps。参见 Phelps(1994，第 15 章)和 Phelps 和 Hoon(1998)。

第Ⅱ部分

劳动力市场的进一步分析

第四章　劳动力流动与在岗寻职

到目前为止，我们一直假设劳动力流动比率与工作岗位变换比率完全相等。这个假设实际上是不恰当的。与劳动力流动比率远大于岗位变换比率的实际观察结果相一致的是，企业会替换大量的离职员工。我们的模型意味着，除了负生产率冲击导致工人离职之外，还有其他方面的原因。经验研究已证实几个原因，包括劳动力的退休与新生劳动力、离职失业以及跳槽等。

本章考察劳动力流动的其他方面的原因，从而对第二章中的模型进行了扩展。本章主要探讨当存在在岗寻职和不涉及失业的跳槽时，劳动力市场的均衡状况。寻职和离职决策都是工人最优选择的结果。本章还简单地探讨了退休、新生劳动力以及离职失业的影响，但假设这些都是外生的。我们会在第七章中回到最优劳动参与决策问题的研究。

我们用于研究这些主题的模型是第二章中的模型，其中工人在入职之初就拥有最高生产率，但之后由于差异化生产率冲击，其生产率将在$(R,1)$区间内波动。我们忽略掉经济增长效应和岗位过时效应，也忽略掉在工作过程中工人对工作岗位的新的认识以及人力资本的积累，但经验研究已表明二者在工人的离职决策中都是非常重要的因素。

4.1　外生劳动力流动

现在我们开始在第二章中的岗位创造与岗位破坏模型中引入三个新的劳动力流动因素：劳动力新进比率为b（因为出生），劳动力退出比率为d（因为死亡），以及离职失业并另寻他职的比率为λ_0。这三个因素都被模型化为具有固定外生比率的跳跃过程。

假设所有的新生劳动力首先都进入失业队伍并处于寻职状态。退休（或死亡）随机发生于就业和失业人群中。本模型并未解释这两类劳动力流动的具体原因，而是隐含地假设了其源于人口统计上的变化。模型中最后一个劳动力流动因素即离职失业也是外生的。例如，某些工人也许决定辞职到另外一个地方去另寻他职，而这必然导致该工人在寻职之前会流入到另外一个地方。又或者，可能存在某些影响工人职业偏好的外生冲击，例如家庭生活变化或前任工作中的同事关系变化，使得工人离职失业并另寻它职。与劳动力新生与退休一样，我们并未将这类离职因素模型化。尽管文献中已表明了工人离职失业的一些内在原因，特别是工人认识到获取工作的非金钱方面的意义，但是在此并不将其模型化。跟以前一样，我们继续假设不存在工作质量上的差异。

退休与本节所分析的各种外生离职过程，以及在下一节中引入的内生化跳槽行为，都是工人离职的原因。这些原因都与第二章的模型中解释岗位破坏与离职行为的差异化冲击过程无关。然而在我们的模型中，由于在岗位破坏分析中的简化假设，它们不会导致劳动力流动比率大于工作岗位变换比率。一旦工人辞职了，企业要么选择关闭该工作岗位并另设一个岗位，要么选择重新打出招聘广告以聘任另一名工人来从事该工作。在没有岗位破坏成本和岗位创造（岗位设置）成本的情况下，由于已假设新岗位总是以最高生产率标准而开设出来，很明显，企业选择关闭该岗位并另设新岗位的选择总是更有优势。若为旧岗位重打招聘广告，其生产率将低于工人辞职前的水平。这反映在满置岗位的价值公式中［例如式(2.4)或式(2.11)］，其中一个岗位的选择价值完全取决于该岗位是否满置。

若不需要对岗位创造与岗位破坏成本作进一步假设，那么在本模型中离职行为会导致岗位破坏。为了更清晰地阐述，在本模型中我们将不再引入新的成本，因此，与前面章节中的模型一样，在本章模型中（理论上的）工作岗位变换比率与劳动力流动比率相同。然而，经验性文献通常并不将企业用新员工替代离职员工的过程分离为岗位破坏与岗位创造两个事件，即使期间存在技术革新。在统计数据中，用新员工替代离职员工的过程被表现为一个持续的工作岗位中的劳动力流动，仅当就业量发生变化时才会表现为岗位创造或岗位破坏。因此，尽管在关于本章模型的严格理论解释中，工作岗位变换与劳动力流动没有区别，但是其正确的经验解释却为，由差异化生产率冲击造成的离职行为导致工作岗位变换，而由于辞职（无生产率冲击）造成的离职行为则将导致劳动力流动但不会导致工作岗位变换。

如前所述，我们假设存在一个跳跃过程以比率 λ 对个体生产率造成差异化冲击。这导致岗位破坏，并且有 $\lambda G(R)(1-u)L$ 个工人流入失业队伍，其中 L 表示劳动力总量。此外，现在有 bL 个新生劳动力进入失业队伍，以及 $\lambda_0(1-u)L$ 个离职者。在失业队伍中退出的包括 duL 个退休人员，以及与空置岗位匹配成功的失业工人数，与以前一样记为 $q(\theta)\theta uL$。失业总量给定为 uL，故其演化过程给定为：

$$\frac{d}{dt}uL=[\lambda G(R)+\lambda_0](1-u)L+bL-duL-q(\theta)\theta uL。\tag{4.1}$$

利用点号表示对时间求导，我们导出失业率（失业总量与劳动力总量之比）的动态演化过程为：

$$\dot{u}=[\lambda G(R)+\lambda_0](1-u)+b-du-q(\theta)\theta u-\frac{u\dot{L}}{L}。\tag{4.2}$$

劳动力增长率 $\dot{L}/L$ 给定为总进入数减去总退出数，即 $b-d$，代入式（4.2）从而得到如下失业率的动态演化过程：

$$\dot{u}=[\lambda G(R)+\lambda_0+b](1-u)-q(\theta)\theta u。\tag{4.3}$$

由式（4.3）导出失业的稳态水平为：

$$u=\frac{\lambda G(R)+\lambda_0+b}{\lambda G(R)+\lambda_0+b+q(\theta)\theta}。\tag{4.4}$$

方程（4.4）即为当劳动力流动比率大于工作岗位变换比率时的贝弗里奇曲线。离职失业比率和劳动力新生比率使得贝弗里奇曲线向右移动。退休率则对该曲线没有影响。因此，当其他条件相同时，拥有更高的劳动力新生比率和离职率的人群或国家，与其他人群或国家相比，应当拥有更高的均衡失业率。当我们考察岗位创造与岗位破坏的内生决定过程时，我们将看到这些模型预测结果（在一些限制条件下）可以被推广。

退休率之所以不影响贝弗里奇曲线，是因为我们假设失业人群与就业人群的退休比率相同。如果失业人群的退休率高于就业人群的退休率，那么平均的退休率将导致贝弗里奇曲线向左移动，这意味着在给定的岗位空置率下均衡失业率更低。

现在考虑在外生离职率下岗位创造与岗位破坏的决定过程。与以前一样，一个空置岗位的价值给定为：

$$rV = -pc + q(\theta)[J(1) - V], \tag{4.5}$$

故决定产生岗位空置的零利润条件即 $V=0$ 意味着：

$$J(1) = \frac{pc}{q(\theta)}。 \tag{4.6}$$

与以前一样，满置岗位的价值由该岗位的个体生产率决定，而新岗位总是在最高生产率标准下被创造出来。

满置岗位的价值方程现在发生变化以表明一个岗位可由如下三个原因之一而终止：差异化生产率冲击 λ，在岗者的离职率 λ_0，以及在岗者的退休率 d。只有第一个原因可导致岗位价值变为另一个正值，其他两个原因都肯定会导致岗位的价值变为零。因此，对于任意个体生产率水平 x，$J(x)$满足：

$$rJ(x) = px - w(x) + \lambda\int_R^1 J(s)dG(s) - (\lambda + \lambda_0 + d)J(x)。 \tag{4.7}$$

在存在一个完善的二手资本市场的假设下，资本因素在整个分析中被省略了。工资率与以前一样由工资谈判的纳什解决定，故此刻工资率被表示为关于生产率的一个一般性的函数。在生产率的收益单调递增的假设下，岗位破坏过程满足由式(4.7)所隐含决定的保留规则。

在一个生产率水平为 x 的工作岗位上，工人的回报给定为：

$$rW(x) = w(x) + \lambda\int_R^1 W(s)dG(s) - (\lambda + \lambda_0 + d)W(x) + [\lambda G(R) + \lambda_0]U。\quad (4.8)$$

我们已经假设，由于退休而退出劳动力市场不会给工人带来效用。在同样的假设下，工人在失业状态下的回报满足：

$$rU = z + \theta q(\theta)[W(1) - U] - dU, \quad (4.9)$$

其中 z 与以前一样表示失业收入。

利用直接的代换，我们发现纳什工资方程再一次以固定比例分摊岗位剩余，其中工人可得到的比例为 β。因此，对于任意 x，并给定产生岗位空置的零利润条件，有：

$$W(x) - U = \frac{\beta}{1-\beta}J(x), \quad (4.10)$$

因此，

$$w(x) = (1-\beta)z + \beta p(x + c\theta)。\quad (4.11)$$

接下来根据式(4.11)推导出岗位创造与岗位破坏条件。步骤与第二章中的模型一样。把工资方程代入岗位价值条件(4.7)，得到：

$$(r + \lambda + \lambda_0 + d)J(x) = (1-\beta)(px - z) - \beta pc\theta + \lambda\int_R^1 J(s)dG(s)。\quad (4.12)$$

不出所料，岗位价值对于 x 是单调递增的。因此，岗位破坏满足与第二章中的模型一样的保留性质。那些个体生产率 $x<R$ 的工作岗位被破坏，其中 R 满足 $J(R)=0$。利用式(4.12)中的这个性质，通过计算 $J(x)-J(R)$ 可得到：

$$J(x)=(1-\beta)\frac{p(x-R)}{r+\lambda+\lambda_0+d}。\tag{4.13}$$

如同在第二章模型中所做的那样，我们可由这一表达式推导出岗位创造和岗位破坏条件。

由式(4.13)得到 $J(x)$ 在 $x=1$ 时的值，并代入式 4.6 得到新的岗位创造条件：

$$(1-\beta)\frac{1-R}{r+\lambda+\lambda_0+d}=\frac{c}{q(\theta)}。\tag{4.14}$$

该方程推广了第二章中无外生劳动力流动的模型中的方程(2.14)。为了得到相应的岗位破坏条件，即式(2.15)，的推广，我们利用式(4.13)和(4.12)得到：

$$R-\frac{z}{p}-\frac{\beta c}{1-\beta}\theta+\frac{\lambda}{r+\lambda+\lambda_0+d}\lambda\int_R^1(s-R)dG(s)=0。\tag{4.15}$$

这就完成了本模型中均衡状态的描述。式(4.14)和(4.15)给出了均衡市场紧度和保留生产率。一旦知道了市场紧度，式(4.11)便决定了每个岗位的工资率。一旦知道了市场紧度和保留生产率，贝弗里奇方程便给出了均衡失业水平。

这三个新的变换率，即进入率 b、退出率 d 和离职失业率 λ_0，它们对均衡的影响可通过研究其在这四个方程组成的系统中的角色来发现。进入率和退出率是最容易分析的变换率。进入率只移动贝弗里奇曲线而无其他任何影响。因此，进入率不改变岗位创造率和岗位破坏率，对工资也没有影响，但是其以相同的比例增加失业和岗位空置。市场紧度不受影响。这里的原因很简单。更高的进入率只简单地意味着更多的人从劳动力队伍以外进入到失业队伍。由于匹配函数和生产函数的搜寻外部性和常规模报酬,更多的空置岗位也进入市场,以匹配更多的工人。现存工作岗位和新工作岗位的工资与利润不受影响。当然,这里隐含的假设是资本投入增加会与劳动投入增加相匹配,因此我们所描述的均衡是长期均衡。

退出率不会移动贝弗里奇曲线,但它既会影响岗位创造条件,也会影响岗位破坏条件。观察式(4.14)和式(4.15)可知退出率被加入了折旧率。原因在于,更高的退出率增加了岗位更快终止的概率。因此在给定保留生产率下,这减少了工作岗位的期望持续期限,从而减少了市场紧度。而在给定市场紧度下,由于工作岗位的选择价值变得更低,这使得保留生产率增加。与第二章中提高利率的分析一样,退出率提高对市场紧度的总体效应为负,但对保留生产率的影响并不清楚,因为市场紧度的下降会从相反的方向冲击保留生产率。然而,如果对市场紧度(和岗位创造)的影响更占优势,那么退出率提高对失业的影响为负。

劳动力流动率 λ_0 的提高会通过前面两个途径影响方程组的均衡集,或如进入率一样使贝弗里奇曲线向右移动,或如退出率一样使有效折旧率增加。这是因为,劳动力流动率的提高既增加了失业队伍的流入,也减少了工作岗位的期望持续期限。离职失业率的增加对于岗位创造、岗位破坏和失业的整体影响如图 4.1 所示。更高的 λ_0 使得岗位创造曲线向左移动,使得岗位破坏曲线向上移动(图 a)。其对市场紧度的影响为负,但对于保留生产率的影响则不明确(在图 4.1 中是上升的)。利率和退休率对于岗位创造和岗位破坏有类似影响。

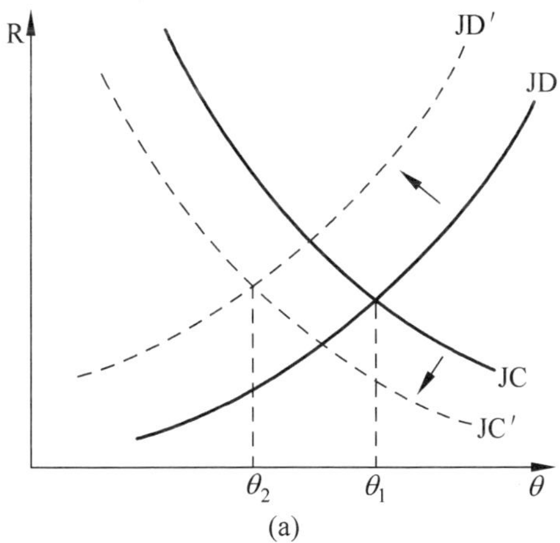

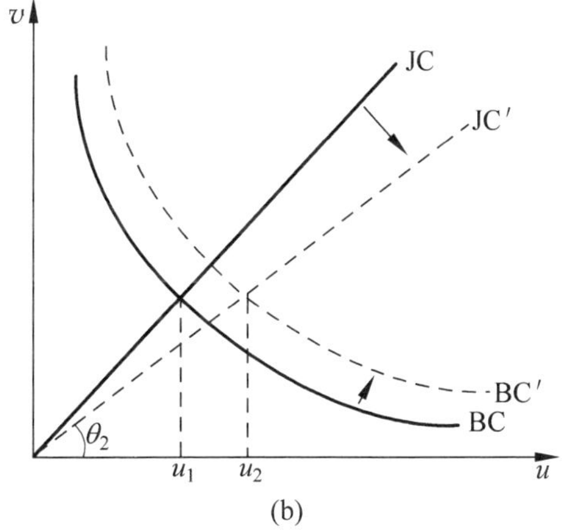

图 4.1　离职失业增加对均衡的影响

在贝弗里奇图中(图 b),岗位创造线沿顺时针方向转动,但受 R 影响的贝弗里奇曲线则可能向外或也可能不向外移动。贝弗里奇曲线受到 λ_0 的直接影响会向外移动[见式(4.4)],此效应类似于出生率上升。此外,根据 R 上升或下降,贝弗里奇曲线相应地向右或向左移动,而出生率上升则无此效应。图中的贝弗里奇曲线表现为向外移动，这意味着失业上升，而岗位空缺则可能上升也可能下降。

现在，根据上面的分析可知，劳动力的不同增长率对均衡的影响依赖于该差异源于出生率提高还是死亡率下降。如果源于二者的组合，那么在岗位创造与岗位破坏图中，死亡率下降与 λ_0 下降有着相同的效应[图 4.1(a)]。也就是说，它会增加市场紧度，但对保留生产率的影响则并不清楚。出生率提高则不会影响岗位创造与岗位破坏图，但会使得贝弗里奇曲线向外移动。因此，如果在图(a)中 R 的变化很小以至于可以忽略，那么劳动力增长率的提高，既可能通过出生率的提高导致贝弗里奇曲线向外移动，也可能通过死亡率的下降使得岗位创造曲线沿逆时针方向转动。岗位空置数量与市场紧度都增加了，但失业却并不增加，除非出生率的影响超过死亡率的影响。

4.2 在岗寻职

现在我们转向本章的主旨，即关于在岗寻职与跳槽行为的分析。为简单起见，我们忽略掉劳动力流动的其他原因，故前一节中所描述的三个变换率现在都设为零。与完美预期的假设相一致，包括完全知道各方的实际和期望回报以及各方的转移概率，我们假设当工人在岗寻职时，企业一定知道这一点，并且在工资决定的纳什谈判中会考虑这一点。一般来说，这意味着在岗寻职者与非在岗的寻职者所能得到的工资是不一样的。我们将会看到，最优搜寻策略将由一个保留规则决定。与以前一样，存在一个保留生

产率 R 使得在异质性冲击下，工作岗位的生产率若低于 R 即被破坏掉。但是现在有了第二个保留生产率 S，使得在差异化冲击下生产率在 R 到 S 之间的工作岗位上的工人将会在岗寻职。生产率高于 S 的工作岗位上的工人则不会。

与以前一样，在岗或失业的工人进入新的工作岗位的比率由一个总量匹配函数导出。为简单起见，在总量匹配函数中我们不区分在岗或失业的寻职者。如果失业继续用 u 表示，岗位空置用 v 表示，在岗寻职者人数表示为 $e \leqslant 1-u$，则总量匹配函数可表示为：

$$m = m(u+e, v)。\tag{4.16}$$

在规模报酬不变假设下，工人与空置岗位相匹配的比率是空置岗位数与总寻职人数之比的函数。我们使用与前面一样的符号：

$$q(\theta) \equiv m\left(\frac{u+e}{v}, 1\right),\tag{4.17}$$

但是其中 θ 现在表示比率 $v/(u+e)$。

我们已经隐含地假设在岗者和失业者寻职意愿的强度相同，并且他们找工作的能力也相同。因此，如前所述，岗位与每个寻职者匹配的几率相同，都等于 $\theta q(\theta)$。故在岗寻职者的离职概率和失业者的转移概率都是 $\theta q(\theta)$。与前一节中的外生离职率情形一样，当工人辞职跳槽时，企业的回报从 $J(x)$降到零。然而，因为所有的空置岗位都拥有最高生产率，工人接受新工作的回报总是 $W(1)$。由于工人离职之后期望回报的这一不对称性，我们所使用的纳什分担规则要求工人通过适当的工资调整以补偿企业。因此，给定岗位生产率，在岗寻职者的工资率要低于未寻职的在岗工人的工资率。

假设在岗寻职需要花费一个固定的成本 $\sigma \geqslant 0$。我们将看到，即使在零搜寻成本下，也并非所有生产率低于 1 的岗位上的工人都会寻职。生产率为 1 的岗位上的工人当然不会再寻职，因为他们正赚取市场中的最高工资。为避免使问题复杂化，我们不涉及可变的搜寻成本，但是在第五章中当我们考虑失业寻职者具有可变寻职意愿时，我们将回到这一问题。

我们用以得到最优寻职策略的方法是计算在岗工人分别在寻职与不寻职的情形下，在每一种生产率 x 下的回报。设寻职的在岗者的回报为 $W^s(x)$，未寻职的在岗者的回报为 $W^{ns}(x)$。那么在生产率水平 x，当 $W^s(x) \geqslant W^{ns}(x)$ 时便会发生在岗寻职。很明显，在最高生产率水平下在岗寻职将不是最优的，即

$$W^s(1) \leqslant W^{ns}(1)。\tag{4.18}$$

保留生产率（若存在的话）满足

$$W^s(S) = W^{ns}(S)。\tag{4.19}$$

关于在岗寻职的保留规则，其存在性有两点要求。首先，这要求 $W^s(x) - W^{ns}(x)$ 随着 x 递减。也就是说，随着岗位生产率的下降，工人在岗寻职的净收益增加。此外，由于仅当 $x < S$ 时在岗寻职才会发生，并且仅当 $x \geqslant R$ 时工作岗位才生效，故要求 S 必须大于或等于 R。

后一个要求是否满足取决于寻职成本，而寻职成本已被假设为外生的和固定的。为了避免关于在岗寻职的一些无关紧要的结果，我们假设成本 σ 足够小，从而意味着若存在由 S 所定义的保留规则，则必有 $S > R$。但是首先我们需要说明保留规则确实存在，

即 $W^s(x)-W^{ns}(x)$随着 x 而递减。

在岗工人寻职或不寻职的期望回报分别满足：

$$rW^s(x)=w^s(x)-\sigma+\lambda\int_R^1\max(W^{ns}(s),W^s(s))dG(s)+$$
$$\lambda G(R)U-\lambda W^s(x)+\theta q(\theta)[W^{ns}(1)-W^s(x)] \tag{4.20}$$

和

$$rW^{ns}(x)=w^{ns}(x)+\lambda\int_R^1\max(W^{ns}(s),W^s(s))dG(s)+$$
$$\lambda G(R)U-\lambda W^{ns}(x)。 \tag{4.21}$$

工资由上标进行区分，以强调纳什谈判解将根据是否存在在岗寻职而赋予其不同的工资。式(4.21)无须过多解释，因为其与我们以前在第二章模型中的表达式是一样的。此外，式(4.20)包括寻职成本以及工人跳槽过程中因不涉及失业所带来的资本收益。

在生产率水平 x 下当 $W^s(x)\geqslant W^{ns}(x)$时会发生在岗寻职，而根据(4.20)和(4.21)，这要求：

$$\theta q(\theta)[W^{ns}(1)-W^s(x)]\geqslant w^{ns}(x)-w^s(x)+\sigma。 \tag{4.22}$$

式(4.22)的左边表示在岗寻职的期望回报，即由工作变换所带来的期望回报的增益乘以产生该增益的概率。右边是在岗寻职的总成本，即由工人在岗寻职导致的工资削减部分加上寻职的直接成本。

由于工资会分享由岗位匹配成功所创造的剩余，所以对于在岗寻职者来说：

$$W^s(x)-U=\frac{\beta}{1-\beta}J^s(x), \tag{4.23}$$

对于未寻职的在岗者也存在一个类似的表达式。由于β是一个在0到1之间的常数，从而如果在生产率水平x下在岗寻职是在岗工人的最优选择，那么企业也将因此得到好处，即$J^{s}(x)\geqslant J^{ns}(x)$。因此，当存在在岗寻职时，一个满置岗位对于雇主的价值满足：

$$rJ^{s}(x)=px-w^{s}(x)+\lambda\int_{R}^{1}\max(J^{s}(s),J^{ns}(s))dG(s)-[\lambda+\theta q(\theta)]J^{s}(x), \tag{4.24}$$

而当不存在在岗寻职时则有：

$$rJ^{ns}(x)=px-w^{ns}(x)+\lambda\int_{R}^{1}\max(J^{s}(s),J^{ns}(s))dG(s)-\lambda J^{ns}(x)。\tag{4.25}$$

注意，在式(4.24)中我们已考虑到工作岗位可能会由于两个原因而被破坏的事实，即负生产率冲击和工人的辞职。

再次，创造空置岗位的零利润条件为式(4.6)。失业的期望回报仍然满足式(4.9)，其中$d=0$。因此，给定应用于新工作岗位的纳什分摊规则，可得：

$$rU=z+\frac{\beta}{1-\beta}pc\theta。\tag{4.26}$$

如果知道了满置岗位的价值表达式，我们就可以像在第二章所做的那样，将价值表达式代入纳什分担规则(4.23)式中从而导出工资方程。对于那些不存在寻职行为的工作岗位来说，工资方程与以前一样，即为：

$$w^{ns}(x)=(1-\beta)z+\beta p(x+c\theta)。\tag{4.27}$$

对于那些在岗寻职为最优选择的工作岗位来说，所导出的工资方程意味着，其工资率增加了寻职的直接成本σ的比例$(1-\beta)$，却减少了寻职的期望回报$\beta pc\theta/(1-\beta)$的比例$(1-\beta)$：

$$w^{s}(x)=(1-\beta)(z+\sigma)+\beta px。\tag{4.28}$$

在岗寻职者的工资方程反映了工人会承担寻职成本并且会得到寻职的好处的事实。由于工资谈判根据参数β分摊在岗寻职的成本和好处，企业会补偿工人寻职成本的比例$(1-\beta)$，并且分享工人寻职的期望回报的比例$(1-\beta)$。

未寻职的在岗者的工资率跟以前一样，这个事实并不令人吃惊。令人吃惊的是，在岗寻职者的工资率与外部市场条件无关。在岗寻职者的工资仅仅取决于失业工人的收入、在岗寻职者的寻职成本以及其生产率。在生产率水平x下，在岗寻职者和未寻职的在岗者的工资差异为：

$$w^{ns}(x)-w^{s}(x)=(1-\beta)\left(\frac{\beta}{1-\beta}pc\theta-\sigma\right),\tag{4.29}$$

这明显大于零。注意，在均衡状态中$\beta pc\theta/(1-\beta)$等于寻职的期望回报，这个性质应当是显而易见的。但是我们也可以给出严格的说明。将两个工资方程代入寻职最优的条件(4.22)中，便可得到上述结果，即在生产率水平x下，当下式成立时就会发生在岗寻职：

$$W^{ns}(1)-W^{s}(x)\geqslant\beta\frac{pc}{q(\theta)}+\beta\frac{\sigma}{\theta q(\theta)}。\tag{4.30}$$

将式(4.30)进行整理可得到：

$$W^{ns}(1)-U-\beta\frac{pc}{q(\theta)}\geqslant\beta\frac{\sigma}{\theta q(\theta)}+W^{s}(x)-U,\tag{4.31}$$

再应用分摊规则(4.23)和零利润条件(4.6)便可得到：

$$\frac{\beta}{1-\beta}pc\theta\geqslant\sigma+\frac{\theta q(\theta)}{1-\beta}J^{s}(x)。\tag{4.32}$$

因为对于所有工作中的岗位有 $J^s(x)\geqslant 0$，式(4.32)给出了所需的结果，即 $\beta pc\theta/(1-\beta)\geqslant\sigma$。因此，在岗寻职者所获得的工资率在其生产率中所占的比例要低于未寻职的在岗者。

条件(4.30)确立了关于在岗寻职的两个更重要的性质。首先，在岗寻职满足保留性质。根据由式(4.28)给定的工资方程，很明显 $W^{s'}(x)\geqslant 0$。式(4.30)的左边对于 x 单调递减，而其右边则与 x 无关。因此，存在一个保留生产率 S，使得生产率低于 S 的工作岗位上的工人将会在岗寻职，而对于生产率高于 S 的岗位则不会存在在岗寻职行为(我们已经假设 $S>R$)。

第二，在岗寻职的好处必须严格为正，即使搜寻的直接成本 σ 为零；否则不会发生在岗寻职行为。也就是说，对于所有的 $\sigma\leqslant 0$ 有 $S<1$。原因在于，当工人找到另一份工作而辞职时，他对当前的雇主施加了成本，从而在受聘时就必须对其进行补偿。该雇主的成本是损失了该工作岗位的价值 $J^s(x)$。由于纳什谈判的性质，工人从新雇主那里所得到的好处仅仅是总收益的一部分比例 β。因此，在零搜寻成本下，如果在岗寻职发生了，那么当前岗位的利润必须比新岗位的利润少一部分比例 β。新的工作岗位具有差异化生产率水平 $x=1$。在零搜寻成本下，具有高差异化生产率水平的岗位不会发生在岗寻职行为，其利润要高于 $x=1$ 时的利润的比例 β。

为了更严格地推导出这个结果，我们利用纳什分摊规则和式(4.30)中岗位空置的零利润条件，以一个更方便的形式将式(4.30)重述为：

$$J^{s}(x) \geqslant \beta J^{ns}(1) - (1-\beta)\frac{\sigma}{\theta q(\theta)}。\qquad (4.33)$$

注意，$1/\theta q(\theta)$是寻职的期望持续时间，故式(4.33)中的最后一项是寻职的期望成本中由雇主承担的那一部分比例。$\beta J^{ns}(1)$是工人辞职后从新工作岗位中所分享的好处，而 $J^{s}(x)$则是从当前雇主那里辞职的成本。正如所说过的那样，即使 $\sigma=0$，如果发生了在岗寻职行为，则当前工作岗位的利润应当比新岗位的利润少一部分比例 β。当然，这可能不是社会最优的。社会最优要求对于任意 x，如果满足：

$$W^{s}(x) + J^{s}(x) \leqslant W^{ns}(1) + J^{ns}(1) - \frac{\sigma}{\theta q(\theta)},\qquad (4.34)$$

则在岗寻职行为就应当发生。根据纳什分摊规则，式(4.34)意味着

$$J^{s}(x) \leqslant J^{ns}(1) - (1-\beta)\frac{\sigma}{\theta q(\theta)}。\qquad (4.35)$$

与式(4.33)相比，可见在岗寻职行为太少了。那些面临寻职抉择的在岗工人忽略了新雇主从其寻职行为中所能得到的好处。例如，如果搜寻成本为零，生产率低于最高生产率的工作岗位上的所有工人都应当进行寻职。但是，如果像一般性的均衡结果那样有 $\beta<1$，那么就存在某些在岗工人，即使其岗位生产率严格低于最高生产率，他们也不会去寻找其他工作。

4.3　均衡

一个均衡状态包括一对保留生产率 R 和 S、劳动力—市场紧

度值 θ、各生产率水平下的工资率 $w(x)$，以及失业的均衡路径。注意到在本模型中 θ 表示岗位空置数量与总寻职人数之比，因此如果我们想知道岗位空置的均衡比率，我们需要同时知道失业人数和在岗寻职人数的均衡比率。在知道 R 和 S 的情况下，在岗寻职者人数由差异化生产率在 $[R,S]$ 区间上的工作岗位上的总在岗人数决定。在岗寻职者人数的变化源于那些创造或破坏工作岗位的生产率冲击，以及那些能找到新工作的在岗寻职者数量。在生产率冲击下，那些岗位生产率在 $[R,S]$ 范围内的新生劳动力和再就业劳动力数量之和为 $\lambda(1-u)[G(S)-G(R)]$。生产率在该范围内的工作岗位中受到冲击的岗位数量 λe，由于在岗者找到其他工作而导致退出劳动力市场的工作岗位数量为 $\theta q(\theta)e$。因此，在岗寻职者人数 e 的演化过程给定为：

$$\dot{e}=\lambda(1-u)[G(S)-G(R)]-\lambda e-\theta q(\theta)e。\quad(4.36)$$

在稳态中：

$$e=\frac{\lambda[G(S)-G(R)]}{\lambda+\theta q(\theta)}(1-u)。\quad(4.37)$$

与以前一样，失业量的演化过程给定为：

$$\dot{u}=\lambda G(R)(1-u)-q(\theta)\theta u,\quad(4.38)$$

故与第二章中的模型一样，我们仅仅需要知道 θ 和 R 便可对其求解。只有当在岗寻职行为会影响 θ 和 R 的均衡值时，在岗寻职行为的存在才会影响失业。分别由式(4.36)和式(4.38)知道了 e 和 u 的值之后，岗位空置数量便给定为：

$$v=\theta(u+e)。\quad(4.39)$$

我们已经表明，当 $R\leqslant x\leqslant S$ 时工资率由式(4.28)给定，而当

$S \leqslant x \leqslant 1$ 时工资率由式(4.27)给定。因此,若知道 R,S 和 θ 便可得到工资方程组。故给出 R、S 和 θ 的联立解的方程组是此模型的关键方程组。一旦知道了该方程组的解,我们便可得到就业、失业、在岗寻职、岗位空置和工资的动态演化过程。

为了导出决定 R,S 和 θ 的那组方程,我们将工资方程式(4.28)和(4.27)分别代入存在和不存在在岗寻职行为的满置岗位的期望收益表达式(4.24)和(4.25),从而可得到:

$$(r+\lambda)J^{ns}(x)=(1-\beta)(px-z)-\beta pc\theta+\lambda\int_{R}^{1}\max(J^{ns}(s),J^{s}(s))dG(s) \quad (4.40)$$

和

$$(r+\lambda+\theta q(\theta))J^{s}(x)=(1-\beta)(px-z-\sigma)+\lambda\int_{R}^{1}\max(J^{ns}(s),J^{s}(s))dG(s)。 \quad (4.41)$$

很明显,一旦确定保留性质对于 S 和 R 均成立,由这些表达式便可知 $J^{ns}(x)$和 $J^{s}(x)$关于 x 是递增的。

具有保留生产率 S 的工作岗位的期望收益满足 $J^{ns}(x)=J^{s}(S)\equiv J(S)$。因此,式(4.40)和(4.41)意味着[与式(4.32)相一致]:

$$J(S)=\beta\frac{pc}{q(\theta)}-(1-\beta)\frac{\sigma}{\theta q(\theta)}。 \quad (4.42)$$

但是与以前一样,$J^{s}(R)=0$,故式(4.41)意味着对于在区间[R,S]上的所有 x,

$$J^{s}(x)=(1-\beta)\frac{p(x-R)}{r+\lambda+\theta q(\theta)}。 \quad (4.43)$$

令 $x=S$，则由式(4.42)和(4.43)，我们得到求解 R，S 和 θ 的联立方程组的第一个方程，即关于寻职的保留性起点 S 的方程：

$$\frac{S-R}{r+\lambda+\theta q(\theta)}=\frac{\beta}{1-\beta}\frac{c}{q(\theta)}-\frac{\sigma/p}{\theta q(\theta)}。\tag{4.44}$$

岗位创造条件由原岗位价值 $J^{ns}(1)$ 和岗位空置的零利润条件导出。由式(4.40)我们得到：

$$(r+\lambda)[J^{ns}(1)-J(S)]=(1-\beta)p(1-S)。\tag{4.45}$$

利用式(4.42)和自由进入条件 $J^{ns}(1)=pc/q(\theta)$，我们得到：

$$\frac{1-S}{r+\lambda}=\frac{c}{q(\theta)}+\frac{\sigma/p}{\theta q(\theta)}。\tag{4.46}$$

这是求解 R，S 和 θ 的联立方程组的第二个方程。利用寻职条件(4.44)可将其改写为更为熟悉的形式：

$$(1-\beta)\frac{1-R}{r+\lambda}=\frac{c}{q(\theta)}+\frac{\beta c\theta-(1-\beta)\sigma/p}{r+\lambda}。\tag{4.47}$$

岗位创造条件的这种形式更容易与无在岗寻职时的相应条件(2.14)或(4.14)进行比较。在岗寻职的存在增加了式(4.47)右边的最后一项，其表示企业从工人的在岗寻职中所得到的好处。因为这个好处总是为正，条件(4.47)表明扣除在岗寻职的好处之后新岗位的期望生产率净收益(该式左边)必须补偿企业的期望岗位创造成本。

为了导出最后一个方程，对于保留水平 R，我们在式(4.41)中施加岗位破坏条件 $J^{s}(R)=0$。为了简化符号，我们记岗位的选择价值为 Λ 且：

$$\Lambda=\lambda\int_{R}^{1}\max(J^{ns}(s),J^{s}(s))dG(s)=$$

$$\lambda\int_R^S J^s(s)dG(s)+\lambda\int_S^1 J^{ns}(s)dG(s)。\tag{4.48}$$

利用式(4.43)和由式(4.40)导出的关于 $J^{ns}(x)$ 的一个类似表达式，可得：

$$J^{ns}(x)=\frac{1-\beta}{r+\lambda}p(x-R)-\frac{1-\beta}{r+\lambda}\left(\frac{\beta}{1-\beta}pc\theta-\sigma\right)。\tag{4.49}$$

我们将岗位的选择价值重写为：

$$\Lambda=\lambda(1-\beta)p\left(\frac{1}{r+\lambda\theta q(\theta)}\int_R^S(s-R)dG(s)+\frac{1}{r+\lambda}\int_S^1(s-R)dG(s)\right)-$$

$$\frac{\lambda(1-\beta)p}{r+\lambda}\left(\frac{\beta}{1-\beta}c\theta-\frac{\sigma}{p}\right)(1-G(S))。\tag{4.50}$$

注意式(4.44)，我们由包络定理表明 $\Lambda(\cdot)$ 在逻辑上独立于 S。因此，我们可把式(4.50)简化为：

$$\Lambda=\lambda(1-\beta)p\Lambda(R,\theta,\sigma),\tag{4.51}$$

其中：

$$\frac{\partial\Lambda}{\partial\theta}<0,\tag{4.52}$$

且，

$$\frac{\partial\Lambda}{\partial R}=-\frac{1-G(S)}{r+\lambda}-\frac{G(S)-G(R)}{r+\lambda+\theta q(\theta)}<0。\tag{4.53}$$

同样，很明显：

$$\frac{\partial\Lambda}{\partial\sigma}=\frac{1-G(S)}{r+\lambda}\frac{1}{p}>0。\tag{4.54}$$

现在，利用式(4.41)和(4.51)，我们将岗位破坏条件 $J^s(R)=0$ 重写为：

$$R+\lambda\Lambda(R,\theta,\sigma)=\frac{z+\sigma}{p}。\tag{4.55}$$

正如无在岗寻职模型一样，保留生产率覆盖了扣除岗位选择价值后的净成本。然而，选择价值现在降低了，其降低的部分依赖于在岗寻职的回报。这里的直觉是，因为岗位匹配数量可被在岗寻职所抵消，维持岗位开放的价值降低了。

方程(4.44)、(4.47)和(4.55)联合决定了 R，S 和 θ 的值。我们利用前面所用到的图来分析它们的性质。

与无在岗寻职模型中的原因类似，岗位创造条件(4.47)给出了在 $R-\theta$ 空间上的一条负斜率曲线。然而，给定 R，与其在无在岗寻职模型中的位置相比，该曲线现在位于原曲线的左边，也就是说，在给定的 R 下，由于在岗寻职的存在使得岗位持续期限平均来说降低了，市场紧度处处变得更低。现在，由于更高的 θ 增加了寻职的期望回报，进一步减少了期望的工作持续时间，从而该曲线变得更加陡峭。

岗位破坏条件(4.55)所给出的曲线向上倾斜，这是因为通过代换可得到：

$$1+\lambda \frac{\partial \Lambda}{\partial R}>0。\qquad (4.56)$$

当然，在无在岗寻职的模型中，岗位破坏曲线的斜率也为正(见图 2.1)。但是在现在的模型中，岗位破坏曲线斜率为正的原因却与无在岗寻职的模型不同。在无在岗寻职的模型中，由于 θ 对工资的影响，更高的 θ 意味着更多的岗位破坏。与此同时，在存在在岗寻职的模型中，更高的 θ 却减少了岗位的选择价值。选择价值下降的原因有两个。第一，更高的 θ 意味着，一个给定的在岗寻职规模更可能导致更快的岗位破坏，因为在岗寻职者更可能找到另外一份工作从而辞掉当前工作。第二，当 θ 更高时，会发生更多的寻职行为。由于在给定时间区间上工作岗位更可能被破坏，这又意味着更高的 R。

我们关于岗位创造和岗位破坏的讨论表明，R 和 θ 在一个类似于图 2.1 的图中被唯一地决定。一旦知道了 R 和 θ 的值，在岗寻职的保留生产率由式(4.44)决定。当生产率水平位于$[R,S]$区间内时，工资由式(4.28)决定，而当生产率水平高于 S 时工资则由式(4.27)决定。最终，失业人数的变化路径由式(4.38)决定，而在岗寻职者人数的变化路径则由式(4.36)决定。

4.4　在岗寻职对均衡的影响

具有在岗寻职行为的均衡有什么性质？如何将其与不包含在岗寻职时的均衡进行比较？在本节和下一节中我们将着力于回答这些问题。我们通过研究提高或降低寻职成本对均衡的影响来研究稳态均衡的性质。由于无在岗寻职的模型可被解释为本章模型在寻职成本足够高时的一种特殊情形，因此我们的方法具有一般性。正如在无在岗寻职的模型中所做的那样，接下来，我们将在下一节中研究提高共同生产率 p 的影响，而在本模型结构下，这与降低失业收入 z 的影响相同。

在开始比较之前，我们注意到市场紧度 θ 在两个模型中有着相同的定义，即岗位空置数与寻职人数之比。但是，因为在无在岗寻职的模型中只有失业者寻职，即使 θ 的变化方式相似，岗位空置数与失业人数之比在两个模型中却可能有着不同的变化方式。在两个模型中我们都称 θ 为市场紧度，之后我们将在本节中回到岗位空置数与失业人数之比。我们将表明，本模型中关于 θ 的更为一般的定义对贝弗里奇曲线有一些有趣的影响。

在两个模型中，决定均衡的关键方程组即为决定 R 和 θ 的方程组。我们看到在这两个模型中，均衡岗位创造都可由 $R-\theta$ 空间上一条向下倾斜的曲线来表示，而均衡岗位破坏都可由一条向上倾斜的曲线来表示。当存在在岗寻职时，岗位创造曲线更加陡峭，但在随后的讨论中，我们将忽略掉这种斜率差异。

寻职决策的保留生产率的变化由式(4.44)得到，这给出了导致在岗寻职行为的生产率范围。一旦知道了 R、S 和 θ，我们就可以推导出均衡状态中的如下各种存量和流量。

与前述内容相同，仍将失业率设定为：

$$u=\frac{\lambda G(R)}{\lambda G(R)+\theta q(\theta)}。\tag{4.57}$$

在岗寻职者的比例由式(4.37)得到，即为：

$$\frac{e}{1-u}=\frac{\lambda[G(S)-G(R)]}{\lambda+\theta q(\theta)}。\tag{4.58}$$

跳槽性离职数量为 $e\theta q(\theta)$，故该离职率为：

$$\frac{e}{1-u}\theta q(\theta)=\lambda[G(S)-G(R)]\frac{\theta q(\theta)}{\lambda+\theta q(\theta)}。\tag{4.59}$$

最后，如前所述，岗位破坏率为 $\lambda G(R)$，岗位创造率则为 $u\theta q(\theta)/(1-u)$。为供后面参考，我们利用式(4.57)替代掉(4.58)中的 θ，并把离职率仅由保留生产率和失业来表示：

$$\frac{e}{1-u}=\frac{[G(S)-G(R)]u}{u+(1-u)G(R)}。\tag{4.60}$$

首先考虑寻职成本 σ 在刚才所描述的均衡中所扮演的角色。在给定 R 下，岗位创造条件(4.47)意味着当 σ 更高时 θ 也更高。原因在于，当寻职成本更高时，寻职的期望回报更低，因此在给定 R 下在岗寻职者人数更少。于是工作岗位的平均持续期限更长，而这意味着更多的岗位创造。在图 4.2 中，更高的 σ 使岗位创造曲线从 JC 到 JC' 向右移动。

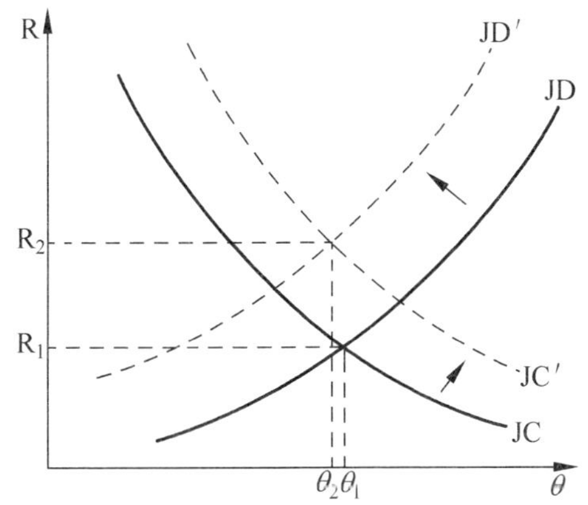

图 4.2　在岗寻职减少(提高寻职成本)对保留生产率和市场紧度的影响

寻职成本也进入岗位破坏曲线，即式(4.55)。根据式(4.54)、(4.55)和(4.56)，更高的 σ 提高了保留生产率，这意味着在给定市场紧度下会有更多的岗位破坏。由式(4.55)可知该效应产生的原因在于，企业必须通过更高的工资以支付一些寻职成本。在图 4.2 中，σ 提高使得岗位破坏曲线从 JD 到向上移动到 JD'。

当岗位创造曲线和岗位破坏曲线一起移动时保留生产率无疑会更高，这也意味着更多的岗位破坏。由式(4.44)、(4.47)和(4.55)对 σ 求导可知，更高的 σ 也意味着更低的 θ 从而更少的岗位创造

(失业均为给定)。理解这些结论最直观的方法是将工作岗位匹配视为企业和工人的联合冒险行为,该行为除了提供更多的生产可能性之外,也提供了更多的在岗寻职的机会以使得岗位匹配更加有效。提高寻职成本会减少寻职的期望回报,从而企业与工人从岗位匹配中所得到的回报也减少了。因此,当发生负的冲击且岗位创造减少时,工作岗位更有可能被破坏。

为了探讨寻职成本对在岗寻职的影响,我们将式(4.44)对 σ 进行求导可得到:

$$\frac{\partial S}{\partial \sigma}-\frac{\partial R}{\partial \sigma}=\frac{\partial S}{\partial \theta}\frac{\partial \theta}{\partial \sigma}-\frac{r+\lambda+\theta q(\theta)}{\theta q(\theta)}\frac{1}{p}, \quad (4.61)$$

其中:

$$\frac{\partial S}{\partial \theta}=\frac{\beta c}{1-\beta}\left(1+\eta\frac{r+\lambda}{\theta q(\theta)}\right)+\frac{(1-\eta)(r+\lambda)\sigma/p}{\theta^2 q(\theta)}>0, \quad (4.62)$$

η 与以前一样表示 $q(\theta)$ 的弹性。因此,式(4.61)意味着当 σ 提高时,S 与 R 之间的缺口由于两个原因而变窄:第一,由于寻职成本对在岗寻职活动存在直接的负效应;第二,由于市场紧度降低,寻职过程中期望的工作机会减少了。

现在,由于 R 关于 σ 是递增的,我们不知道 S 对于提高 σ 的反应是上升还是下降。但这并不是一个严重的缺点。有趣的问题是 S 关于 R 是上升还是下降,因为正是 S 与 R 之间的缺口决定有多少在岗寻职行为发生。我们已经表明当寻职成本提高时,这个缺口会变窄,故发生在岗寻职行为的生产率范围会缩小。

根据式(4.57),提高寻职成本会提高失业水平,因为 R 提高了而 θ 降低了:在给定的初始失业水平下,岗位破坏率提高和岗位创造率降低会带来均衡失业率的上升。由式(4.57)和(4.58)，在更高的寻职成本下，在岗寻职者人数 e 会减少。但在一般情况下，我们无法确定在岗寻职者人数在总就业人数中的比例是如何变化的，因为总就业人数和在岗寻职者人数都减少了[见式(4.57)；产生模糊的原因在于 $G(S)-G(R)$ 和 θ 都更低了]。但是式(4.60)意味着在给定失业水平下，由于差 $G(S)-G(R)$ 降低了、岗位破坏范围 $G(R)$ 增加了，从而工人中在岗寻职的比率会降低。最终，很关键的结果是，由式(4.59)给定的跳槽离职率下降了。

为了概括在岗寻职行为增加对于均衡的那些最重要的影响，我们已经表明在给定的失业率水平下，更低的寻职成本意味着更低的岗位破坏和更高的岗位创造率，从而有更低的均衡失业水平和更多的跳槽性离职。由式(4.27)和(4.28)很容易知道在岗寻职对于工资的影响。当寻职成本降低时，生产率水平 $x \geqslant S$ 的工作岗位上不会发生寻职行为，其工资水平由于市场紧度增加而上升。但是生产率水平 $R \leqslant x < S$ 的工作岗位的工资水平将会减少，其减少量相当于寻职成本的一部分。因此，当寻职成本降低而在岗寻职行为增加时，工资水平差异加剧。在岗寻职行为的存在对贝弗里奇曲线有一些有趣的影响。若无在岗寻职，贝弗里奇曲线的形状如图 2.2 所示。均衡岗位空置和失业水平由向下倾斜并凸向原点的贝弗里奇曲线和一条穿过原点的直线的交点决定。若存在在岗寻职行为，岗位空置由 $v=(u+e)\theta$ 给定，这又是一条直线，但其有着正的截距，并且当在岗寻职者人数 e 变化时会发生移动。发生移动的原因在于，进入劳动力市场的空置岗位数量通过寻职的

外部性而依赖于所有的寻职者人数(而不只是失业寻职者人数)。贝弗里奇曲线由式(4.57)表示,其中$\theta = v/(u+e)$,由匹配函数的性质可知其仍然凸向原点,但是当e变化时会发生移动。e增加会使得贝弗里奇曲线向外移动,这是因为,在岗位匹配过程中更多在岗寻职者的进入会使得失业队伍更加拥挤。

此时,寻职成本降低会使θ提高,故在图4.3中,岗位创造曲线向上移动并且更加陡峭;寻职成本降低会使R减少,贝弗里奇曲线向内移动;更低的寻职成本也增加了e,贝弗里奇曲线向外移动,岗位创造曲线向上移动。在图4.3中可见降低寻职成本导致岗位创造曲线向上移动,而贝弗里奇曲线的影响则向左移动(尽管R降低和e提高的净影响也可能致使其向外移动)。均衡从A点移向B点,从而失业水平下降且岗位空置增加。注意,无论贝弗里奇曲线如何移动,当寻职成本降低时,即使e增加,失业水平也肯定会下降。

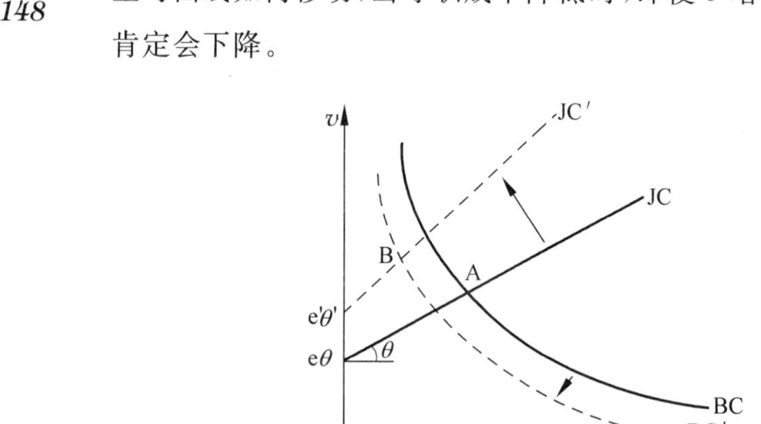

图4.3 在岗寻职行为增加(寻职成本降低)对均衡空缺与失业的影响

4.5　劳动生产率提高的影响

提高劳动生产率或者降低失业收入会如何影响在岗寻职行为下的均衡?

仔细观察关于 S、θ 和 R 的方程,即相应的式(4.44)、(4.47)、(4.55),可以发现一般性生产率水平会通过两个渠道影响均衡。第一,正如无在岗寻职模型一样,它影响工作收入和失业收入之间的缺口并导致岗位破坏曲线(4.55)移动。第二,它影响寻职的相对成本,并导致三个均衡关系发生变化。对于 $\sigma=0$,生产率对均衡的影响与无在岗寻职模型一样。其与失业收入对均衡的影响也一样,只不过方向相反。对于 $\sigma>0$,生产率还会通过 σ 影响均衡,其影响方式与我们分析 σ 时一样,但方向相反。

因此,首先我们假设 σ/p 固定(或者不失一般性,设 $\sigma=0$),从而讨论劳动生产率提高或失业收入下降的影响。然后,我们将其与上面所分析的降低 σ 的影响结合起来。

对于 $\sigma=0$,提高 p 或降低 z 会导致岗位破坏曲线(4.55)向下并向右移动(图 4.2)。在给定失业水平下,均衡的 R 更低意味着岗位破坏率更低,而均衡的 θ 更高则意味着更多的岗位创造。失业水平因此下降,而高生产率即 $x\geqslant S$ 的岗位其工资会上升(但若其变化归因于降低 z,则不会上升)。由式(4.44)我们也发现,由于 θ 上升以及其所蕴涵的岗位匹配率上升,从而导致发生在岗寻职行为的生产率范围变广了。因此,根据式(4.57)、(4.58)和(4.59),在岗寻职者人数和跳槽率都增加了。由于就业率即 $1-u$ 增加了,在岗寻职者人数和离职率也必定增加。因此在贝弗里奇曲线图中(图 4.3),如同降低寻职成本一样,一般性生产率水平提高会导致岗位创造曲线和贝弗里奇曲线朝相同方向移动。

我们也注意到,因为式(4.47)和(4.55)局部独立于 S,由 p 增加所导致的在岗寻职行为增加最终不会影响失业水平(这完全由 R 和 θ 决定)。因为 $v=\theta(e+u)$,在岗寻职行为的增加明显会影响 p 对岗位空置的影响。因此,由在岗寻职行为所增添的失业队伍的拥挤性确实会被企业所多创造的岗位空置所抵消(后者有时在文献中被称为"空置链")。然而,这可能会对失业的动态调整路径产生影响,以及由拥挤造成的失业调整速度的放缓,这是因为,根据式(4.60),在岗寻职者的比例的上升幅度在给定失业水平下要比在失业水平开始下降之后更高一些。对此我们不再深究(参见本章结尾的文献评注)。

总之,当 $\sigma=0$ 时,一般性生产率的提高或失业收入的下降意味着岗位破坏减少、在岗寻职和跳槽性离职增加,以及失业减少。此外,生产率提高意味着所有岗位的工资都会增加,其中具有更高生产率的岗位其工资增加更多。但是,这些分析结果与前面降低寻职成本的分析结果在定性分析方面是一致的。因此,当 $\sigma>0$ 并且生产率的提高降低了寻职的相对成本时,我们在此所描述的结论就更具说服力。一般而言,与直觉相吻合的是,一个经济的"蓬勃发展",也就是说,其生产的回报要高于非市场行为,会意味着更少的岗位破坏、更低的失业流入,但却会有更多的在岗寻职和跳槽性离职。

4.6　文献评注

从经验上看，大多数工作接受者都不是失业工人。这类事实导致了对搜寻理论的早期批评。批评者认为搜寻理论忽略了在岗寻职行为，因而不是一个很好的失业模型。例如，参见 Tobin(1972)。然而，尽管发表过一些关于跳槽行为的有影响力的研究，如 Parsons(1973)，直到很长一段时间以后，文献中才出现关于在岗寻职的理论性或经验性失业模型。

当存在在岗寻职时，最优政策可由两个保留工资来描述。Burdett(1978)在一个局部分析框架下首先注意到这一事实。Mortensen(1986)给出了早期文献的一个综述。在本书第二章中的岗位创造与岗位破坏模型中，Mortensen(1994)首先引入并标准化了跳槽行为的分析，其数值计算结果也证实了我们在此推导出的结果。

其他关于在岗寻职行为的经验研究，包括 Barron 和 McCafferty(1977)，Black(1981)，Kahn 和 Low(1984)，Holzer(1987)，以及 Parsons(1991)等人关于美国的研究；Arellano 和 Meghir(1992)，Hughes 和 McCormick(1994)，以及 Pissarides 和 Wadsworth(1994)等人关于英国的研究；Belzil(1994)等人关于加拿大的研究。关于工人流动数据的报道和分析，包括 Blanchard 和 Diamond(1990)关于美国的研究；Burda 和 Wyplosz(1994)关于欧洲各大国的研究；Burgess，Lane 和 Stevens(1994)关于美国的一个大型的企业层面的面板数据分析；Broersma 和 den Butter

(1994),以及 Gautier 和 Broersma(1994)关于荷兰的研究;Albaek 和 Sorensen(1998)关于丹麦所有制造商的研究。Contini 和 Revelli(1997)研究了几个国家中岗位流动和工人流动的关系;Gautier(1997)讨论了岗位流动和工人流动的模型与数据及其在荷兰的应用。

在本章模型中,工人离职的概率在所有岗位任期下都是固定的。经验上,岗位任期与离职行为具有很强的相关性,其中岗位任期越短离职行为越有可能发生。这个性质归因于工作中的学习过程,包括学习到关于工作岗位的非金钱方面的特征,或者学习到特殊的岗位技能。关于前一个学习机制的模型,参见 Wilde(1979)。Jovanovic(1979)利用后一个学习机制建立了一个劳动力变更模型,并成为 Jovanovic(1984)的均衡搜寻模型的一部分。参见 Farber(1979)关于该模型的一个经验性评述。在关于在岗寻职的搜寻均衡理论模型中探讨学习的影响,可参见 Pissarides(1994);该模型中存在好坏两种类型的工作岗位,没有生产率冲击,且由于工作中的学习使得在岗寻职行为最终停止。该文也该概括了一些跳槽性离职的证据。

Burgess(1993)研究了在岗寻职对失业的影响,其文表明,在岗寻职者增添了失业队伍的拥挤性(特别是当良性的总量冲击先到达时),从而增加了失业的持续性。在 Pissarides(1994)的研究中存在一个类似的持续效应。Kennes(1994)也推导了在岗寻职对失业动态过程的影响,并表明了在岗工人的寻职行为如何影响市场紧度的初始跳跃。Fuentes(1998)表明在岗者寻职行为的变化能够并且已经使得不列颠的贝弗里奇曲线向外移动了。

Contini和Revelli(1997),Akerlof、Rose和Yellen(1998)等人研究了由离职引起的空置链。其他研究在岗寻职影响的搜寻均衡模型,可参见Abbring(1997,第三章)和Barlevy(1998)。前者研究了在岗寻职对于工资决定的影响,后者表明了在经济衰退中,在岗寻职行为下降的事实有助于创造低质量的工作岗位。

第五章　搜寻强度与招聘广告

从第一章到第三章的模型中，劳动力供给对于均衡结果仅产生间接的影响。传统上与劳动力供给相关的变量，如闲暇价值，仅通过其对工资率的影响来影响均衡结果。在现代经济中，这是劳动力供给产生影响的一个重要途径。也许还存在其他途径，但是，这便是我们在本章和随后两章中将要关注的地方。为此，我们将从若干方面扩展第一章中的模型。

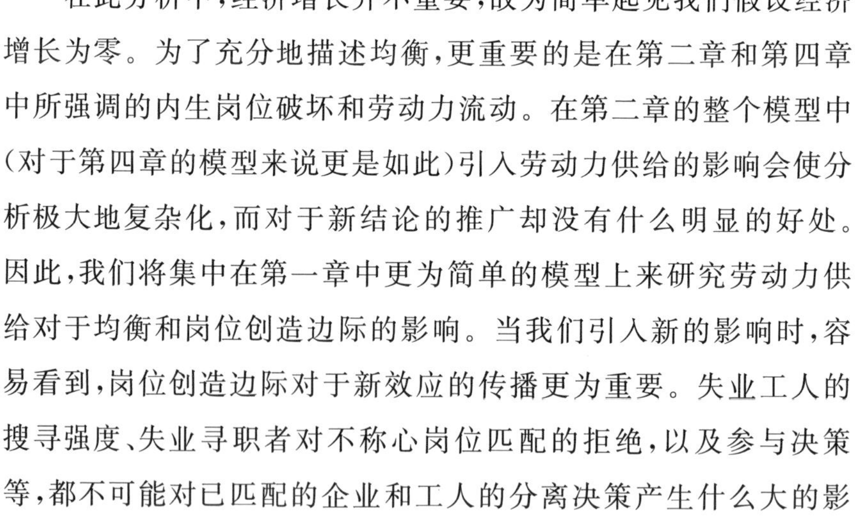

在此分析中，经济增长并不重要，故为简单起见我们假设经济增长为零。为了充分地描述均衡，更重要的是在第二章和第四章中所强调的内生岗位破坏和劳动力流动。在第二章的整个模型中(对于第四章的模型来说更是如此)引入劳动力供给的影响会使分析极大地复杂化，而对于新结论的推广却没有什么明显的好处。因此，我们将集中在第一章中更为简单的模型上来研究劳动力供给对于均衡和岗位创造边际的影响。当我们引入新的影响时，容易看到，岗位创造边际对于新效应的传播更为重要。失业工人的搜寻强度、失业寻职者对不称心岗位匹配的拒绝，以及参与决策等，都不可能对已匹配的企业和工人的分离决策产生什么大的影响。只要在岗寻职的成本高于失业寻职的成本，在岗寻职的存在也不可能对劳动力供给如何影响岗位创造产生什么大的影响。如果这两个成本相同,失业者可以简单地接受第一份工作并继续在岗寻职(由于得到的工作收入,其寻职强度会下降),直到他们找到一份足够好的工作并维持到岗位破坏。

工人可以通过对寻职强度的选择、工作接受决策以及劳动参与决策等来影响均衡的结果。我们会考察这些决策对于均衡失业和效率(在第Ⅲ部分)的影响。在此分析中,基于与第一章同样的理由我们忽略掉资本:当存在一个完善的二手资本品市场时,资本不会影响稳态中的搜寻均衡结果。

本章考察寻职强度的影响。出于对称性,我们也会考察雇佣企业的可变搜寻强度的影响,为简便起见称之为“招聘广告”。然而,我们将表明,招聘广告在此模型中并不重要。空置岗位的选择(在第一部分的宏观经济模型中起到关键作用)使招聘广告的选择显得多余了。

5.1 可变强度下的匹配技术

可将寻职强度和招聘广告想象为岗位匹配技术中的“技术变化”参数。我们知道,岗位匹配的“投入”是失业工人数量和空置岗位数量。岗位匹配的“产出”即为给定期限内岗位匹配成功的数量。现在,如果失业工人或空置岗位的搜寻强度增加,那么给定失业水平下的岗位匹配数量和岗位空置数量都会上升。这就好比岗位匹配技术的一个改进。对岗位匹配中可变强度效应的描述很大程度上利用了我们对生产技术中技术变化过程的了解。

众所周知,在一般性技术变化中,技术变化参数作为生产要素进入生产函数，这在生产理论中所产生的影响是模糊的。对于搜寻强度来说同样如此。除了这种模糊性，我们甚至也不清楚一般性无限制技术变化参数在生产过程的含义到底是什么。生产技术中的技术变化通常被定义为投入扩展型的，而在拥有可变搜寻强度的岗位匹配分析中，将遵循同样的传统。

因此，设 s 为工人寻职强度的一个可变的测度，设 a 为招聘广告的一个可变的测度。将寻职工人的效率单位定义为 su，其中 u 与以前一样表示失业率。空置岗位的效率单位定义为 av。在离散时间分析中，我们可以将 s 和 a 分别视为工人与企业积极搜寻期的一个比例。在连续时间下，有类似的解释。我们可以将其视为在一小段时间区间上寻职的失业工人数量的一个比例。因此，我们将岗位匹配技术写为：

$$m = m(su, av)。\tag{5.1}$$

如前所述，我们假设 $m(.,.)$具有常规模报酬，一阶偏导数为正，二阶偏导数为负。

式(5.1)中的变量 s 和 a 都是市场平均值。也就是说，它们分别是代表性失业工人的寻职强度和代表性雇主的招聘广告强度。工人和企业在给定的代表性主体的搜寻强度下各自选择其搜寻强度。在均衡中，给定其他人都选择了均衡强度，所有人都会发现，改变自身的搜寻强度没有什么好处。

为了推导工人和企业的转移概率，我们需要观察一下个体搜寻强度与市场平均搜寻强度之间的差异。设 s_i 表示工人 i 的寻职强度。在寻职过程中，该工人拥有 s_i 效率单位搜寻强度。对于其所提供的每有效单位强度，存在一个泊松过程将工人从失业转变为就业，其比率为 $m(su, av)/su$。因此，工人 i 在单位时间内的转移概率给定为：

$$q_i^w = \frac{s_i}{su} m(su, av)。 \tag{5.2}$$

在搜寻过程中，工人 i 选择 s_i，并将 q_i^w 中的其他变量都视为给定的。一般地，我们可以将 q_i^w 写为 $q^w(s_i; s, a\theta)$，与以前一样其中 $\theta = v/u$。

企业也面临类似的转移概率。对于所提供的每有效单位广告，这个将工作岗位从空置状态转变为满置状态的过程是一个比率为 $m(su, av)/av$ 的泊松过程。企业 j 为每个空缺提供了 a_j 有效单位广告。因此，单位时间内每个空置岗位的转移概率为：

$$q_j = \frac{a_j}{av} m(su, av)。 \tag{5.3}$$

与 q_i^w 一样，q_j 也是 a_j、s、a 和 θ 的函数。

在对称性的纳什均衡中，所有个人都将选择同样的搜寻强度，而所有企业也都将选择同样的广告强度。因此，在式(5.2)和(5.3)中分别有 $s_i = s$、$a_j = a$，从而给出了代表性工人和企业的转移概率：

$$q^w = \frac{m(su, av)}{u} = m(s, a\theta)。 \tag{5.4}$$

$$q = \frac{m(su, av)}{v} = m(s/\theta, a)。 \tag{5.5}$$

如前，q^w 和 q 可由下式联系起来：

$$q^w(s, a, \theta) = \theta_q(s, a, \theta), \tag{5.6}$$

其中 q^w 对于 s、a 和 θ 三个自变量都是递增的，q 对于 s 和 a 是递

增的,但对于 θ 则是递减的。$1/q$ 关于 θ 的弹性 η 给定为:

$$\eta=\frac{sum_1(su,av)}{m(su,av)}, \tag{5.7}$$

其取值位于 0 到 1 之间。它是 s 和 $a\theta$ 的函数,如果式(5.1)中的(扩展的)匹配函数满足科布—道格拉斯限制,那么它将是一个常数。

失业的均衡条件,即贝弗里奇曲线,与以前一样给定为:

$$u=\frac{\lambda}{\lambda+\theta q(s,a,\theta)}, \tag{5.8}$$

其中 λ 是岗位破坏冲击到达的概率。式(5.8)给出了失业率,这个失业率使得在不存在劳动力增长的情形下失业队伍的流入等于流出。寻职强度和招聘广告强度变成了失业与空缺之间关系的转移变量。因此,为了充分地描述模型的均衡,现在我们需要另外两个方程,一个用来决定 s 的值,另一个用来决定 a 的值。

5.2 搜寻强度的选择

失业工人选择适当的搜寻强度以最大化其搜寻期间的期望收入的折现值。我们假设提高搜寻强度是有成本的,并且平均成本和边际成本都会随着搜寻强度而增加。搜寻成本具有一定的主观性,因此它可能依赖于工人在失业期间的实际或应计收入。一般地,我们假设 s_i 单位搜寻的成本为 σ_i,其中:

$$\sigma_i=\sigma(s_i,z),\quad \sigma_s\sigma(s_i,z)>0,\quad \sigma_{ss}(s_i,z)\geqslant 0,\quad \sigma_z(s_i,z)\geqslant 0。 \tag{5.9}$$

工人在失业期间的净收入由 $z-\sigma_i$ 给定，其符号是不确定的。搜寻成本正向依赖于失业收入，这是因为某些搜寻成本即为失去的闲暇，并且 z 包括闲暇的应计价值。在本章后面我们会回到这一问题。

失业工人的收入折现值正如在第一章中模型一样是式(1.10)，除了现在失业收入是 $z-\sigma_i(s_i, z)$、转移概率是由式(5.2)所定义的 q_i^w 之外。因此，U_i 的折现值满足：

$$rU_i = z - \sigma(s_i, z) + q^w(s_i;.)(W - U_i)。\qquad (5.10)$$

就业的折现价值 W 对于所有工人都是相同的，因此我们省去其下标。我们也假设 z 是外生的，但是在本章结尾我们会回到这一问题。

工人将 s 和其他市场变量视为给定，选择适当的搜寻强度 s_i 以最大化 U_i。最优的 s_i 满足：

$$-\sigma_s(s_i, z) + \frac{\partial q_i^w}{\partial s_i}(W - U_i) = 0, \qquad (5.11)$$

其中 U_i 在最优 s_i 下取值。

由式(5.2)中 q_i^w 的定义，我们发现单个工人的 s_i 对于企业所提供的有效单位搜寻数量 av 是递增的，但是对于其他工人所提供的有效单位搜寻数量 su 则是递减的。这些性质是由拥挤外部性(匹配技术的特征)所导致的，下面将会对此再次进行讨论。我们的主要兴趣不是给定他人行为下某单个个体的行为，而是代表性工人的行为。

我们仅仅考虑对称性均衡，其中所有失业工人都选择同样的搜寻强度 s_i。为了得到一个描述平均搜寻强度 s 的行为方程，我们在式(5.1)中设 $s_i=s$，并且将所有满足式(5.1)的表达式在 s 上取值。

由式(5.2)和(5.4)，在 $s_i=s$ 时 $\partial q_i^w/\partial s_i$ 将满足：

$$\left.\frac{\partial q_i^w}{\partial s_i}\right|_{s_i=s}=\frac{q^w(s,a,\theta)}{s}。\tag{5.12}$$

因此，式(5.11)意味着每有效单位搜寻强度对于期望净价值的贡献 $(W-U)q^w(s,a,\theta)/s$ 等于每有效单位搜寻强度的边际成本。我们在式(5.2)中对于转移概率的描述意味着每有效单位搜寻强度的回报是固定的。式(5.11)的最优值是唯一的，因为有效单位的成本在边际上是递增的。由式(1.12)和(1.13)，最优的 U 和 W 意味着：

$$W-U=\frac{W-z+\sigma(s,z)}{r+\lambda+q^w(s,a,\theta)},\tag{5.13}$$

其中与以前一样 w 表示均衡工资率。因此，通过将式(5.12)和(5.13)代入式(5.11)，可得到最优搜寻强度所满足的方程为：

$$-\sigma_s(s,z)+\frac{w-z+\sigma(s,z)}{r+\lambda+q^w(s,a,\theta)}\frac{q^w(s,a,\theta)}{s}=0。\tag{5.14}$$

尽管式(5.14)看起来很复杂，但由于 $q^w(.)$ 所满足的、由式(5.4)所导出的限制，最优 s 的性质很容易得到。假定所有其他内生变量不变，最优 s 的比较静态性质可简单概括如下。

现在，因为工作的相对收入提高了，工资的增加会导致搜寻强度的增加。由于类似的原因[在 $\sigma_{sz}(.)\geqslant 0$ 的假设下，参见下文]失业的增加则有相反的效应。同样地，折旧率或工作丢失率的上升会减少一个工作岗位的期望未来回报，从而减少了搜寻强度。

劳动力—市场紧度和招聘广告的影响尽管是局部性的，却特别有趣。劳动力—市场紧度的增加会导致搜寻强度增加。当岗位—工人比率上升时，工人的搜寻强度会加大，因为他们将能锁定的工作机会改善了。这是受挫—工人效应的一个例子(在这个特殊例子中作用相反)。这意味着当失业率提高时，在给定的岗位空缺数量下，工人为寻找空置岗位而进入市场的频率会下降。

招聘广告对于搜寻强度的影响有类似的解释。当招聘广告增加时，失业工人更有可能遇到一个空置岗位。对此，他们会增加他们的寻职强度，也就是说，他们为了寻找工作而进入市场的频率会增加。

劳动力—市场紧度和招聘广告对于搜寻强度的影响是我们的模型中所存在的正交易外部性的结果。交易者数量的增加或市场某一方的交易频率的增加，都将导致市场另一方的交易者愿意进行交易的频率增加。这个外部性对于该模型的均衡和效率具有某些意义，我们将在本章和第八章对此进行研究。

5.3　招聘广告的选择

企业针对每一个空置岗位都会选择适当的广告力度以最大化其利润的折现值。与空置岗位的选择一样，企业的最优策略可由第一章中的"单岗位"模型或第三章中的成本调整模型推导出来。其结果是相同的，模型的选择取决于其方便性。我们在此遵循"单岗位"模型的方法。

在第一章中，我们假设岗位空置的成本 pc 是企业所无法控制的。在此，我们假设这个成本依赖于企业为岗位所选择的广告力度。我们将其写为：

$$c=c(a_j),\quad c'(a_j)>0,\quad c''(a_j)\geqslant 0, \tag{5.15}$$

其中 a_j 表示岗位 j 的广告力度。

由式(1.6)，多增加一个空置岗位所能带来的期望利润为：

$$rV_j=-pc(a_j)+q(a_j;.)(J-V_j), \tag{5.16}$$

其中 $q(a_j v)$由式(5.3)给定。企业选择 a_j 以最大化 V_j。一阶条件给定为：

$$-pc'(a_j)+\frac{\partial q_i}{\partial a_j}(J-V_i)=0, \tag{5.17}$$

其中 V_j 在最优的 s_j 下取值。由式(5.3)可得：

$$\frac{\partial q_i}{\partial a_j}=\frac{q(s,a,\theta)}{a}, \tag{5.18}$$

故式(5.17)变为：

$$-pc'(a_j)+\frac{q(s,a,\theta)}{a}(J-V_j)=0。 \tag{5.19}$$

我们感兴趣的是对称性纳什均衡结果，其中所有企业都将选择相同的强度 a。对此，我们将 $a_j=a$ 代入式(5.19)中，并将其所导致的结果作为均衡广告力度的方程来处理。

首先，考虑关于 a 的局部均衡条件，将 θ 视为给定的。也就是说，企业将会选择的均衡空置岗位数量被视为外生固定的。这将产生一个均衡条件，类似于搜寻强度条件(5.14)。利用式(5.16)和第1章所推导出来的岗位资产价值表达式(1.8)，我们将式(5.19)重新表述为：

$$-pc'(a)+\frac{p-w+pc(a)}{r+\lambda+q(s,a,\theta)}\frac{q(s,a,\theta)}{a}=0。 \tag{5.20}$$

招聘广告的局部均衡性质不难得到，并且是很直观的。

劳动的边际产出 p 的增加、工资率的下降、利率的下降，以及岗位分离率的下降，会使得招聘广告增加，因为他们增加了工作岗位的期望利润。搜寻强度的影响源于我们在前一节中所讨论的正交易外部性。如果失业工人为了寻找工作而进入市场的频率增加了，那么企业会因此加大其岗位招聘广告的力度。劳动力—市场紧度有一个负效应，也是源于交易外部性，但是起作用的方向相反。如果市场紧度过高，那么对于每一个失业工人来说，就会存在更多的工作机会，因此一个典型企业招到一个工人的机会就下降了。企业对此的反应是减少广告，这是一种受挫—岗位效应。

招聘广告的局部均衡性质并不是特别有趣，因为它们依赖于企业在改变广告力度时保持岗位数量不变的假设。然而，企业将发现这样做并不总是最优的。如果我们利用岗位数量的均衡条件来简化式(5.20)，这个决定招聘广告力度的方程就发生剧烈变化。

回顾一下，针对岗位数量的利润最大化相当于式(5.16)中关于 V_j 的一个零利润条件。但是，如果我们在式(5.16)中设 $V_j=0$，可知对于所有最优的 a_j，就有：

$$J=\frac{pc(a_j)}{q(a_j;.)}。\tag{5.21}$$

因此，式(5.19)意味着对于 $a_j=a$，有：

$$\frac{c'(a)a}{c(a)}=1。\tag{5.22}$$

当岗位数量最优时，广告力度的选择将使得广告成本的弹性等于1。

在条件(5.22)与效率工资模型中的类似弹性条件之间存在一

个紧密的(严格的)联系,其中企业既能控制每个工人的努力程度,也能控制工人的数量。在效率工资模型中,企业利用工人的数量以控制劳动投入,利用工资率作为一个工具以保证每个工人的每单位努力的供给成本最低。类似地,在此,企业利用岗位空置率作为一个工具以吸引工人,利用其广告力度以使得每个岗位空缺的成本最小化。最优广告力度与市场变量无关,仅仅依赖于成本函数的性质。

5.4　均衡

现在,我们考虑当搜寻强度和招聘广告分别由方程(5.14)和(5.22)决定时,经济中的稳态均衡。失业方程即为式(5.8)。为了完整地描述均衡,我们还需要两个方程,一个是工资方程,另一个是关于岗位数量的方程。

这些方程的推导过程很直接,与以前的做法一样。工资方程是式(1.23),但是失业收入为 $z-\sigma(c,\ z)$。因此,工资被给定为:

$$w=(1-\beta)[z-\sigma(s,z)]+\beta p(1+c\theta)。\tag{5.23}$$

岗位创造方程又是式(1.22),除了 q 现在也依赖于寻职强度和招聘广告之外。

利用与我们在推导广告方程(5.22)时所用的类似方法,搜寻强度方程(5.14)可大大简化。因此,纳什工资方程满足:

$$W-U=\frac{\beta}{1-\beta}J。\tag{5.24}$$

在均衡中,式(5.11)和(5.12)意味着:

$$W-U=\frac{\sigma_s(s,z)s}{\theta q(s,a,\theta)}, \tag{5.25}$$

而 J 则等于 $pc/q(s,\ a,\ \theta)$。因此,将式(5.24)和(5.25)合在一起可以得到:

$$s\sigma_s(s,z)=\frac{\beta}{1-\beta}pc\theta。 \tag{5.26}$$

在均衡方程组中,式(5.26)取代了式(5.14)。我们注意到,式(5.26)不是搜寻强度的一个行为方程,而是搜寻强度与劳动力—市场紧度之间的一个关系式,这个关系在均衡中仍然成立。搜寻强度的行为方程是式(5.14)。推导式(5.26)的另一种方法是将均衡工资和企业最优岗位供给条件代入式(5.14)。

在此,我们将均衡关系式一起重新表述如下:

$$u=\frac{\lambda}{\lambda+\theta q(s,a,\theta)}, \tag{5.27}$$

$$(1-\beta)[p-z+\sigma(s,z)]-\beta pc(a)\theta-\frac{r+\lambda}{q(s,a,\theta)}pc(a)=0, \tag{5.28}$$

$$s\sigma_s(s,z)=\frac{\beta}{1-\beta}pc(a)\theta, \tag{5.29}$$

$$\frac{c'(a)a}{c(a)}=1。 \tag{5.30}$$

其中,式(5.28)即通过将式(5.23)中的工资代入岗位供给条件(1.22)之后得到。与以前一样,该模型在给定真实利率下是递归的。式(5.30)给出了招聘广告的均衡水平。一旦知道了 a 的值,式(5.29)和(5.28)将给出搜寻强度和劳动力—市场紧度的解。最后,若知道了 a、c 和 θ 的值,式(5.27)将给出均衡失业水平,式(5.23)将给出均衡工资水平。该方程系统的关键是强度—紧度方程组(5.29)和(5.28)。与第一章中的模型相比,重要的新方程只有式(5.29)。

由式(5.29)和(5.28)产生了关于 s 和 θ 的唯一解,这一点乍看起来并不是很明显。搜寻外部性使得 s 是关于 θ(给定 z)的增函数,而 θ 则是关于 s 的增函数,因此,也许不只存在一个均衡(参见图 5.1)。可能产生这种不唯一性的原因在于,如果(例如,很偶然地)许多岗位没有进入市场,失业工人将减少搜寻,从而企业就会决定不让更多岗位进入市场。如果许多岗位进入了市场,并且工人因此增加了寻职力度,那么企业将有理由开设更多的岗位。然而,只要我们的模型满足两个限制,就可以保证均衡的唯一性。首先,岗位匹配技术具有常规模报酬;其次,搜寻强度以相乘方式进入匹配技术,正如投入扩展型技术进步一样。根据这些限制以及图 5.1,搜寻强度方程(5.29)的曲线处处都要比岗位数量方程(5.28)的曲线更加陡峭,因此,它们的交点是唯一的。这些曲线在图 5.1 中分别被表示为 $s(\theta)$ 和 $\theta(s)$。

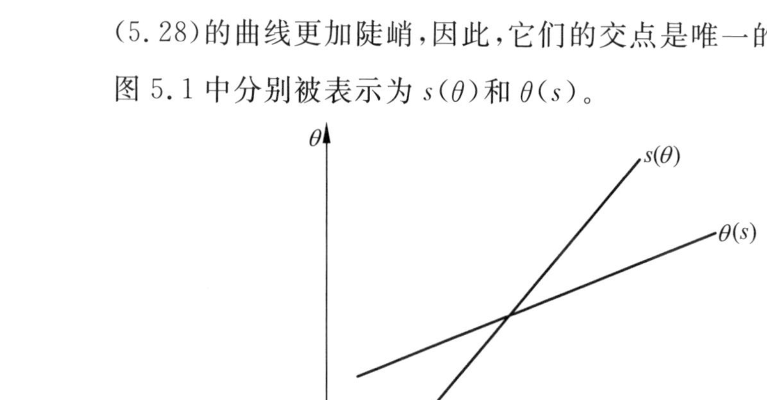

图 5.1　均衡搜寻强度与劳动力—市场紧度

对于匹配技术所施加的这两个限制是否合理是一个经验性的问题。在本书中，我们将这两个限制都视为可信的，并且我们不会在它们不成立的情形下考虑同样的问题。经济增长理论所建议的固定报酬和投入扩展型技术变化对于长期分析结果而言也许是必要的假设。在第三章的增长模型中，匹配技术的报酬递增意味着永久性的失业率下降。这与事实不符。如果在短期内报酬递增是可信的，那么即使在长期中存在固定报酬，也必须解释为什么短期的匹配技术与长期的匹配技术会不同。只要在该匹配技术下不可能存在短期固定而长期可变的投入要素，那么二者存在的任何差异的原因都是不明显的，反之亦然。现存的经验证据支持匹配技术的规模报酬不变假设（参见第一章结尾的文献评注）。然而，有些作者不愿意制造已施加在匹配技术上的任何限制，并且有时他们也能据此推导出不同的结论。

在我们的匹配技术所满足的两个限制条件中，对于唯一性来说，重要的限制是规模报酬不变。报酬递增是可能的，这一点被彼特·戴蒙德(Peter Diamond)在大量的文章中指出过。我们简要地讨论他的主要结果，并将其与我们的结果进行对比。匹配技术所满足的第二个限制与我们在考虑均衡有效性时所得到的某些结论更为相关，因此将其推迟到第八章进行讨论。

在彼特·戴蒙德(Diamond，1982a)的椰子模型中，市场的某一方的参与度提高会导致市场另一方的参与度也提高。这种互补性类似于我们在此得到的搜寻强度与岗位空缺数量之间的正相关性。戴蒙德模型中的均衡由一个类似于图 5.1 中的图形来描述。但是戴蒙德的主要定理，即总需求管理可能永久性地使经济进入一个潜在的更为有效的均衡，依赖于均衡的不唯一性。也就是说，它取决于图 5.1 中的交点不止一个。我们已看到在常规规模报酬下，图 5.1 中的两条曲线仅能交于一点。在后来的研究中，例如戴蒙德(Diamond，1984a)，同样的模型表明均衡的多重性需要匹配技术的规模报酬递增假设。在戴蒙德(Diamond，1982a)的文章中匹配技术也满足报酬递增。

如果匹配技术具有规模报酬递增，在我们的模型中也可能得到多重均衡。在递增报酬假设下，交易规模的增加在给定比率下将会增加每一个交易参与方成功交易的概率，因为岗位匹配的数量比搜寻的投入增加得更快。在图 5.1 中，随着我们离原点越来越远，交易的规模提高了，因为搜寻强度和岗位空缺数量都上升了。因此，在递增报酬下，随着我们对原点的偏离，企业和工人的交易概率都上升得更快了，从而搜寻强度和岗位空缺数量都应当比图 5.1 中所示的要上升得更快。因此，随着我们偏离原点越远，曲线 $s(\theta)$变得更加平坦，而 $\theta(s)$则变得更为陡峭，从而在 s 和 θ 的更高水平上产生了第二个交点的可能性。

当然，报酬递增是多重均衡的必要而非充分条件。在此，多重均衡的重要性在于，如果存在多重均衡，暂时性的政策措施可能将经济永久性地从一个高失业水平的均衡移到一个更低失业水平的均衡上。在我们的假设下，政策对经济没有这样的影响。尽管它能够影响均衡失业结果，但是，只有永久性的政策变化对于失业的永久性降低才是必需的(参见第九章)。

5.5　失业与搜寻强度

式(5.27)表明，搜寻强度在均衡失业的决定中扮演着一个潜在的重要角色。搜寻强度和招聘广告以转移变量的形式进入了空缺与失业之间的关系，因此他们能够影响失业水平，而与经济中的岗位数量无关。然而，在均衡中，前面所讨论过的几个局部效应消失了。搜寻强度对于失业决定的重要性严重地依赖于我们关于工人的搜寻成本的假设。不幸的是，除了式(5.9)中的限制之外，理论上和经验上的证据都无助于搜寻成本的描述。

工资对搜寻强度的局部效应与均衡效应之间的重要区别在于，在前者中工资是固定的，而在后者中工资会随着平均搜寻强度而变化。岗位数量在局部效应中也是固定的，而在均衡效应中则可以变化，但是在这方面它的重要件不如工资。由式(5.29)可知，工资和岗位数量对于搜寻强度变化的反应在于，所有外生变量对搜寻强度的直接影响都消失了，除了影响边际搜寻成本、雇佣成本和工资谈判中的劳动者分享份额的那些变量之外。

广告招聘在均衡中的作用甚至更加有限；正如上面所看到的，最优广告的唯一决定性因素是成本函数的形状。在此，抵消均衡的局部效应的关键变量是岗位数量。企业利用岗位空置率来吸引工人，但却不会根据他们的雇佣需要而改变其对于每个空置岗位的广告力度。

搜寻成本函数 $\sigma(.)$ 和广告成本函数 $c(.)$ 的参数是空缺与失业之间的关系中的转移变量。然而，无论是在当前还是在整个经济周期中,它们都不太可能发生太大的变化,从而对于我们的目的而言它们都不是很有趣的参数。可能通过成本函数影响搜寻强度的唯一有趣的变量是失业收入和岗位生产率,它们可能会相应地影响搜寻的边际成本和雇佣成本。但是,生产率与雇佣成本成比例的假设消除了其对式(5.30)中的关键弹性式的所有影响。因此,现在就只剩下失业收入 z 对于边际搜寻成本的影响,下面我们将讨论这一点。

劳动者分摊份额 β 也是空缺与失业之间的关系中的一个转移变量。在第一章模型中,β 是常数,从而其外生变化很难解释。谈判势力的变化反映在工人和企业的初始点变化中,而不是反映在其从岗位匹配中所得到的剩余分享份额的变化中。在纳什谈判解中,β 一般等于 1/2。但是第九章中,我们将看到相对分享份额 $\beta/(1-\beta)$ 可能会受到政策参数的影响。若如此,那么 $\beta/(1-\beta)$ 作为空缺与失业之间的关系中的一个转移因素而出现,就会在此分析中引入政策参数作为新的转移变量。

实际或应计失业收入对均衡搜寻强度的影响的符号,与其通过劳动力一市场紧度而产生的任何影响无关。这个符号依赖于交叉一偏导数 $\sigma_{sz}(s, z)$ 的符号,也就是说,依赖于失业收入的变化如何影响边际搜寻成本。如果搜寻成本对于实际和应计失业收入都是可分的,那么后者就不是影响搜寻强度的唯一因素,因此 z 不是贝弗里奇曲线中的转移变量。在此情形下,只有在局部模型中 z 的上升才会使得贝弗里奇曲线向右移动,其中工资是固定的。但是,可分性也许不是一个好的假设,无论如何,边际搜寻成本的更为现实的假设应当意味着在平衡增长路径上 s 不会发生变化。为得到这一性质，现在我们考虑一种可信的描述搜寻成本的方式。

假设搜寻需要时间，并且为了产生 s 有效单位搜寻，一个工人需要投入 $h(s)$ 单位时间进行搜寻。如果工人会先搜寻那些更容易接近的雇主，那么就可以合理地假设 $h'(s)>0, h''(s)\geqslant 0$。工人的搜寻成本是花费了 $h(s)$ 单位时间。结果严重取决于我们如何假设工人的时间的应计价值，以及失业收入 z 到底代表着什么。

如果 z 完全代表闲暇的应计价值，那么失业的净收入 $z-\sigma(s, z)$ 就必须重新计算为应计的总时间数减去搜寻时间数 $h(s)$。如果单位时间内可利用的总时间数被标准化为 1，那么搜寻强度为 s 的失业工人的可利用闲暇时间即为 $1-h(s)$。于是，失业期间应计收入的一个合理描述是 $z[1-h(s)]$，这意味着搜寻成本为：

$$\sigma(s, z)=zh(s)。\tag{5.31}$$

一个更为一般的形式是将失业的应计收入作为总时间 $1-h(s)$ 的凹函数而不是线性函数，假设闲暇的边际效用递减。然而，这个推广在当前情形下没什么用处。

在式(5.31)的线性情形下，边际搜寻成本为 $\sigma_s(s, z)=zh'(s)$，关于均衡搜寻强度的条件(5.29)就变为：

$$zsh'(s)-\frac{\beta}{1-\beta}pc\theta。\tag{5.32}$$

通过微分可知，均衡搜寻强度对一般性生产率 p 和工资谈判中的劳动者分摊份额 β 是递增的，但是对于失业收入 z 则是递减的。

如果 z 包括某些实际失业收入，例如失业补偿，那么式(5.31)中的描述在风险中性假设下就很难解释。在这些条件下，实际失业收入不应当影响搜寻成本，因此均衡条件(5.32)应当与包含在

z 中的任何实际收入无关。实际收入不会通过搜寻的非激励效应来移动贝弗里奇曲线。

刚才所得到的结果是不太令人满意的，因为直觉和某些证据都认为，失业收入对于搜寻有非激励效应。下一章将说明，当存在随机岗位匹配时（这意味着在最优保留规则选择下某些岗位匹配会被拒绝），即使在风险中性假设下也可以得到此类效应。通过本章模型也可以得到此类效应，要么假设风险规避[从而使得式(5.31)中的成本函数对于实际收入是非线性的]，要么假设闲暇的应计价值依赖于工资率从而可间接地得到该结果。正如我们在第一章和第三章中所表明的那样，z 与工资或财富成比例的假设是很自然的，特别是在成长型经济中。在目前的情形下，这就可以保证，如果存在经济增长，那么最优的 s 是固定的，从而就可得到一条拥有固定失业的产出平衡增长路径。

为了说明实际失业收入在后一种情形下会影响搜寻强度，可以像第一章模型中那样假设 $z=\rho w$，但是现在还假设存在失业补偿 $b_0=bw$，其中 b 是政策参数。那么，边际搜寻成本为 $\rho w h'(s)$，并且由式(5.23)，可知工资给定为：

$$w=\frac{\beta(1+c\theta)}{1-(1-\beta)[b+\rho(1-h(s))]}p。\tag{5.33}$$

于是，搜寻强度的均衡条件变为：

$$\frac{\rho s(1+c\theta)h'(s)}{1-(1-\beta)[b+\rho(1-h(s))]}=\frac{c\theta}{1-\beta}。\tag{5.34}$$

这个版本的均衡非常具有一般性，足以保证两种类型的失业收入都成为转移变量。然而，若无函数形式的进一步限制，结果仍然是不明确的。一方面，更高的 s 意味着更高的边际时间成本 $h'(s)$，另一方面，更高的 s 则意味着更多搜寻时间，并且因此搜寻期间的应计收入下降，均衡工资也下降。工资率下降会减少时间的应计成本，这与提高 s 对时间的边际成本的直接影响形成冲突。在式(5.34)中，可以直接看到这个冲突，其中左边比率中的分子和分母对于 s 都是递增的。

我们不再研究式(5.33)和(5.34)中更为一般化的情形(存在或者不存在进一步限制)，而是回到式(5.31)中这个关于搜寻成本的更为简单的形式，并利用均衡条件(5.32)来研究提高 p/z 对于均衡的影响，也就是说，提高生产率或降低失业收入对于工资、失业和空缺的影响。为了与本书第Ⅰ部分中所讨论的类似情形进行更加明确的对比，在随后的讨论中我们仅考虑提高 p 所产生的影响。

由搜寻强度的均衡条件(5.32)，我们已经知道，在给定的 θ 下，更高的 p 意味着更高的 s。因此，在图 5.1 中，$s(\theta)$线向右移动。但是，由市场紧度条件(5.28)可知，在给定的 s 下，更高的 p 意味着更高的 θ。在图 5.1 中，$\theta(s)$线向上移动。这个移动由图 5.2 所示。均衡 s 和 θ 都上升了，并且由于搜寻强度和岗位创造之间的互补性，实际运行中会存在一个乘数效应：当生产率提高时，企业会开设更多的空置岗位，工人因此会提高其搜寻强度，进而企业又会因此而开设更多的空置岗位。

这些变化对于工资存在两个相互抵消的效应。更高的市场紧度会增加工资，但是更高的搜寻强度又会通过其对失业收入的负效应而减少工资。当然，生产率提高对于工资的直接效应是正的，并且其与正紧度效应一起会使得工资有一个更高的上升幅度。尽

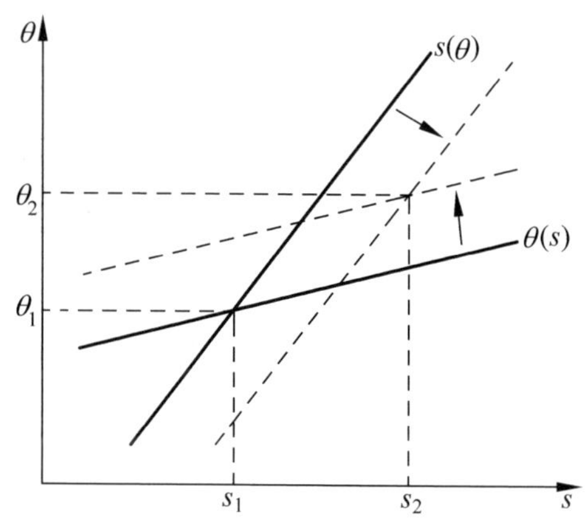

图 5.2　生产率提高对搜寻强度和市场紧度的影响

管总体效应的符号是不确定的，但它有可能是显著为正的。

更高的市场紧度或者更高的搜寻强度都会导致失业下降。我们可以在图 5.3 中的贝弗里奇图中表明这一点。由于 θ 的上升，岗位创造线逆时针转动。由于搜寻强度的提高增加了岗位匹配率，从而会导致贝弗里奇曲线向内移动。失业无疑会下降，但是其对于岗位空缺的影响一般来说是不明确的。在此图中，引入可变搜寻强度导致岗位创造线更多的转动，并使得贝弗里奇曲线向内移动。因此，当只有岗位创造线转动时(在第一章中讨论过的情形)，可变搜寻强度对于失业的影响与固定搜寻强度对于失业的影响方向相同。对于空缺的附加效应由一个正的部分和一个负的部分组成，其中正的部分源于 θ 的上升，而负的部分则源于贝弗里奇曲线的移动。哪一个部分更占优势取决于参数取值。

引入搜寻强度到底为第一章模型中的失业理论增添了什么？首先，一旦工资被内生化，那么在市场均衡的求解中，搜寻强度的

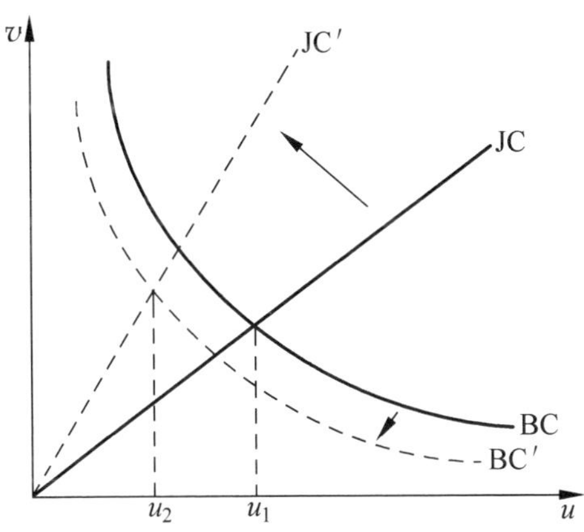

图 5.3　生产率提高对失业和空缺的影响

许多局部效应就会消失。但是其次,某些影响的确会更占优势一些,而这些影响将导致贝弗里奇曲线移动。这些影响中最著名的就是失业收入(或闲暇的主观价值)和工资谈判中的劳动者分享份额。经验上,贝弗里奇曲线的移动与第一章中的模型不一致(参见本节的文献评注)。可变搜寻强度或许可以提供一些这些移动背后的原因。最后,在可变搜寻强度下,生产率变化和闲暇估值对于失业的影响被提高了,对于岗位空缺的影响则减轻了。这也许是失业看起来总比空缺的变化更多一些的原因,至少在战后欧洲数据中就是如此。

5.6　文献评注

在早期研究搜寻的文献中,许多作者讨论了可变搜寻强度的影响,但是直到 20 世纪 80 年代早期,才出现可变搜寻强度的双边模型。最早讨论过效率问题的均衡模型是 Mortensen(1982a)和 Pissarides(1984b)。在第八章中,我们将在这些模型中讨论效率问题。遵循类似方法的另一种模型可参见 Howitt 和 McAfee (1987)。

将可变搜寻强度视为总量匹配函数中的扩展型技术进步,这种建模的思想是新的,尽管它与 Hosios(1990)中的一个想法比较接近,并且与 Mortensen(1982a)中思想也有点接近。

当市场双方的交易投入都可变时,均衡由两条具有相似斜率的曲线的交点决定,这个思想首先由 Diamond(1982a)进行了探讨。Diamond 认为多重交点的情形无法被排除,在之后的工作中(Diamond,1984a,b),他提出多重交点的一个必要条件是岗位匹配技术的规模报酬递增。在 Howitt 和 McAfee(1987)的文章中,报酬递增也存在多重均衡的可能性。

在关于英国贝弗里奇曲线的一些早期研究中——例如,Dow 和 Dicks-Mireaux(1958)、Lipsey(1960,1974)——假设了(未验证)在岗位匹配中什么是有效的报酬递增(尽管他们也假定了均衡的唯一性)。然而,更为新进的证据极大地支持了报酬不变假设(参见第一章结尾的文献评注)。

研究文献对于搜寻成本函数的形式还未给予太多关注,一般假设成本函数是外生的并且边际递增。搜寻时间在边际上应当递增的假设由 Seater(1979)所验证。

在英国关于失业的经验分析中,可变搜寻强度作为贝弗里奇曲线的一个转移变量的重要性由 Jackman、Layard 和 Pissarides (1989)进行了强调。始于对英国的观察,自 20 世纪 70 年代以来,岗位空缺已成为一个无趋势的周期性变量,而失业的趋势却是向上的,因此他们认为由于搜寻强度下降及其所导致的失业收入提高和可利用性增加,贝弗里奇曲线已向右移动了。

我们分析搜寻强度的方法并不是文献中所采用的唯一方法。Benhabib 和 Bull(1983)用不同的方法定义了搜寻强度,即在工人决定是否接受已知最好的工作之前,工人决定搜寻的企业总数量。然而,他们的方法与我们的方法之间的差异是表面上的,而不是实质性的,因为 Benhabib 和 Bull 所使用的术语"样本范围",在我们的术语中可以解释为在微小时间区间上的"有效单位搜寻"。

其他关于搜寻强度的以效用函数为基础的局部分析方法,例如 Siven(1974)、Seater(1977)和 Burdett(1979),潜在地可以用于推导均衡中主观搜寻成本的表达式,但是它们都还未广泛地被应用于此目的。这一类模型考察了工作和搜寻的一般性时间分配问题,但是还没有得到重要而有用的结论。

第六章　随机岗位匹配

本章所要阐述的思想是，岗位和工人具有许多不可观察的特征，而这些特征又能够影响岗位匹配的成功率。两个空置岗位对于一个工人来说，在他对提供岗位的企业进行搜寻之前，看起来也许都是一样的；同样，两个工人对于一个企业来说，在企业对这两个工人进行考察之前也可能都是一样的。但是，当企业和工人结合到一起时，一种配对就可能比另一种配对更有效率。

我们用来阐述这一思想的模型是前面几章中固定岗位破坏率模型的简单推广。搜寻中的企业和工人对于其他企业和工人来说是无法区分的，他们将由一个岗位匹配技术带到一起。但是，与第一章模型相比，岗位—工人匹配的生产率会随着一些匹配特设参数而变化。严格地说，岗位—工人匹配的生产率是从一个已知的概率分布中随机抽取的，其结果只有企业和工人相遇后才会知晓。

因此，前面章节模型中的两个重要特征被保留下来，即企业与工人的事前同质性以及所有不确定性的事后确定性。我们将模型的这个扩展称之为随机岗位匹配。

由于对未来更好岗位匹配的预期，生产率较低的岗位匹配结果可能会被拒绝。因此，本章中新的问题是，哪些岗位匹配会被接受，哪些会被拒绝。尽管这个问题与最初的岗位匹配模型中的问题极其相似，但是本模型的均衡性质在分析中引入了全新的维度。这个均衡分析与第二章模型中的岗位破坏分析有一些类似的特点。与第二章模型一样，根据本模型的均衡性质，在决定接受还是拒绝匹配时，企业和工人都将遵循同样的保留规则。在本章中，由于前一章中所给出的原因，我们将忽略掉岗位破坏决策。我们在此分析的决策边际主要是关于岗位接受的，因此它们主要是通过岗位创造对均衡结果产生影响。

我们也忽略掉在岗位寻职。在本章模型中，一个关键的必要条件是，失业的状态对于工人来说具有某种选择价值；否则，所有支付至少与失业收入一样多的工作岗位都将被接受。不存在在岗寻职的假设给失业赋予了一个选择价值——失业工人可以利用多个工作邀请，而在岗工人却不能。如果假设在岗寻职是可能的但是比失业寻职更为昂贵，也会意味着失业具有选择价值，不过这个假设的代价是大大增加了分析的复杂性。同样地，假设岗位变换是有成本的，那么即使寻职对于所有工人来说成本相同，也会意味着失业具有选择价值，因为高工资岗位被接受时就不必付出多个岗位变换的成本。岗位变换零成本和无在岗寻职的假设是最简单的假设，也是文献中最经常使用的假设。

6.1　岗位匹配

首先我们必须精确地定义什么是生产率差异。我们的定义是在具体岗位上劳动扩展型技术差异的自然推广。

假设每个岗位匹配 j 的产出可被写为 α_j 有效单位劳动的产

出。每个岗位—工人匹配都有其自身的参数 α，对于具体的岗位匹配而言，当企业与工人接触后该参数即被知晓。存在一个众所周知的生产率参数分布函数 $G(\alpha)$，参数的有限取值范围被标准化为 $0\leqslant\alpha\leqslant 1$。因此，在此模型中，我们对于生产率差异的假设与第二章模型中关于岗位破坏的分析类似[当然，尽管为了方便起见我们使用了同样的符号 $G(\alpha)$，这两种情形下的分布函数一般来说是不同的]。但是，在第二章模型中，企业和工人在最高生产率下达成雇佣关系，并且该关系会根据一个外生过程发生变化；而在本章模型中，企业和工人在某个随机抽取的生产力 α 下形成雇佣关系，并一直维持到岗位破坏。由于这个差异，在第二章模型中保留规则决定了在冲击之后岗位是否应当继续；而在本章模型中，保留规则在工人与企业会面后则决定了岗位是否应当开始。

在存在资本的更为一般的模型中，当企业和工人相遇并发现其匹配下的生产率为 α 时，企业将为每有效单位劳动雇佣 k 单位资本。如果存在一个完善的二手资本品市场，考虑投资决策将不会影响保留规则的选择，原因与第二章所解释的一样。因此，我们在本章中将忽略掉资本，集中于分析当企业与工人相遇并发现其匹配下的生产率为某个固定参数 α 时，企业和工人可以有哪些选择。

由于存在一个新岗位匹配的生产率分布，并非所有的岗位匹配都是可接受的。在均衡中，工资的纳什分摊规则意味着企业和工人在接受与拒绝岗位匹配的问题上总是能达成一致。存在某个共同的保留生产率 α_r，在这个生产率水平之下企业和工人都不愿意交易。尽管这个均衡保留规则的存在性直到本章后面才会说明，但我们的模型设定仍将以该存在性为基础。

设 u 为总失业率，v 为总空缺率。我们忽略掉搜寻强度和招聘广告，因为无论是分析岗位拒绝还是分析搜寻强度的选择，将它们一起考虑并不能带来什么新的东西。岗位接触率给定为：

$$m = m(u, v)。\tag{6.1}$$

式(6.1)很像前面章节中的匹配技术，并且满足同样的性质。现在的区别在于，并非所有的岗位接触都会导致岗位匹配，因为有些岗位匹配的生产率不够理想。由于所有企业和工人都是事前无差异的，保留生产率 α_r 对于所有的岗位—工人组合来说都是相同的。因此，如果所有 $\alpha \geqslant \alpha_r$ 的生产率都会被接受，那么可接受的岗位接触比例为：

$$\int_{\alpha_r}^{1} dG(\alpha) = 1 - G(\alpha_r), \tag{6.2}$$

现在，岗位匹配率为 $[1 - G(\alpha_r)]m$。将此式代入个体转移概率式中，那么一个工人到达一个岗位空缺的概率为：

$$q = [1 - G(\alpha_r)] \frac{m(u, v)}{v} = [1 - G(\alpha_r)] q(\theta), \tag{6.3}$$

工人从失业进入就业的比率为：

$$q^w = [1 - G(\alpha_r)] \frac{m(u, v)}{v} = [1 - G(\alpha_r)] \theta q(\theta)。\tag{6.4}$$

这些转移率既是市场平均比率(也就是说，代表性企业和代表性岗位的转移率)也是个体转移比率。因为生产率的概率密度与工人数量、岗位数量以及代表性主体所选择的保留生产率都无关，任何选择了保留生产率 α_r 的单个儿岗位—工人组合将拥有由式(6.3)和(6.4)所给定的个体转移概率。这与可变搜寻强度的情形形成对比，因为搜寻强度会影响企业和工人之间的接触率，但是对企业和工人相遇之后是否形成匹配则没有影响。在可变搜寻强度下，代表性主体的搜寻强度进入岗位匹配技术并且影响给定个体的转移概率。

与以前一样，企业和工人的转移概率满足简单的关系，即 $qw=\theta q$。现在，除了失业队伍的流出量依赖于保留生产率之外，失业的均衡条件与以前一样：

$$u=\frac{\lambda}{\lambda+\theta q(\theta)[1-G(\alpha_r)]}。\tag{6.5}$$

保留生产率的一个外生上升会导致拒绝率 $G(\alpha_r)$ 的增加，因此它会导致给定岗位空缺下失业水平的增加。从图形上来看，α_r 的外生上升会导致贝弗里奇曲线向外移动。

6.2　保留工资的选择

当一个失业工人与一个企业接触时，他将基于他所观察到的工资选择拒绝或接受工作。一般地，企业所提供的工资依赖于岗位匹配所带来的生产率水平，

$$w_j=w(\alpha_j)。\tag{6.6}$$

后面我们将表明 $w'(\alpha)\geqslant 0$。工人会选择一个保留工资 w_r 并愿意接受所有 $w\geqslant w_r$ 的工作。当工人发现第一份工资至少为 w_r 的工作时，即停止寻职。根据式(6.6)，

$$w_r=w(\alpha_r),\tag{6.7}$$

因此可将工人的保留工资用保留生产率重新表述出来。在本章后

面讨论均衡的时候我们将会这样做。此处，我们在一个局部模型中来推导最优保留工资。

假设企业不会拒绝那些愿意接受工作的工人，我们据此推导保留工资。这个假设在均衡中会被满足。如果工人 i 拥有保留工资 w_{ri}，那么他从失业进入就业的过程是一个泊松过程，其比率为：

$$q_i^w=\theta q(\theta)[1-G(\alpha_{ri})], \tag{6.8}$$

其中 a_{ri} 由式(6.7)中设 $w_r=w_{ri}$ 即可得到。

现在，设 U_i 为失业工人的搜寻回报，W_j 为工人在工资为 w_j 的岗位上工作所得到的折现价值。如果工人接受工资 w_j，他的净回报为 W_j；如果他拒绝接受并且最优地搜寻另一份工作，那么他的净回报为 U_i(在最优的 w_{ri} 上取值)。因此，他将接受 w_j 当(且仅当)：

$$W_j\geqslant U_i。 \tag{6.9}$$

正如我们下面将要表明的那样，因为$\partial W_i/\partial w_j\geqslant 0$ 并且$\partial U_i/\partial w_j\geqslant 0$，存在一个保留工资 w_{ri} 满足：

$$W_{ri}=U_i, \tag{6.10}$$

从而使得所有支付工资 $w_j\geqslant w_{ri}$ 的岗位都会被接受。

如果一个工人在寻职时找到了一份工作，他将得到一份工资，而这份工资他现在还不知道是多少。但是，他知道这份工资会至少与 w_{ri} 一样高，而这份工作的净价值至少会与 W_{ri} 一样多。我们将该工资的条件期望表示为：

$$W_i^e=E(W_j\mid W_j\geqslant W_{ri})。 \tag{6.11}$$

$E(.)$表示期望算子，上标 e 在整章中将表示同样的含义：它表示一个变量的条件期望，相当于一个独立观察者在市场上所观察到的一个变量的平均值。W_i^e 用下标 i 表示是为了强调其依赖于工人 i 的保留工资。在均衡中，所有工人事前都具有同样的生产能力，故 W_i^e 和 U_i 对于所有工人都是相同的。

设 z 表示失业收入，λ 表示负生产率冲击到达从而岗位被破坏的比率。失业工人 i 的净价值满足：

$$rU_i = z + q_i^w(W_i^e - U_i), \tag{6.12}$$

其中 q_i^w 由式(6.8)给定。不难发现，U_i 与任何特殊的工资 w_j 无关。接受一份工资 w_j 所带来的净价值满足：

$$rW_j = w_j + \lambda(U_i - W_j), \tag{6.13}$$

很明显，其中$\partial W_j/\partial w_j > 0$。因此，式(6.10)中的保留工资规则是存在的，并给出唯一的一个保留工资水平。为了找到这个保留工资水平，我们将式(6.13)中的 w_j 用 w_{ri} 代替，并利用条件(6.10)消去 W_{ri}，于是可以得到：

$$w_{ri} = rU_i。 \tag{6.14}$$

式(6.14)很符合直觉。rU_i 是失业工人 i 的持久性收入。该工人愿意接受能够补偿其持久性收入的损失的所有工作。他所赚取的任何超过其保留工资的那部分收益都是纯粹的经济租。

为了将式(6.14)用工资和其他变量来表示，我们取式(6.13)的条件期望值，并将式(6.12)中的 W_i^e 替换掉。于是，保留工资就变为：

$$w_{ri} = \frac{(r+\lambda)z + q_i^w w_i^e}{r + \lambda + q_i^w}。 \tag{6.15}$$

因为所有寻职中的工人都是一样的，故他们都将选择同样的保留工资。这个相同的保留工资满足：

$$w_r = \frac{(r+\lambda)z + q^w w^e}{r+\lambda+q^w}, \tag{6.16}$$

其中 q^w 由式(6.4)给定，w^e 则为工资率的条件均值 $E(w|w \geqslant w_r)$。

保留工资的局部比静态容易推导。平均生产率提高会增加保留工资，因为它会增加期望工资 w^e。如果生产率分布更为发散，正如在第二章的分析中那样，由一个均值不变的倍乘放大参数来表示，也将会增加保留工资。原因在于，随着分布的发散，在最高保留工资水平上找到一份工作的成功机会现在更值得了，因为这些岗位将支付更高的工资。而在更低的保留工资水平上找到一份工作的机会却也不会更差，因为工人将打算在任何情形下都会拒绝这种工作。因此，平均来说，生产率分布越发散，工人的处境越好，并且工人将要求更高的补偿才会放弃寻职。

失业收入提高将会减少工人坚持追求更高工资的成本，因此保留工资又会上升。利率上升或岗位分离率上升会减少一份工作的折现价值，前者是因为未来工资折现得更为严重了，后者则是因为平均来说工作岗位的持续时间变短了。寻职者的处境变差了，因此他们的保留工资会下降。最后，空缺与失业之比(劳动力—市场紧度)的提高将会增加工人与岗位接触的机会，从而导致保留工资的增加。

劳动力—市场紧度对保留工资的影响是我们前面所讨论的交易外部性的另一个例子。当工人锁定一份工作时，工人是否接受该工作取决于有多少其他工人和岗位正处于搜寻之中。与以前一样，这种外部性对于均衡的效率会有一些影响，我们将在第八章讨论这一点。但是，这种外部性对于均衡也有一些我们前面没有讨论过的影响。例如,如果岗位数量增加了,工人会提高他们的保留工资:前者通过增加岗位接触数量而减少了失业,后者通过减少岗位接触中接受工作的比例从而增加了失业。这与搜寻强度可变时交易外部性的影响形成对比:无论是岗位数量增加还是搜寻强度增加都会减少失业。此外,在随机岗位匹配下,岗位接受决策会造成搜寻中的工人和岗位数量的变化。这成了外部性的另一个源头。在本章后面讨论均衡时,我们将再次回到这一点。

6.3　雇佣标准的选择

与工人不愿接受所有工作一样,企业也不会愿意接受所有应聘者。在发布招聘广告后,岗位数量是固定还是允许最优地变动,将对企业接受策略的推导产生重要影响。若岗位数量是固定的,企业保留生产率的选择将具有可预测性,这与工人保留工资的选择类似。为避免重复,我们不再推导保留性雇佣标准的性质。生产率分布的均值或者发散程度提高将会增加企业的保留雇佣标准。很明显,利率、岗位破坏率和空置岗位的广告成本的提高,都会降低企业的雇佣标准。最后,外部性现在也是负的,因为劳动力市场紧度提高意味着企业会发现招聘更加困难,从而在雇佣过程中就显得不那么挑剔了。

如果在企业考虑是接受还是拒绝一个工人时允许岗位数量最优地变动,问题就不同了。如果对岗位数量没有限制,被招聘到一个特定岗位上的工人不会剥夺企业为其后另一个工人提供工作的机会。因此,招聘的唯一要求就是工人应当能够弥补生产的(可变)成本:边际产出至少与其工资率一样高的工人都会被雇佣。如果岗位数量是固定的,那么企业的雇佣标准会提高,因为被选择的工人将会补偿稀缺性空置岗位的损失。现在,我们考虑当岗位数量可变并且被企业最优地设置的情形。

企业雇佣工人时其生产率水平根据 $G(\alpha)$ 随机分布,其中 α 与以前一样表示每个岗位匹配的有效单位数量。如果雇佣标准为 α_f,那么一个新岗位匹配的期望生产率为 α_f^e,其中:

$$\alpha_f^e = E(\alpha \mid \alpha \geqslant \alpha_f)。\tag{6.17}$$

因此,产出的期望价值为 $p\alpha_f^e$,与以前一样,其中 p 是一般性生产率参数。一个新岗位匹配的期望利润因此满足:

$$rJ_f^e = p\alpha_f^e - W_f^e - \lambda J_f^e,\tag{6.18}$$

其中 J_f^e 是岗位净价值的条件期望,W_f^e 是可接受岗位的期望工资,λ 是导致岗位关闭的岗位破坏率。

当企业和工人相遇时,岗位生产率的不确定性就被解决了。对于任意岗位针对型参数 α_j,岗位的净价值满足:

$$rJ_j = p\alpha_j - w(\alpha_j) - \lambda J_j。\tag{6.19}$$

一个岗位空缺的净价值与以前一样表示为 V,并且满足:

$$rV = -pc + q_f(J_f^e - V)。\tag{6.20}$$

q_f 是空置岗位变为满置岗位的概率,由下式给定:

$$q_f = q(\theta)[1 - G(\alpha_f)]。\tag{6.21}$$

在利润最大化均衡中 $V=0$,故:

$$J_f^e = \frac{pc}{q_f}。\tag{6.22}$$

现在,考虑一个拥有一个空置岗位的企业,正与一个拥有生产率为

α_j 的工人接触。如果这个企业接受了这个工人，其回报将由式(6.19)给定，即为 $J_j = J(\alpha_j)$。如果企业拒绝了他，其回报将为 V，在均衡中即为 0。因此，如果岗位数量处于均衡状态，所有产生非负利润的工人都会被接受。如果 $J(\alpha)$ 是关于 α 的单调递增函数，正如我们下面所表明的那样，那么将存在一个保留生产率 α_f 使得所有生产率 $\alpha_j \geqslant \alpha_f$ 的工人都会被接受。α_f 由如下条件所定义：

$$J(\alpha_f) = 0, \tag{6.23}$$

从而由式(6.19)可知其满足：

$$p\alpha_f - w(\alpha_f) = 0。 \tag{6.24}$$

很明显，条件(6.23)与第二章的岗位破坏模型中的最优保留生产率条件之间具有相似性。一旦企业与工人之间建立了接触，边际工人刚好弥补其就业成本。其雇佣成本是“沉没”的，在均衡中将由边际内工人来弥补，从而对企业产生了经济租。条件(6.24)使得边际产出等于工资率。

在给定工资下，岗位创造条件为(6.22)。由条件(6.18)得到岗位的条件期望值之后，这个条件就变成：

$$p\alpha_f^e - w_f^e - (r+\lambda)\frac{pc}{qf} = 0。 \tag{6.25}$$

岗位创造条件(6.25)依赖于企业雇佣标准 α_f 的选择。但是，因为在均衡中所有企业都选择相同的雇佣标准，故式(6.25)也是岗位创造的一个市场条件。这将我们以前推导的条件，例如式(1.22)，自然地推广到了随机岗位匹配的情形。岗位数量会使得企业希望劳动力的平均边际产出能够补偿工资和平均的岗位雇佣成本。

6.4　工资决定

如前所述,工资由企业与工人之间的会谈决定。假设一个企业和一个工人相遇并发现其生产率为 α_j。如果他们形成匹配,由式(6.13)和(6.19),工人将得到净价值 W_j,而企业将得到净价值 J_j。如果他们不形成匹配,工人将得到净价值 U,而企业则得到净价值 V。工资 w_j 的选择将使得如下乘积最大化:

$$(W_j - U)^{\beta}(J_j - V)^{1-\beta}。\tag{6.26}$$

求解可得到:

$$W_j - U = \frac{\beta}{1-\beta}(J_j - V),\tag{6.27}$$

条件(6.27)意味着企业和工人在形成匹配或拒绝匹配上将达成一致。工人愿意接受所有满足 $W_j \geqslant U$ 的岗位,企业将接受所有满足 $J_j \geqslant V$ 的匹配。因此,存在一个共同的保留生产率,使得双方都同意拒绝所有生产率 $\alpha_j < \alpha_r$ 的岗位匹配。这个共同的 α_r 既满足保留工资公式(6.16)——给定工资函数(6.7)——也满足雇佣标准公式(6.24)。

为了推导工资方程,我们沿用第一章中的方法,注意到在均衡中 $V=0$,将由式(6.12)、(6.13)和(6.19)得到的净价值代入式(6.27)。这个结果可能出人意料:

$$w_j = (1-\beta)z + \beta p(\alpha_j + c\theta)。\tag{6.28}$$

在式(6.28)中,出人意料的是,尽管岗位是随机匹配的,并且寻职工人面临一个工资分布,工资方程却仍然与以前一样。工资是失业收入、生产率和劳动力—市场紧度的线性函数。当存在随机岗位匹配时，如果市场条件不同，那么只有在劳动力—市场紧度受到影响时，工资才会受到影响。

因为 $\beta<1$，由式(6.19)和(6.28)，我们发现 $\partial J_j/\partial\alpha_j>0$，从而证实了企业保留生产率的存在性。生产率差异是岗位针对型的，从而岗位生产率提高的好处将由企业和工人分摊。为了推导保留生产率的均衡方程(该方程也满足保留工资公式(6.16))，我们将式(6.28)中的工资率代入式(6.24)。我们用 α_r 代替 α_f 来表示保留生产率以强调方程的均衡性质：

$$\alpha_r=\frac{z}{p}+\frac{\beta}{1-\beta}c\theta。\tag{6.29}$$

在讨论该方程的某些性质之前，我们注意到，这个方程之所以在经济上是很有趣的，主要是因为失业对于工人来说有了一个选择价值。由式(6.24)和(6.14)我们可推导出：

$$rU=p\alpha_r=z+\frac{\beta}{1-\beta}pc\theta,\tag{6.30}$$

这验证了前面章节中关于失业均衡价值的一个类似表达式。如果失业没有任何选择价值，那么失业工人的净价值为 z/r，即收入的折现值。由于失业的选择价值，在均衡中即给定为 $\beta pc\theta/(1-\beta)$，从而在讨论工作接受时就产生了有趣的问题。

选择性价值是由就业者不能在岗寻职的假设所推导出来的，这意味着与搜寻强度的情形类似，在均衡中保留生产率是劳动力—市场紧度的线性函数。比较式(5.29)和(6.29)，可知这两个方程中都有一个关于 θ 的相同的函数。这两个方程最主要的区别在于，寻职时的净失业收入 z 直接进入了保留生产率的表达式。

这是因为，与搜寻强度不一样，在工人接受一份工作时其保留生产率必须弥补工人的收入损失。如果企业和工人从一个岗位中分摊的剩余相等($\beta=1/2$)，那么保留生产率刚好弥补工人的收入损失和企业的对每个失业工人的平均雇佣成本。给定市场紧度，共同保留生产率对于失业收入、企业的招聘成本、工资谈判中的劳动者分摊份额以及市场紧度都是递增的。共同保留生产率对于平均生产率 p 则是递减的。但是在均衡中，θ 也会受到这些参数的影响，因此这些参数对工作接受的均衡效应不同于其对保留生产率的局部效应。

6.5　均衡

现在，除了平均工资方程外，我们已经有了随机岗位匹配模型的所有均衡方程。取式(6.28)的条件均值容易得到平均工资方程：

$$w^e=(1-\beta)z+\beta p(\alpha^e+c\theta)。\tag{6.31}$$

将工资从式(6.31)代入岗位创造条件(6.25)之后，我们在此给出所有的均衡条件：

$$u=\frac{\lambda}{\lambda+\theta q(\theta)[1-G(\alpha_r)]},\tag{6.32}$$

$$\alpha_r=\frac{z}{p}+\frac{\beta}{1-\beta}c\theta,\tag{6.33}$$

$$(1-\beta)\left(\alpha^e-\frac{z}{p}\right)-\beta c\theta-\frac{(r+\lambda)c}{q(\theta)[1-G(\alpha_r)]}=0。\tag{6.34}$$

与以前一样，这个系统是递归的。将式(6.34)对保留生产率进行微分，我们发现 α_r 通过 α^e 和 $G(\alpha_r)$ 所产生的两个效应相互抵消了，故式(6.34)与 α_r 无关(这是由最优 α_r 所得到的包络性质)。因此，正如第一章中那样，一旦知道 r 后就可由式(6.34)得到 θ 的唯一解。然后，根据 θ 的值，由式(6.33)又给出了保留生产率，而一旦知道 θ 和 α_r 的值之后，式(6.32)又给出了均衡失业率。每份工作的工资率由 θ 和式(6.28)决定，平均工资率则由 θ、α_r 和式(6.31)决定。

在本节剩余部分，我们将研究双方程系统(6.33)和(6.34)的性质，这唯一地决定了保留生产率和市场紧度。在下一节中，我们将利用这些结论来研究失业、空缺和工资。

这个双方程系统可由图 6.1 表示。保留生产率方程(6.33)对于截距 z/p 是线性的，将其表示为 RP。市场紧度的方程(6.34)由其包络性质可知其是一条垂线。均衡即给定为这两条线的交点，该交点是唯一的(与可变搜寻强度下的等价图形即图 5.1 进行对比；这里的差别源于如下事实：保留工资的选择将企业和工人的支付一起最大化了，而搜寻强度的选择则在工人与企业接触之前就最大化了工人的支付)。

如前所述，有趣的参数是失业收入 z、一般性生产率 p(以比率形式进入并且有着类似但符号相反的影响)以及工资中的劳动者分摊份额。但是现在，生产率分布 $G(\alpha)$ 的变动也能影响均衡。出于完整性的考虑，我们也将简要地考虑模型中其他参数的影响。

提高失业收入与生产率之比 z/p 会导致图 6.1 中的 RP 线向上移动，θ 线向左移动(图 6.2)。尽管市场紧度下降了，其对于保留生产率的影响从该图单独来看是不明确的。然而，将式(6.33)

和(6.34)进行微分便容易看到：

$$\frac{\partial \alpha_r}{\partial z/p}=\frac{(r+\lambda)\eta(\theta)}{(r+\lambda)\eta(\theta)+\beta\theta q(\theta)[1-G(\alpha_r)]}, \qquad (6.35)$$

其中 $\eta(\theta)$是 $q(\theta)$的(负)弹性，在 0 到 1 之间取值。因此，保留生产率会增加。当然，如果失业收入与平均生产率成比例，由于其与工资成比例关系，因此这些效应都将消失。

这些结论背后的直觉是很直接的。若失业收入相对于生产率而提高了，这就意味着保留工资增加以及实际工资增加。后者减少了岗位创造，从而解释了市场紧度的下降。尽管市场紧度下降对其有负面影响，前者会增加保留生产率，从而减少工作接受。

生产率分布 $G(\alpha)$的加式变动会增加式(6.34)中的期望生产率 α^e，从而使图 6.2 中的 θ 线向右移动。这既增加了市场紧度，也因而增加了保留生产率。然而，更有趣的是生产率分布 $G(\alpha)$的均值不变性扩展。$G(\alpha)$的一次均值不变性扩散意味着岗位针对型的异质性的增加。由于式(6.34)与 α_r 无关，$G(\alpha)$的均值不变性扩展仅仅通过(条件)生产率 α^e 来影响均衡。在计算 α^e 时，生产率分布被向左截断，故均值不变性扩展将使其增加：在计算 α^e 时不会考虑较小的 α 的影响(会抵消较大的 α 对分布均值的影响)。因此，均值不变性扩展对 θ 的影响与 α^e 的外生增加的影响是相同的。图 6.1 中的 θ 线向右移动，既增加了劳动力—市场紧度，也增加了保留生产率。

工资谈判中的劳动者分摊份额 β 提高的影响更为复杂，但是与我们在内生岗位创造模型中(第二章)推导劳动者分摊份额时的情形类似。提高 β 将使得图 6.1 中的 θ 线向左移动，这无疑会减

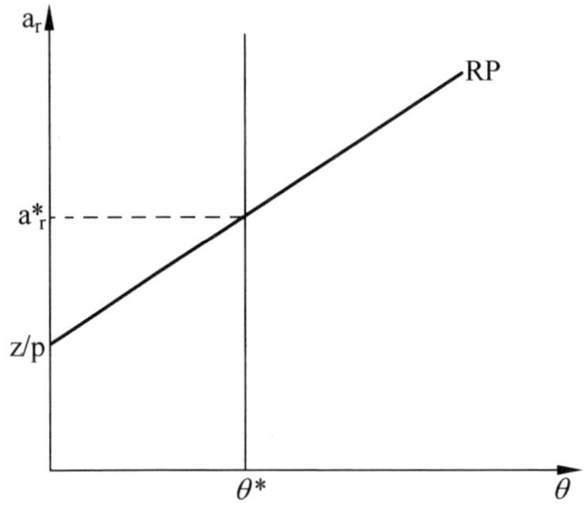

图 6.1　均衡保留生产率与市场紧度

少市场紧度。但是,它也使得 RP 线向上移动,从而导致其对保留生产率的影响变得不明确了。

直觉上,提高劳动者分摊份额意味着在任意生产率水平下工资会增加,故岗位创造会下降,从而验证了市场紧度的下降。市场紧度下降意味着保留生产率下降,但与此相反的是,其他地方的工资增加将使得工人在接触企业时对企业提供的岗位更加挑剔。为了找出这个净效应,我们将式(6.33)和(6.34)对 β 进行微分可得:

$$\frac{\partial \alpha_r}{\partial \beta}=\frac{(r+\lambda)c\theta}{(1-\beta)^2}\,\frac{\eta(\theta)-\beta}{\beta\theta q(\theta)[1-G(\alpha_r)]+(r+\lambda)\eta(\theta)}。\tag{6.36}$$

因此,与岗位破坏模型中的保留生产率一样,随机岗位匹配模型中的保留生产率在点 $\beta=\eta(\theta)$ 上取得最大值。正如我们在第二章指出的那样,没有理由期望工资谈判中的劳动者分摊份额会等于匹配函数对失业的弹性,尽管 η 为常数并且 $\beta=\eta$ 的假设在许多内生保留规则的情形下是一个很有用的基准(可参见第八章)。

企业招聘成本提高会导致 θ 线向左移动,RP 线向上移动,但对保留生产率的影响则是模糊的。利率或岗位破坏率的提高仅仅导致 θ 线向左移动，从而导致 θ 和保留生产率下降。在更高的 r 或 λ 下，工作岗位的利润折现值下降了，从而解释了 θ 的下降。保留生产率的下降源于由 θ 下降所造成的可利用岗位数量的下降。

6.6　随机岗位匹配下的失业与空缺

失业与空缺之间的关系(贝弗里奇曲线)由式(6.32)给定。将该曲线与第一章中更为简单的情形进行比较，我们发现其差别仅仅在于现在摆脱失业的概率被乘上了 $1-G(\alpha_r)$。贝弗里奇曲线上任意一点的斜率都与摆脱失业的概率关于 θ 的斜率单调相关。将式(6.33)中 α_r 代入 $G(\alpha_r)$ 并对 θ 进行微分，我们发现摆脱失业的概率的斜率为：

$$\frac{\partial q^w}{\partial \theta} = q(\theta)(1-\eta)[1-G(\alpha_r)] - \theta q(\theta) g(\alpha_r) \frac{\beta c}{1-\beta}, \quad (6.37)$$

其中 η 与以前一样即为 $q(\theta)$ 的负弹性，并且 $g(\alpha_r) = G'(\alpha_r)$。

由(6.37)易知，贝弗里奇曲线的符号是模糊的。在搜寻模型中，摆脱失业的概率是接触失业的概率与找到可接受工作的概率之积。当我们在推导最优保留工资时，已经简要地讨论了这种模糊性。尽管我们的模型是一个市场均衡模型，而保留工资的局部分析结果并不总是能够被保留下来，要说明这种模糊性的一个简单直观的方法却仍然是利用一个局部模型来进行思考，从而将一个参数对失业的影响分解为岗位—提供效应和保留工资效应。岗位—提供效应通过接触概率产生作用：如果在给定失业下空缺增加了，那么失业工人与企业接触的数量和拥有空置岗位的企业数量都会增加。但是，如果一个工人期望提高其接触工作的概率，他就会增加他的保留工资：保留工资效应会导致更多的岗位拒绝。参数变化之后，可接受的岗位在总的岗位接触中所占的比例下降，因此摆脱失业的净效应是模糊的。

式(6.37)中的模糊性的解决是经验性的，因为没有什么理论上的限制可以使得生产率分布(工资提供)与接触概率的弹性之间进行有意义的比较。在文献中，通常假设岗位—供给效应(在可变搜寻强度下被强化)超过保留工资效应，并且贝弗里奇曲线向下倾斜。尽管考察该问题所使用的模型是局部均衡模型，该假设却是可信的，有经验证据强烈支持这一假设(参见本章结尾的文献评注)。

因此，随机岗位匹配对于失业理论到底有何用处？其影响是双重的。首先，失业收入和一些其他外生变量在失业与空缺的关系中变为转移变量。这对于失业的经验分析是重要的，特别是当我们在第九章中考虑政策效应，以及我们在下面利用贝弗里奇图对其进行考察的时候。其次，每一种其他外生变化对于失业的影响减弱了，因为保留工资效应通过岗位提供抵消了一些需求方面的影响。

然而，随机岗位匹配对于我们理解劳动力市场还存在另一个也许更为重要的作用。这牵涉到工人是否能够有效地被分配到岗位上的问题。在前面几章的分析中，这个问题无法讨论，因为所有的岗位都是一样的。仅仅可以讨论的是总就业量的决定。现在，有趣的问题是，保留生产率 α_r 是否达成了一个有效的工人—岗位配置。在第八章中,当我们考虑所研究过的每一个模型的均衡效率时,我们将会继续讨论这一问题。

现在,最优保留生产率条件(6.33)意味着在空缺与失业之间的关系中存在着一些新的转移变量:劳动生产率、失业收入、工资谈判中的劳动者分摊份额以及雇佣成本。利用前一节的结果,容易推出这些参数变化对于空缺和失业的影响。

在我们简要讨论这些最重要的参数的作用之前,我们注意到,引入随机岗位匹配对于贝弗里奇图没有根本上的改变。(在假设下)贝弗里奇曲线仍然是向下倾斜的,尽管其比不存在随机岗位匹配时要更加陡峭了。均衡岗位创造仍然由一条通过原点的直线来表示,即位于图 6.2 中所得到的均衡水平 θ 上。现在,我们考虑某些参数变化。

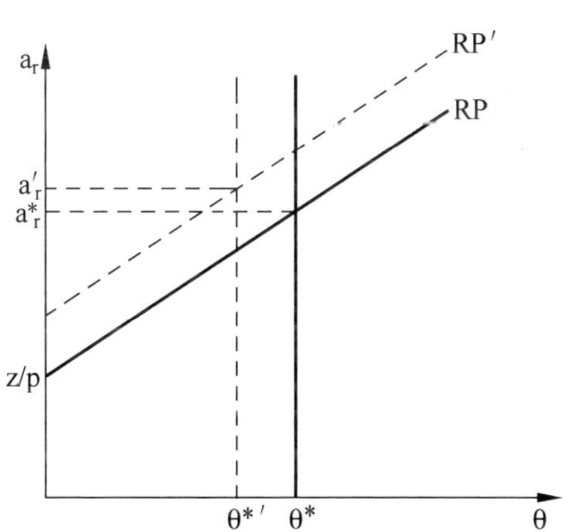

图 6.2 失业收入提高或生产率下降对均衡的影响

如前所述,提高失业收入 z 导致岗位创造线顺时针转动(参见图 6.3)。但是现在,由于其对保留生产率的影响,它也导致了贝弗里奇曲线向外移动(参见图6.2)。失业明显上升了，但是对于空缺的影响一般来说是不明确的。其对于工资的影响也是不明确的，这是由三个相反的影响造成的：z 的直接影响为正，市场紧度的间接影响为负，以及对于平均工资而言保留工资上升会导致一些低工资岗位丧失，从而产生了另外一个正的影响。然而，工资谈判的直接影响可能占据优势，因为当 z 提高时工人的外部机会改善了，从而导致市场紧度下降。

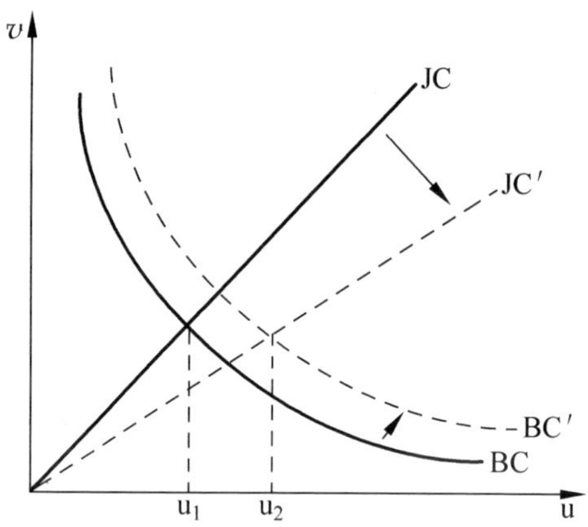

图6.3　提高失业收入对失业和空缺的影响

提高一般性生产率 p 对于空缺和失业有着相反的影响。它使得岗位创造线逆时针转动，使得贝弗里奇曲线向原点移动，从而减少了失业。随着失业收入的变化，其对于空缺的影响是不明确的。工资现在无疑是提高了，因为 p 的直接影响和市场紧度的间接影响都为正。

提高工资谈判中的劳动者分摊份额对于岗位创造的影响与提高失业收入类似。岗位创造线顺时针转动。由式(6.36)，对于给

定的 θ，保留生产率也许上升也许下降，从而贝弗里奇曲线的移动方向是不明确的。然而，将均衡关系进行微分可知，在更高的劳动者分摊份额下失业总是更高。对此，回顾一下，β 对于失业的影响与 β 对于摆脱失业的概率的影响有着相反的符号。后者由式(6.4)给定。将式(6.33)中的 α_r 代入式(6.4)并对 β 进行微分可得：

$$\frac{\partial q^w}{\partial \beta}=\frac{\partial q^w}{\partial \theta}\frac{\partial \theta}{\partial \beta}-\theta q(\theta)g(\alpha_r)\frac{c\theta}{(1-\beta)^2}。\tag{6.38}$$

现在，为了得到贝弗里奇曲线的负斜率，在式(6.37)中对于 θ 的偏导数已被假设为正。β 对于 θ 的影响总是为负，故式(6.38)右边的第一项为负。第二项也为负，这意味着在给定的劳动者分摊份额下摆脱失业的概率下降了。因此，失业总是会上升。

本节中的讨论表明，随机岗位匹配和拒绝提供低生产率岗位从两个方面丰富了对失业的分析：与前面几章中的模型相比，它能解释更多的贝弗里奇曲线在完全稳态均衡中的移动，并且它在简化形式的失业方程中引入了更为丰富的参数。由于在经验中贝弗里奇曲线总是频繁地移动，故随机岗位匹配和岗位拒绝在模型的经验应用中显得十分重要。

6.7　文献评注

随机岗位匹配首先由 Jovanovic(1979)在一个劳动力流动的局部均衡模型中予以分析。早期的搜寻模型也是局部均衡分析，并且大部分模型拥有保留工资规则，这些保留规则与本章推导出的局部性保留工资规则并没有太大的差别。例如，可参见 McCall

(1970)、Holt(1970)以及 Gronau(1971)。跟随 Rothschild(1973)的批评,几个作者试图在同质性劳动者假设下推导出工资供给的分布;例如 Stiglitz(1985)和 Salop(1973)。这些模型应用起来一般来说都不简单,而且它们也没有得到什么新的结论。由于随机岗位匹配产生了一个均衡工资分布,从而在很大程度上取代了它们。

然而,在更新近的文献中,关于是否存在使得拥有相似技能的工人拥有不同工资的工作岗位,几个作者已在均衡分析框架下对此重新进行了考察。研究结果放弃了工资由谈判博弈决定的假设,而是假设工资由企业设定,从而推导出均衡工资分布。如果存在一个正的概率使得工人可以同时在两个或多个工资提供之间进行选择时,工资分布会上升。一个早期的尝试可参见 Albrecht 和 Axell(1984)。当他们锁定一个工资提供时,他们可以在该工资与他们已发现的其他工资之间进行选择。因此,在企业设定工资以使其利润最大化的假设下,一个稳健的工资分布产生了。参见 Mortensen(1990)对于该研究思路所进行的讨论。

Pissarides(1976b)在一个局部分析框架下对雇佣标准和保留工资进行了详细的分析。

当工作接触和保留工资可变时,关于失业的模糊性在所有的模型中都存在。例如,可参见 Barron(1975)和 Feinberg(1977)。Burdett(1981)注意到一个影响胜过另一个影响所需要的条件,从而推导出工作接触效应占据优势的一个充分条件。但是他的条件并非对于所有"合理"的统计分布都是必需的。然而,经验证据却极大地支持了工作接触效应。参见 Barron(1975)和 Pissarides

(1986)。在后者中,劳动力一市场紧度(比率 v/u)对于摆脱失业的概率的影响显著为正。因此,那些通过增加比率 v/u 来增加保留工资的所有外生变量也会提高摆脱失业的概率,故贝弗里奇曲线向下倾斜。如果保留工资效应占据优势,贝弗里奇曲线将向上倾斜。在第一章中的文献评注中,没有哪一项新近研究发现贝弗里奇曲线存在正斜率,从而间接地验证了这个假设。

在第一章文献评注中所列举的一些经验文献表明,在几个国家中贝弗里奇曲线最近已经发生了移动。Jackman 等人(1989)表明,失业收入的上升会提高失业,但对于岗位空缺却有着模棱两可的影响,正如本章最后一节中所表明的那样。Gujarati(1972)给出了更早的其他证据,许多作者对其进行了讨论。

在失业收入和其他参数对保留工资与摆脱失业概率的影响方面的相关经验问题的研究比该领域内任何其他问题的研究都更加具有吸引力。一些早期的工作可参见例如 Nickell(1979)和 Lancaster(1979)对于简化形式模型的研究,Keifer 和 Neuman(1979)、Yoon(1981)、Lancaster 和 Chesher(1983)、Narendranathan 和 Nickell (1985)、Flinn 和 Heckman(1982),以及 Heckman 和 Singer(1984)对于结构性模型的研究。Devine 和 Kiefer(1991)对经验文献进行了综述。也可参见 Atkinson 和 Micklewright(1991)以及第九章结尾的文献评注中关于失业补偿方面文献的讨论。

第七章　劳动力参与与工作时间

在本章中，我们考察劳动力供给理论中两项更为传统的内容，即劳动力参与与工作时间。在匹配技术与生产技术的规模报酬不变假设下，劳动力参与度的变化对于稳态中的失业而言是不重要的。但是，搜寻外部性对参与度的有效性有一些很重要的影响，我们将利用本章模型在第八章中对此进行讨论。由于本模型的均衡性质，我们对两个传统的局部效应进行了均衡分析，即补增—工人效应和挫伤—工人效应。

在关于工作时间的讨论中，我们将使用一个不存在跨期替代效应的简单模型。在稳态中，这个限制不算严重。搜寻外部性对于工作时间的选择没有任何影响，但是正交易成本的存在却会影响工作时间的选择。我们认为，当存在正交易成本时，工人将总是选择工作更少的时间。当企业与工人在决定工资的纳什谈判中一起决定工作时间时，这种无效性就被修正。

7.1　劳动力参与

假设不存在随机岗位匹配并且搜寻强度是固定的，我们分析内生化劳动力参与。与前面两章一样，岗位破坏也是外生的。这些限制不会对我们所推导的结论产生任何实质性的影响。但是，我们引入一个的新的假设：当工人退出劳动力队伍时，他们享受闲暇的真实价值为 l_0，而当他们进入劳动力市场时将会失去这个价值。由于偏好的差异，l_0 也因人而异。l_0 在闲暇价值内生化的模型中，将取决于效用函数的参数假设，并且由于闲暇是一种正常物品，它将是个人财富的增函数。在本章后面，我们将再次讨论这个主题。

有两个原因使得不参与劳动者的闲暇要严格大于其搜寻期间的闲暇。首先，也许存在各种不同的直接搜寻成本，即使在搜寻强度不变的情形下也是如此。其次，更为重要的是，闲暇时间的使用也许存在不可分性：各种非市场活动，例如抚养孩子、家居以及旅游等，需要很长一段时间才能完成。那些决定不参与劳动者可以参与这些活动并且得到全部的回报。而那些决定进入劳动力市场并寻找工作的人则不能充分利用这些活动，因为他们知道他们的自由支配时间可能很短并且期限也不确定。实质上，他们相当于是在排队等电话，从而不可能从事于长时间的非市场活动。

处于工作年龄阶段的个体可以选择不参与劳动并享受一个真实的回报 l_0，或者也可进入劳动力市场寻找工作，并得到一个真实折现回报 U。我们在此做出一个非实质性的假设，即假设 U 对于所有个体都是一样的。我们也假设搜寻的净回报为零，即 $z=0$。(对于这一假设的放松是很直接的，并且会产生可预料的结果。)在本节中，重要的新假设是退出劳动力市场的回报 l_0 因人而异。严格地说，我们假设这个回报是从一个累积密度为 $H(l_0)$ 的分布中随机抽取的。

一旦一个工人进入劳动力市场，他或她的行为将由前面章节中我们所描述的那些规则来决定。因此，进入劳动力市场所得到的折现值由式(1.12)在 $z=0$ 时给定：

$$U=\frac{\theta q(\theta)w}{r[r+\lambda+\theta q(\theta)]}。\tag{7.1}$$

如果不进入劳动力市场，那么其折现回报为：

$$U_0=\frac{l_0}{r},\tag{7.2}$$

其中 l_0 根据分布函数 $H(l_0)$ 在个人之间随机分布。无论何时当 $U\geqslant U_0$ 时，个人将会参与劳动，故参与规则为：

$$rU=\frac{\theta q(\theta)w}{r+\lambda+\theta q(\theta)}\geqslant l_0。\tag{7.3}$$

在前面的几章中，我们曾表明 rU 可以解释为劳动者的保留工资。当回报低于 rU 时，将没有人愿意工作。条件(7.3)使得工人为了参与劳动所愿意放弃的最大回报等于保留工资。这是该模型的一个令人满意的性质，也是一个很直观的性质。一个失业工人可以随时退出劳动力市场并得到回报 l_0。其保留工资必须超过 l_0：市场上的最低可接受工资至少应等于参与劳动所必须放弃的效用。如果个人不参与劳动的效用严格小于 rU，那么他只要参与劳动便可得到某个纯粹的经济租。如果他成功地找到一份回报严格大于 rU 的工作，那么当他进入就业时就可以得到某个更多的经济租。

在总人口中，参与劳动的比例为 $H(rU)$。因此，在局部均衡中，当工资上升时，劳动参与度提高，劳动力—市场紧度提高，并且利率和丢掉工作的比率下降。劳动参与度对劳动力—市场紧度的依赖性即为挫伤—工人效应：当失业工人找到工作的比率 $\theta q(\theta)$ 下降时，劳动参与度也会下降。在下一节中，我们将回到这一点进行更为详细的研究。

在第一章以及其他地方的均衡分析中我们已经看到，劳动力队伍的规模不会影响均衡。因此，为了将局部分析的结论转化为一般均衡分析的结论，我们不必关心均衡中劳动力队伍的变化对于均衡的影响。我们可以简单地使用式(7.3)来决定劳动力队伍的规模，以作为(外生的)适龄工人总人口中的某个比例，但是注意，w 和 θ 由式(1.22)和(1.23)一起决定。如果我们利用式(1.22)和(1.23)将式(7.3)中的 w 和 $r+\lambda$ 替换掉，并取 $z=0$，那么就可以推导出如下的均衡参与条件：

$$\frac{\beta}{1-\beta}\, p c\theta \geqslant l_0, \tag{7.4}$$

其中 θ 由式(1.24)给定。由式(1.24)可知，均衡中的劳动参与条件的定性性质与其局部性质是一样的。模型的这个性质类似于我们推导均衡搜寻强度和工作接受时的情形。

到目前为止，在我们所考虑的模型中，劳动力队伍的规模不是均衡方程中的变量，从而与此前的做法一样，同样的均衡方程给出了所有未知数的解，除了劳动力队伍的规模之外。当搜寻强度不变并且不存在随机岗位匹配时，均衡由在第一章的简单模型中所推导出来的条件(1.21)和(1.23)给定。于是，可得到如下条件：

$$L=PH\left(\frac{\beta}{1-\beta}\, p c\theta\right), \tag{7.5}$$

其中 L 是劳动力队伍的规模，而 P 则是适龄人口的规模。这个条件决定了参与度 L/P，从而结束了该模型的描述。在均衡中，参与度依赖于工资谈判中的劳动者分摊份额、劳动力—市场紧度以及雇佣成本。因为雇佣成本依赖于一般性生产率，故后者也会影响参与度，即使市场紧度与它无关。

7.2　挫伤—工人效应与补增—工人效应

不参与劳动的效用 l_0 一般来说是不固定的，但是它可能依赖于在劳动力市场中所决定的一个或多个变量的取值。若非如此，经济增长必定导致越来越高的市场参与度。这是不可信的，与事实相悖。关于闲暇价值的一个一般性的描述是使得非市场活动的主观回报与个人财富成比例。直觉上，更富有的人赋予闲暇的价值更高，从而使其放弃闲暇所需的补偿也越高。

在不参与劳动所得闲暇的情形中，当我们考虑家庭财富以及家庭中不同成员的参与决策时，尤其如此。我们将表明，在关于参与度的文献中习惯上所讨论的补增—工人效应与挫伤—工人效应马上可得到一个相应的解释。由于模型的均衡性质，我们可以比传统分析更进一步，并表明这两个效应如何相互作用从而影响参与度。

考虑一个拥有非人力财富 A 并且无人参与劳动的家庭。我们假设该家庭中一个典型成员不参与劳动的效用与家庭财富中的持久性收入成比例，

$$l_0 = lrA, \tag{7.6}$$

其中 l 是一个正的常数。家庭中的不同成员可能拥有不同的比例因子 l，但是为简单起见，我们假设他们在劳动力市场上的生产能

力相同。根据分布函数 $H(l)$，l 在总人口中随机分布。

如果一个家庭有一个就业成员，其财富将由非人力财富 A 和人力财富 W 组成，其中 W 是就业收入的折现值，即式(1.13)。由其他家庭成员不参与劳动的效用为：

$$l_0 = lr(A+W)。\tag{7.7}$$

最后，如果一个家庭有一个失业寻职者并且没有就业者，其财富为 $A+U$，其中 U 由式(1.12)和(7.1)给定，故一个不参与劳动的成员的效用为：

$$l_0 = lr(A+U)。\tag{7.8}$$

我们看到，如果 $l_0 \leqslant rU$，劳动者就会参与劳动。我们将 $l_0 = rU$ 时的效用水平 l 称为保贸效用水平，表示为 l_r，如果 $l \leqslant l_r$，则个体会参与劳动，否则将待在劳动力市场之外。对于一个没有劳动力成员的家庭来说，$l_r = U/A$。富有的家庭，即拥有较高非人力财富的家庭，也许根本就不会选择参与劳动。当存在经济增长时，参与劳动的效用 U 将随着工资增长而增加，而非人力财富仅仅在家庭节制消费并将其财富重新投资时才会增加。如果两个财富变量的增加不相同，那么劳动参与将会随着时间而变化。

在拥有一个就业参与者的家庭中，每个成员拥有一个保留效用：

$$l_r = \frac{U}{A+W}。\tag{7.9}$$

而在拥有一个失业工人的家庭中，每个成员的保留效用为：

$$l_r = \frac{U}{A+U}。\tag{7.10}$$

因为 $W \geqslant U$，给定初始财富，与拥有失业成员的家庭中的个体相比，拥有一个就业成员的家庭中的个体将拥有更低的保留工资。因此，与家庭中的主体成员就业时候相比，当一个家庭中的主体成员失业时，其次级成员参与劳动力市场的可能性会更高：这就是经验文献中的补增—工人效应。

挫伤—工人效应是说，当失业上升时，劳动参与度会下降，因为工人找到一份工作的概率下降了。在我们的模型中，当劳动力—市场紧度 θ 下降时，失业会增加。挫伤—工人效应无论是在局部均衡模型中还是在一般均衡模型中都可能存在，并且同时适用于主体工人和次级工人。在一个局部分析框架下，在讨论式(7.3)时我们看到，降低 θ 意味着劳动参与的期望回报下降。在给出均衡参与度的方程(7.5)中，更低的 θ 也意味着更低的参与度。最后，回到在本节中所推导出的次级家庭成员的劳动参与表达式，我们发现，当 θ 降低时，我们所推出的三个关于 l_r 的表达式 U/A、$U/(A+W)$ 以及 $U/(A+U)$ 都会下降，无论工资保持固定时还是允许它们随着均衡工资方程(1.23)而变化时都是如此。

尽管劳动力—市场紧度与劳动参与度一样是内生变量，该模型的实质(至少在拥有外生岗位破坏的模型中)在于，通过将 θ 视为一个控制变量，我们能够研究补增—工人效应与挫伤—工人效应之间的相互作用。原因在于，该模型的求解过程是递归的，并且均衡失业水平仅仅依赖于另一个未知数 θ。因此，由式(1.24)得到的 θ 的解与失业和劳动参与度都没有关系。一旦知道了 θ 的值，失业水平就可由贝弗里奇方程(1.21)得到，而劳动力参与水平则可由式(7.6)至(7.8)得到。

通常来说，我们会研究补增—工人效应和挫伤—工人效应的周期性含义;也就是说,劳动参与如何对经济中的短期变化作出反应。但是,无论参数变化是短暂的还是持久的,参数变化对于劳动参与的影响都是通过 u 和 θ 来传递的,因此当 θ 的变化为暂时性变化时,补增—工人效应和挫伤—工人效应的相互作用应当与我们现在所研究的稳态下的相互作用类似。

假设家庭中的主体工人总是参与劳动,我们来研究家庭中次级工人的劳动参与。假设一开始,非人力财富为零,即 $A=0$。那么在均衡中,主体工人中 u 部分工人处于失业,对于他们来说 $l_r=1$。因此,如果 $l\leqslant l_r=1$,那么其家庭中的次级工人将会参与劳动。由于家庭数量之多,就业人数 l 服从分布 $H(l)$,因此他们之中参与劳动的部分为 $H(l)$。家庭中的剩余部分 $1-u$ 中有一个就业成员,对其来说当 $A=0$ 时 $l_r=U/W$。因此,如果 $l\leqslant U/W$,那么在他们的家庭中次级工人会参与劳动。在均衡中:

$$\frac{U}{W}=\frac{\theta q(\theta)}{r+\theta q(\theta)}<1, \tag{7.11}$$

并且 θ 满足式(1.24)。在拥有就业的主体成员的家庭中,参与劳动的次级工人的比率为 $H(U/W)$。

$H(1)$ 与 $H(U/W)$ 之差由补增工人组成。在拥有失业的主体工人的家庭中,次级工人并未受挫,因为在我们的假设中其非人力财富为零。但是其余的家庭中,次级工人会受到失业水平提高的挫折,因为 U/W 会随着 θ 的下降而上升。

次级工人的参与度为:

$$P_0=uH(1)+(1-u)H\left(\frac{U}{W}\right)。 \tag{7.12}$$

在均衡中,根据稳态条件(1.21),u 与 θ 相关。θ 的变化对劳动参与的影响为：

$$\frac{\partial P_0}{\partial \theta}=\left[H(1)-H\left(\frac{U}{W}\right)\right]\frac{\partial u}{\partial \theta}+(1-u)H'\left(\frac{U}{W}\right)\frac{rq(\theta)(1-\eta)}{(r+\theta q(\theta))^2}, \tag{7.13}$$

其中与以前一样，$-\eta$ 表示 $q(\theta)$对 θ 的弹性，其取值在 0 到 1 之间。式(7.13)的右边第一项表示 θ 的变化所带来的补增—工人效应，由于$\partial u/\partial\theta<0$，故其取值为负。第二项表明了挫伤—工人效应，其取值为正。然而，不难表明其对劳动参与的总体效应可能为正。

我们利用如下近似条件：

$$H(1)-H\left(\frac{U}{W}\right)=H'\left(\frac{U}{W}\right)\left(1-\frac{U}{W}\right) \tag{7.14}$$

并且注意到：

$$\frac{\partial u}{\partial \theta}=\frac{rq(\theta)(1-\eta)}{(r+\theta q(\theta)^2)}=-(1-u)\frac{\lambda(1-\eta)}{\theta(\lambda+\theta q(\theta))}, \tag{7.15}$$

可得到：

$$\frac{\partial P_0}{\partial \theta}=(1-u)H'\left(\frac{U}{W}\right)\frac{r(1-\eta)}{\theta(\lambda+\theta q(\theta))}+\left[-\frac{\lambda}{\lambda+\theta q(\theta)}+\frac{\theta q(\theta)}{r+\theta q(\theta)}\right]。 \tag{7.16}$$

方括号中的项可能为正也可能为负，这表明对于补增—工人效应和挫伤—工人效应之间的冲突而言，其解决将是经验性的。然而，不难表明，在可信的参数值下它可能是正的。在稳态中，第一项表示失业率。第二项是 $r=\lambda$ 时的就业率。要使表达式的右边下降到均衡失业水平，实际利率的取值将会异常的高。在大多数国家，年度数据中岗位期限的倒数 λ 大约在 0.20 到 0.25 之间，这本身就是异常高的利率值。当然，为使得挫伤—工人效应胜过补增—工人效应，在式(7.16)中 r 必须高于 λ。这与经济周期中的补增—工人效应和挫伤—工人效应的经验分析相一致，通常发现后者更占优势。

当把前一段中的结论应用于经济周期时，这意味着劳动参与度是顺周期的。然而，存在另一个更为强烈的理由来支持本模型中的这种顺周期性。这是由于考虑非劳动财富 A 的结果。在正的非人力财富下，对于所有的家庭而言，决定均衡参与度的保留水平 l 都与 A 有着相反的关系。如果现在通过 p 的增加，生产率的一般性水平改善了，那么由于工资的上升，前瞻性的人力财富变量 U 和 W 都会有同样比例的增加。但是，非人力财富不会增加，至少暂时不会。因此，对于所有类型的家庭而言，保留效用水平 l_r 都会上升。不管财富的价值如何，会有更多的家庭成员参与劳动。直觉上，当市场回报增加时，参与劳动的期望支付增加了，但是增加闲暇价值的非人力财富的数量却没有增加。最终，如果参与劳动的回报保持在较高水平，由于储蓄增加了，非人力财富也会增加。在那种情形下，劳动力参与度回到其初始水平，但是此变化只有在时间趋近无穷大时才会渐近地发生。

7.3　工作时间

与第五章关于搜寻强度的分析相比，我们通过在模型中忽略掉跨期因素，分析稳态中工作时间的选择。就我们的目的而言，这不是一个很严的限制，因为在工作时间的选择中，我们希望强调的问题不依赖于当前工作收入与持久性收入之间的差异。当然，沿着第五章中分析搜寻时间选择的思路，也可以建立一个关于工作时间的动态分析模型。但是在稳态中，当前工作收入（工资率）与持久性收入（用前面章节中的符号可以表示为 rW）并没有太多差异，因此，一个忽略掉跨期因素的模型可能会得到类似结果。与此相比，搜寻期间的当前收入（失业收入）与持久性收入（rU）却大为不同，即使在稳态中也是如此，而工人为了改变其当前状态会进行搜寻活动，从而在搜寻强度选择中忽略掉对跨期因素的考虑，将会消除掉主要的结论。

我们假设工人的瞬时效用依赖于当前收入和当前工作时间。将就业时的瞬时效用写为：

$$w_E = wh\,\phi(1-h),\quad \phi'(.) > 0,\quad \phi''(.) \leqslant 0,\quad 0 \leqslant h \leqslant 1, \tag{7.17}$$

其中 w 现在表示每小时工资率，h 表示工作小时数，并且每天的长度被标准化为 1。效用函数是收入（wh）的线性函数，是工作时间的非线性函数。如果收入提高了，工作时间的边际成本会上升，这意味着消费与闲暇的互补性。这些假设与我们在第五章中为了分析搜寻时间所作的假设类似，参见式(5.31)。

为简单起见，我们假设搜寻强度是不变的，并且失业工人不能从闲暇中得到直接的效用，也没有收入。因此，分别在失业和在某个工作岗位 j 上就业时，工人的折现效用分别由如下两个方程给出：

$$rU = \theta q(\theta)(W - U), \tag{7.18}$$

$$rW_j = w_j h_j\,\phi(1-h_j) + \lambda(U - W_j)。 \tag{7.19}$$

没有下标的 W 表示代表性工作岗位的效用。每小时的工资率与以前一样由纳什谈判解给出。每小时工资率既可能由工人的效用最大化来决定,也可能由企业与工人之间的工资谈判来决定。因为搜寻外部性不会影响工作时间决策,并且所选择的工作时间数量也不会影响工作岗位数量和进入市场的工人数量,有效的工作时间数量将由企业与工人之间的纳什谈判来决定。我们将表明,如果由工人选择他们自己的工作时间,他们所选择的工作时间就会太少。这种无效性的原因虽然与搜寻外部性无关,却与交易成本的存在性相关。

如果工作时间由工人选择,h_j 将在给定的 w_j 和 U 下最大化 W_j。因此,最优工作时间将满足:

$$\frac{\phi'(1-h_j)}{\phi(1-h_j)}h_j=1。\tag{7.20}$$

工资率不会影响工作时间,因为收入和替代效应相互抵消了,在稳态中这是一个合理的性质。劳动力—市场紧度不会影响工作时间,因为工人是在其找到一份工作之后才选择他的工作时间,并且他知道当他变换工作时他可以修正他的选择。

如果工作时间在企业与工人的谈判所决定,工作时间的决定将更为复杂,但是仍然很直观。设 p 为每小时投入的产出。那么,一个空置岗位和一个满置岗位 j 的折现利润分别为:

$$rV=-pc+q(\theta)(J-V),\tag{7.21}$$

$$rJ_j=h_jp-h_jw_j-\lambda J_j。\tag{7.22}$$

所选择的岗位 j 的工资和工作时间数将最大化如下乘积:

$$(W_j-U)^{\beta}(J_j-V)^{1-\beta},\quad 0<\beta<1,\tag{7.23}$$

其中 W_j 由式(7.19)给定。

最大化式(7.23)的工资率满足如下条件：

$$\beta(J_j - V)\,\phi(1 - h_j) - (1 - \beta)(W_j - U) = 0。\quad (7.24)$$

工作时间数也将最大化式(7.23)，其满足的条件为：

$$\beta(J_j - V)w_j\,\phi(1 - h_j)\left(1 - \frac{\phi'(.)}{\phi(.)}h_j\right) + (1 - \beta)(W_j - U)(p - w_j) = 0。\quad (7.25)$$

为了从式(7.24)中推导出一个工资方程，我们利用均衡中的工资和工作时间对于所有工作岗位都相同的性质。此外，在均衡中 $V = 0$，故由式(7.21)可得：

$$J = \frac{pc}{q(\theta)}。\quad (7.26)$$

代入式(7.22)，我们可以得到：

$$h(p - w) - \frac{r + \lambda}{q(\theta)}pc = 0。\quad (7.27)$$

由式(7.18)和(7.19)计算 $W - U$ 可以得到：

$$W - U = \frac{wh\,\phi(1 - h)}{r + \lambda + \theta q(\theta)}。\quad (7.28)$$

因此，将 $V = 0$、式(7.26)中的 J 和式(7.28)中的 $W - U$，以及式(7.27)中的 $r + \lambda$ 代入条件(7.24)，我们可得到如下工资方程：

$$w = \beta p\left(1 + \frac{c}{h}\theta\right)。\quad (7.29)$$

工资方程(7.29)与我们以前的工资方程(1.23)形式相同，除了现在 w 是每小时工资率、雇佣成本是每小时成本 c/h 且失业收入 z 为零之外。均衡工作时间由式(7.25)决定。再次考虑均衡中的式(7.24)和式(7.25)，当工资和工作时间对于所有岗位都相同时，我们通过将式(7.24)中的 $W-U$ 代入式(7.25)就可得到：

$$\frac{\phi'(1-h)}{\phi(1-h)}h=\frac{p}{w}。\tag{7.30}$$

闲暇的效用对于工作时间的弹性等于劳动的边际产出与工资率之比。但是在均衡中，正如式(7.27)所表明的那样，劳动的边际产出要严格大于工资率，因为企业的雇佣成本必须被予以补偿。因此，式(7.30)意味着，当工作时间在一个纳什谈判之后被设定时，有：

$$\frac{\phi'(1-h)}{\phi(1-h)}h>1。\tag{7.31}$$

根据$\phi(1-h)$的凹性，式(7.31)中的弹性式对于 h 是递增的，因此工作时间现在要比工人的选择规则(7.20)所确定的工作时间更长。现在，如果工作时间由企业与工人之间的谈判来决定，那么它们就会超过由工人效用最大化所得到的时间。

效用最大化与纳什谈判所得到的工作时间之间的差异不是源于搜寻外部性，而是与交易成本有关。工人通过比较其边际成本(失去闲暇)与边际收益(每小时工资率)，从而选择其工作时间数量。如果工作时间数量由纳什谈判来决定，会有一个类似的边际比较，但是现在，企业的成本和收益也会被考虑进来。多工作一小时对于企业和工人的联合净边际成本仍然是工人所损失的闲暇，但是其联合收益却是每多一小时工作的产出。因此，决定工作时间的这两种方法只有在当工资率等于劳动的边际产出时才会得到相同的结果。在本模型的均衡中这是不可能发生的，因为企业的雇佣成本导致了边际产出与工资之间的差异。

在均衡中，利用式(7.29)可以进一步简化式(7.30)。将式(7.29)代入式(7.30)可得：

$$\frac{\phi'(1-h)}{\phi(1-h)}h=\frac{1}{\beta(1+c\theta/h)}。\tag{7.32}$$

劳动力—市场紧度和工资谈判中的工人分享份额会影响最优工作时间数量，因为它们会影响劳动的边际产出与均衡工资率之间的差异。提高紧度或劳动者分享份额会减少这种差异，因此他们也会使得劳动时间向效用最大化工人所选择的劳动时间水平下降：在较为紧张的市场上，由工人选择其劳动时间时所发生的无效性会减少。（这种市场紧度和工作时间之间的逆向关系是稳态的一个特征，这个特征在经济周期中却不一定成立。）

含有工作时间变量的市场均衡的决定与前面的做法一样，除了由于对工资率和每小时单位劳动的边际产出的重新解释而造成的明显的微小变化之外。因此在稳态中，贝弗里奇曲线(1.21)和岗位创造曲线(1.24)与以前一样由同样的方程给出，并且每小时工资率也由同样的方程给出。在工人找到工作后并选择其工作时间的情形下，工作时间由弹性条件(7.20)给出。在此情形下，均衡工作时间仅仅取决于效用函数，而与模型的其他方面没什么关系。但是，在有效的谈判情形下，工作时间的条件变为式(7.32)，因此，工作时间会受到那些影响均衡紧度的所有变量的影响。所有增加均衡紧度的参数都会减少工作时间。式(7.32)与本书第Ⅱ部分的劳动力市场分析中所发现的其他均衡关系一样[例如紧度条件(5.29)和参与条件(7.4)]，都遵循着相同的思路。在各种关系中，均衡劳动力—市场紧度（空缺与失业之比）极为关键，因为正是它将参数变化的影响传递给其他各种关系。

7.4　文献评注

McKenna(1987)在一个岗位匹配模型中考虑了劳动力参与。Pissarides(1976a,b)在一个搜寻模型中用局部均衡分析方法分析了补增—工人效应和挫伤—工人效应。Bowden(1980)、Blanchard 和 Diamond(1989)在不同的均衡匹配模型中考虑了劳动力参与变化。

本章所讨论的主题在劳动经济学文献中已得到了广泛的处理,但是这些处理通常不是在岗位匹配模型中进行的。例如,Cain(1966)、Bowen 和 Finegan(1969)在局部分析模型中广泛地讨论了补增—工人效应和挫伤—工人效应。一般地,早期研究发现挫伤—工人效应要胜于补增—工人效应。更新近的研究中,Lundberg(1985)使用了一个转移概率方法估计了一个较小、但是统计上显著的已婚妇女的补增—工人效应。

在 Lucas 和 Rapping(1969)的开创性文章之后,一些新古典宏观经济学文献中对动态模型中劳动时间供给方面的主题进行了讨论。例如 Hall(1980)和 Barro(1981)。这些文献倾向于强调就业对于暂时性冲击的短期反应,并且闲暇的跨期替代效应可以为产出波动提供一个解释。关于跨期替代假设的经验证据可参见 Mankiw、Rotember 和 Summers(1985),以及 Alogoskoufis(1987)。

本章所讨论的效用最大化与谈判解模型之间的比较与 McDonald 和 Solow(1981)在存在工会的情形下关于就业决定的讨论非常接近,尽管我们在此所推导出的无效性不是源于他们所讨论的任何原因。

在我们的模型中，工作时间的选择被有意地简化了，以强调那些感兴趣的结果。在文献中，已经出现了关于工作与搜寻时间分配的一些一般化模型，但是并没有得到什么重要的新结论。例如，参见 Whipple（1973）、Siven（1974）、Seater（1977）、Barron 和 McCafferty（1977）以及 Burdett（1979）。

第Ⅲ部分

约束效率与政策功能

第八章　效率

在前面几章所描述的均衡中都考虑到了交易的外部性。在给定时期内，失业工人或空缺企业所拥有的交易机会取决于市场上交易者的数量以及交易者的行为。在我们所给出的模型中，外部性表现为失业工人和空缺企业的转移概率对于市场紧度的依赖性。我们也看到，在均衡中市场紧度依赖于工资率。在本章中，我们所提出的关键问题是纳什工资方程是否将搜寻外部性内部化了，也就是说，尽管存在着这种搜寻外部性，在均衡中社会产出水平是否达到了最大化。

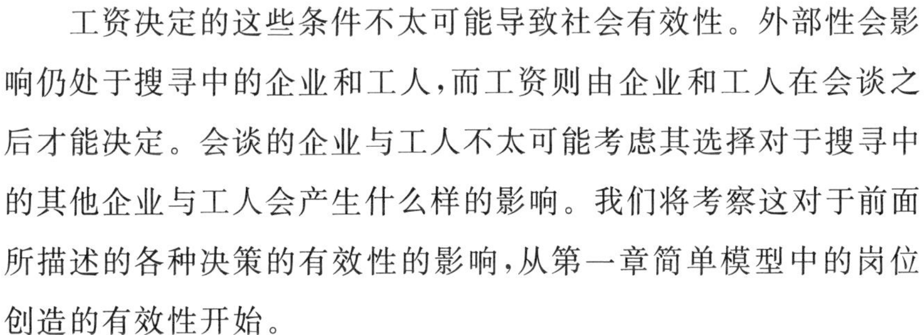

工资决定的这些条件不太可能导致社会有效性。外部性会影响仍处于搜寻中的企业和工人，而工资则由企业和工人在会谈之后才能决定。会谈的企业与工人不太可能考虑其选择对于搜寻中的其他企业与工人会产生什么样的影响。我们将考察这对于前面所描述的各种决策的有效性的影响，从第一章简单模型中的岗位创造的有效性开始。

8.1　岗位创造

在第一章的简单模型中，所有岗位都具有相同的生产率水平，并且搜寻强度是固定的。导出均衡的关键变量是岗位创造，这由企业的利润最大化所决定。在本节中我们研究的问题是，是否存在一个工资率使得企业所创造的岗位数量最大化了社会产出水平，以及在均衡中纳什谈判解是否给出了这样一个工资率水平。

在研究这些问题时，我们忽略掉资本，因为由第一章的分析易知，在关于资本市场结构的假设下，资本的选择总是最优的。参见第 1.6 节中的讨论以及每个岗位的资本选择条件(1.28)。在其他情形下，搜寻与谈判环境可能会导致与“敲竹杠”问题相关的无效的资本决策，此时对这一问题不予研究(参见本章的文献评注)。在无资本的情形下，每个工作岗位的社会产出水平即为 p，而每个失业工人所享受的闲暇即为 z。每个空置岗位要花费社会的成本是 pc，并且给定定义 $\theta=v/u$，对于一个无限期的经济来说，其社会福利函数为：

$$\Omega=\int_{\alpha}^{\infty}e^{-\gamma t}[p(1-u)+zu-pc\theta u]\mathrm{d}t。\tag{8.1}$$

社会计划者与企业和工人一样满足同样的匹配限制。因此，限制社会选择的失业演化过程与限制个体选择的失业演化过程是一样的，即：

$$\dot{u}=\lambda(1-u)-\theta q(\theta)u。\tag{8.2}$$

社会计划者对于工资不感兴趣，因为工资仅仅决定产出的分布，而在社会福利函数中(根据假设)则没有分布性的考虑。我们所遵循的比较社会与个体结果的方法是通过忽略岗位创造的个体条件(1.24)来推导出社会产出水平，然后研究是否存在一个工资率使得岗位创造的社会与个体条件相同。如果存在这样一个工资率，那么很明显在那个工资水平下失业将是有效的，因为个体和社会结果都满足同样的稳态条件(8.2)。

设 μ 为辅助变量。失业和市场紧度的最优路径满足式(8.2)和如下欧拉方程：

$$-e^{-\gamma t}(p-z+pc\theta)+[\lambda+\theta q(\theta)]\mu-\dot{u}=0, \qquad (8.3)$$

$$-e^{-\gamma t}pcu+\mu uq(\theta)[1-\eta(\theta)]=0。 \qquad (8.4)$$

其中 $\eta(\theta)$ 是 $q(\theta)$ 的(负)弹性，在 0 到 1 之间取值。

为了推导工作岗位的社会有效数量，我们将式(8.4)中的 μ 代入式(8.3)，并将其在稳态中取值，于是可得到：

$$[1-\eta(\theta)](p-z)-\frac{\lambda+r+\eta(\theta)\theta q(\theta)}{q(\theta)}pc=0。 \qquad (8.5)$$

现在，比较社会条件(8.5)与个体条件(1.24)，为方便参考将个体条件复述如下：

$$(1-\beta)(p-z)-\frac{r+\lambda+\beta\theta q(\theta)}{q(\theta)}pc=0, \qquad (8.6)$$

我们发现要使这两个式子相同，当且仅当：

$$\beta=\eta(\theta)。 \qquad (8.7)$$

当式(8.7)满足时，分散化的创造便是社会有效的。

由于工资方程，参数 β 出现在式(8.6)中，并且代表岗位创造剩余中的劳动者分摊份额。因此，关于我们刚推出的结论的另一种表述是，如果存在一个与分散化均衡中式(1.23)相同的工资方程[但其中 β 由式(8.7)决定]，那么体现分散化均衡特征的搜寻外部性就被内部化了。现在，$\eta(\theta)$ 即为岗位空缺的期望期限的弹性(在稳态中等于 $q(\theta)$ 的倒数)。由于岗位匹配技术的规模报酬不变假设，$\eta(\theta)$ 也是岗位匹配 $m(u, v)$ 关于失业的弹性。β 和 $\eta(\theta)$ 都是在 0 到 1 之间取值的数，因此条件(8.7)是可行的。但是，当工资方程由工资谈判的纳什解所导出时，这个条件是不太可能被满足的。在纳什解中 β 是一个常数，并且通常被假设为 1/2。$\eta(\theta)$ 则取决于岗位匹配技术的性质，并且因为 $q(\theta)$ 是一个转移率，故 $\eta(\theta)$ 通常不是一个常数。如果匹配函数能够被一个对数线性(科布—道格拉斯)函数所近似：

$$m = m_0 u^{\eta} v^{1-\eta}, \tag{8.8}$$

那么 $\eta(\theta)$ 将是局部固定的。但是，即使在科布—道格拉斯形式下并且 η 为常数，也没有理由说明为什么 β 应当等于 η，因为 β 是在一个不同环境下决定的，与匹配技术的结构性特征并没有什么关系。因此，纳什工资方程不太可能将搜寻外部性内部化。

然而，因为企业和工人相互造成了拥挤性，故不可能在一般意义上确定均衡失业水平是高于还是低于其社会有效水平。增加一个雇佣企业使得寻职工人的处境变好了，但是它却使得其他雇佣企业的处境变差了。对于工人来说同样如此。增加一个寻职工人使得雇佣企业的处境变好了，但是却使得其他寻职工人的处境变差了。由式(1.24)和(8.2)容易看出，当工资谈判中的劳动者分摊份额提高时，失业也增加了。因此，如果 $\beta > \eta(\theta)$，那么均衡失业水平将高于社会有效水平，而如果 $\beta < \eta(\theta)$，则均衡失业水平将低于社会有效水平。除此之外，关于本模型中的个体结果的有效性问题，我们并没有太多可说的。

为了说明效率条件(8.7)具有某些合理性，注意到失业的期望期限关于失业的弹性是 $1-\eta(\theta)$，并且岗位空缺的期望期限对于岗位空缺数量的弹性是 $\eta(\theta)$。因此，如果 $\eta(\theta)$ 较高，这意味着在此边际上，企业对其他企业造成的拥挤程度要胜过工人对于其他工人造成的拥挤。在这种情形下，社会计划者通过给予工人在工资谈判中更高的分摊份额，从而对企业进行了“征税”。如果我们考虑失业的期望期限对空缺的弹性$-1+\eta(\theta)$，以及岗位空缺的期望期限对失业的弹性$-\eta(\theta)$，可以得到同样的结论。在本章最后一节中，我们将回到这个问题。

效率条件的另外两个性质有助于阐明效率条件的本质。第一个性质如第三章中所表明的那样，在一个存在大企业和调整成本的模型中，我们能够推导出与第一章中同样的市场均衡。当考虑调整成本对于市场紧度的依赖性时，该效率条件将最大化企业的折现值。第二个性质涉及本章一开始所提到的观点，即由于会谈的企业与工人忽略了他们的选择对于搜寻中的企业和工人的影响，个体均衡结果有可能是无效的。效率条件会最大化失业工人的均衡回报，而这在工资谈判中却被忽略掉了。

首先考虑存在大企业的模型。企业 i 选择其资本存量和岗位数量以最大化利润折现值

$$\prod_{i}=\int_{0}^{\infty} e^{-\gamma t}[F(K_{i},N_{i})-wN_{i}-pcV_{i}-\dot{K}-\delta K_{i}]dt, \tag{8.9}$$

满足就业约束：

$$\dot{N}_{\mathrm{f}}=q(\theta)V_{\mathrm{i}}-\lambda N_{i}。 \tag{8.10}$$

企业将工资率和劳动力一市场紧度视为给定的。岗位供给的尢效性来源于如下事实：在市场均衡中，劳动力市场紧度受到岗位供给数量选择的影响，然而这一点却被企业所忽略了。社会最优就业

路径最大化了如式(8.9)一样的表达式，但是其中 w 由雇佣的社会成本（失去的闲暇）所代替，并且社会最优就业路径也考虑了 θ 与所选就业路径之间的关联。将式(8.9)与当 K 被忽略时的社会福利函数(8.1)进行比较，这一点就变得很明显了，理由无需重复。

关于均衡工资无效性的原因，我们可从效率条件的一个更为深入的性质上受到更多的启发。失业工人享受由式(1.12)给定的失业期间的期望回报 rU。这个回报既依赖于工资，也依赖于可利用工作岗位的数量。在均衡中，如果工资上升了，这并不必然意味着失业工人的处境变好了，因为岗位数量可能会因此而下降。这是劳动者分摊份额对于失业工人期望回报的总体效应。提高 β 使得期望工资上升，但是减少了岗位数量，并延长了失业的期望期限。在充分的均衡中，我们可以表明存在一个唯一的 β 使得失业工人的期望回报最大化，并且这个 β 也满足效率条件(8.7)。

为此，我们可直接关注于失业工人的净价值与市场紧度之间的简化式均衡关系(1.19)，可将其复述如下

$$rU = z + \frac{\beta}{1-\beta}\ pc\theta。\tag{8.11}$$

因为该式仅在均衡中成立，θ 要受到式(8.6)的限制。将式(8.11)在式(8.6)的约束下对于 β 最大化，可知 rU 在 $\beta=\eta(\theta)$ 时达到唯一的最大值。

如果企业和工人在就业剩余的分摊上以一种使得失业工人的期望回报最大化的方式达成一致，那么搜寻外部性将被内部化，并且社会产出水平也将被最大化。这种局内人—局外人困境提供了看待均衡无效性的另一种思路：失业工人是工资谈判的局外人，然而工资选择却会影响失业工人的福利，因为它会影响岗位创造。在设定工资时，局内人即就业工人和企业，却可能忽略掉局外人的福利，从而导致结果的无效性。

8.2　岗位破坏

现在，我们考虑当存在差异化生产率冲击时均衡的有效性，正如第二章中所分析的模型那样。该模型的两个关键方程是式(2.14)和(2.15)，为方便起见在此复述如下：

$$(1-\beta)\frac{1-R}{r+\gamma}=\frac{c}{q(\theta)}, \tag{8.12}$$

$$R-\frac{z}{p}-\frac{\beta}{1-\beta}c\theta+\frac{\lambda}{r+\lambda}\int_R^1(s-R)dG(s)=0。 \tag{8.13}$$

岗位在最大化生产率水平 p 下被创造出来。岗位被创造之后，冲击以比率 λ 到达，从而使得生产率变为 px，其中 x 是一个在 0 到 1 之间取值的差异化成分。当 x 降到 R 以下时，岗位即被破坏，其中 R 满足一个满置岗位的零利润条件。利用式(8.12)和(8.13)可以求解出均衡的 θ 和 R。

由式(8.12)和(8.13)所得到的分散化均衡依赖于分摊份额参数 β，因此其不太可能是有效的。我们可以表明，有效性再次要求满足条件(8.7)，并且尽管由于前面章节中所解释的各种原因，分散化的市场紧度值可能太高也可能太低，但是保留生产率的分散化取值却总是太低了。也就是说，在给定的失业水平下，均衡中的岗位破坏总是太少了。

为了说明效率条件仍然是式(8.7)，我们将社会福利写为：

$$\Omega=\int_0^\infty e^{-\gamma t}(y+uz-pc\theta u)dt, \tag{8.14}$$

所有的一切都与以前一样，除了现在 y 表示单个劳动力的平均产出之外。限制社会选择的失业演化过程给定为：

$$\dot{u}=\gamma G(R)(1-u)-\theta q(\theta)u, \tag{8.15}$$

这是因为只有那些受到生产率冲击 $x<R$ 的岗位被破坏。y 的演化过程给定为：

$$\dot{y}=p\theta q(\theta)u+\lambda(1-u)\int_R^1 psdG(s)-\lambda y。 \tag{8.16}$$

式(8.16)的右边第一项表明了新的岗位创造，且每个新岗位的产出水平为 p。第二项表明了现存岗位中受到差异化生产率冲击的比例。如果生产率冲击 s 在 R 到 1 之间，工作岗位继续运作，并且每个岗位的产出为 ps，但是如果该冲击位于 R 以下，它们就会关闭并且产出为零。最后一项表明，每当一个冲击到达时，一个典型工人就会失去其当前产出。

社会有效的 θ、R 在式(8.15)和(8.16)的约束下最大化式(8.14)。除了式(8.15)和(8.16)之外，最优的 θ、R 将满足如下欧拉条件(其中 μ_1 和 μ_2 是辅助变量)：

$$e^{-\gamma t}(z-pc\theta)-[\lambda G(R)+\theta q(\theta)]\mu_1+\dot{\mu}_1+$$

$$\mu_2\left[p\theta q(\theta)-\lambda\int_R^1 psdG(s)\right]=0, \tag{8.17}$$

$$e^{-\gamma t}-\mu_2\lambda+\dot{\mu}_2=0, \tag{8.18}$$

$$-e^{-\gamma t}pcu-\mu_1(1-\eta(\theta))q(\theta)u+\mu_2 p(1-\eta(\theta))q(\theta)u=0, \tag{8.19}$$

$$\lambda G'(R)(1-u)\mu_1-(1-u)\lambda pRG'(R)\mu_2=0。 \tag{8.20}$$

将此欧拉方程组在稳态中取值并消去辅助变量 μ_1 和 μ_2，我们可得到如下两个方程：

$$[1-\eta(\theta)]\frac{1-R}{r+\lambda}=\frac{c}{q(\theta)}, \tag{8.21}$$

$$R-\frac{z}{p}-\frac{\eta(\theta)}{1-\eta(\theta)}c\theta+\frac{\lambda}{r+\lambda}\int_R^1(s-R)dG(s)=0。 \tag{8.22}$$

据此可求解得到唯一的社会有效的 θ 和 R。将式(8.21)和(8.22)与分散化均衡条件(8.12)和(8.13)进行比较，可知社会效率是可行的，只要劳动力分摊份额为 $\eta(\theta)$，也就是说，只要条件(8.7)满足即可。

在差异化生产率冲击模型中不太可能得到有效结果，其原因与不存在冲击的模型一样。毫不奇怪，差异化生产率冲击对于搜寻外部性内部化没有起到任何作用，并且因为搜寻外部性在第一个例子中影响了岗位创造(从而影响了那些仍在搜寻者)，对于岗位破坏边际上的选择进行扩展不会改变此内部化规则。与以前一样，存在唯一的岗位创造剩余分摊份额以使得企业会创造有效数量的岗位。如果岗位创造数量是有效的，那么岗位破坏也将是有效的；但如果岗位创造数量不是有效的，那么岗位破坏也将是无效的，因为在均衡中它将依赖于市场紧度。

在第二章中我们看到，市场紧度是工人分摊份额 β 的减函数。因此，正如在固定岗位破坏率模型中那样，在给定失业水平下，如果 $\beta<\eta(\theta)$，那么岗位创造将位于有效水平之上，如果 $\beta>\eta(\theta)$，则岗位创造将位于有效水平之下。在第二章中我们看到，R 在 $\beta=\eta(\theta)$时取得唯一的最大值。因此，可能出人意料的是，如果岗位创造不是处于有效水平，那么岗位破坏将总是过低。

要验证该结果的合理性，我们注意到，根据式(8.13)和(8.11)，保留生产率满足：

$$pR+\frac{\lambda p}{r+\lambda}\int_R^1(s-R)dG(s)=rU。\tag{8.23}$$

式(8.23)的左边是边际岗位的期望利润：当前产出 pR 加上一个源于期望的生产率冲击的选择价值。右边是失业工人的保留工资(或搜寻的期望回报)。当一个工作岗位不足以覆盖工人的保留工资时，该工作岗位将会被破坏掉，因为在均衡中空缺的期望回报为零。但是我们已经看到，搜寻的期望回报 rU 在有效点 $\beta=\eta(\theta)$ 上被最大化了。因此，保留生产率在 $\beta=\eta(\theta)$ 上也被最大化了。在本章最后一节以及下一章第 9.9 节中，我们将回到这一主题的讨论。

8.3 搜寻强度与招聘广告

搜寻外部性可能影响搜寻强度选择的决策。当失业工人选择搜寻强度时，他会忽略掉其选择对于其他工人和企业的影响——对前者影响为负，对后者影响为正。工资不太可能将这些外部性内部化，因为如前所示，会谈的企业与工人会忽略掉他们的行为对于其他仍在劳动力市场上交易的企业和工人的影响。此处利用在第五章中的技术来考察这一点。我们也将考察招聘广告的有效性，正如先前所看到的，当岗位数量不变时其行为与搜寻强度是一样的，但是当岗位数量可变时则不一样。在接下来的分析中，岗位破坏固定为比率 λ(正如第五章模型中那样)，并且所有岗位都生产产出 p。

当工人搜寻强度为 s 而企业的招聘广告花费为 a 时，每个人社会产出给定为：

$$\Omega=\int_{a}^{\infty}e^{-\gamma t}((1-u)p+u[z-\sigma(s,z)]-u\theta pc(a))dt。\tag{8.24}$$

正如第五章中那样，$\sigma(s,z)$是搜寻成本，且 $\sigma_s(.)>0,\sigma_z(.)\geqslant 0$，而 $c(a)$即为广告成本，且 $c'(a)>0$。社会有效解在满足如下失业演化条件下最大化式(8.24)：

$$\dot{u}=\lambda(1-u)-\theta q(s,\alpha,\theta)u,\tag{8.25}$$

其中 $q(.)$给定为：

$$q=\frac{m(su,av)}{v}。\tag{8.26}$$

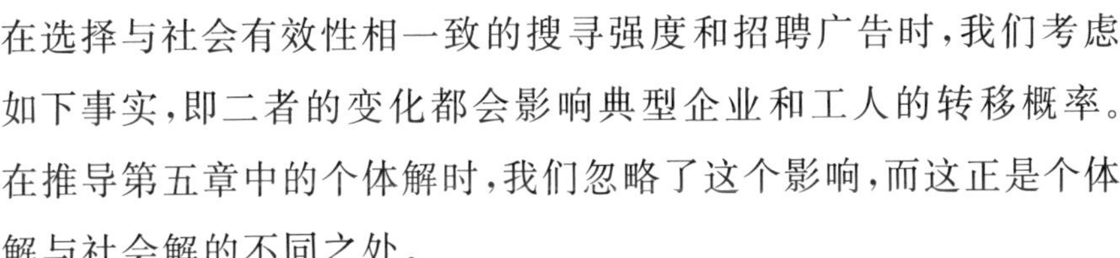

在选择与社会有效性相一致的搜寻强度和招聘广告时，我们考虑如下事实，即二者的变化都会影响典型企业和工人的转移概率。在推导第五章中的个体解时，我们忽略了这个影响，而这正是个体解与社会解的不同之处。

社会最优化问题(8.24)到(8.26)所满足的欧拉条件再次为式(8.3)和(8.4)，但是现在 $q(.)$依赖于 a 和 s，z 则由 $z-\sigma(s,z)$所取代，以及两个新控制变量 a 和 s 的两个新方程。因此，将岗位创造的外部性内部化的条件再次为式(8.7)——引入可变搜寻强度没有导致任何变化，除了弹性 η 现在依赖于 θ 以外的其他变量之外。对于控制变量 s 和 a 的最大化条件将满足：

$$-e^{-\gamma t}\sigma_s(s,z)u+\mu\theta q_s(s,a,\theta)u=0,\tag{8.27}$$

$$-e^{-\gamma t}u\theta pc'(a)+\mu\theta q_a(c,a,\theta)u=0。\tag{8.28}$$

其中 μ 为与式(8.25)所对应的辅助变量。

现在的问题在于，当式(8.7)被满足时，对于搜寻强度和招聘广告的个体选择是否是社会有效的。更一般地，我们是问是否存在一个条件使得式(8.27)和(8.28)等价于第五章中所导出的个体均衡条件。在第五章中相应的条件为式(5.29)和(5.30)，可被复述如下：

$$-s\sigma_s(s,z)+\frac{\beta}{1-\beta}pc(\alpha)\theta=0, \tag{8.29}$$

$$\frac{c'(a)a}{c(a)}=1。 \tag{8.30}$$

为了回答这个问题，由式(8.26)，我们注意到：

$$\frac{\partial q}{\partial s}\frac{s}{q}=\eta, \tag{8.31}$$

$$\frac{\partial q}{\partial a}\frac{\alpha}{q}=1-\eta, \tag{8.32}$$

而在式(8.4)中将 c 由 $c(a)$ 代替即意味着：

$$\mu=\frac{c(a)}{(1-\eta)q}。 \tag{8.33}$$

将式(8.31)和(8.33)代入式(8.27)，可得到最优搜寻强度的社会条件：

$$-s\sigma_s(s,z)+\frac{\eta}{1-\eta}pc(a)\theta=0。 \tag{8.34}$$

与个体条件(8.29)相比，可见对于给定的 a，使得社会和个体均衡相同的条件再次为式(8.7)。

为了推导社会最优的广告力度，我们将式(8.32)和(8.33)代入式(8.28)，可以得到：

$$\frac{c'(a)a}{c(a)}=1。\tag{8.35}$$

招聘广告的选择总是有效的，无论 β 和 η 之间的关系如何。正如每个个体企业一样，社会计划者会发现利用空缺率吸引工人到岗是有益的，并且根据成本函数的性质以确定每个空缺的广告力度。

正如岗位破坏时的情形一样，我们可以推导出关于搜寻强度无效性的一个类似的较强的结论。利用关于 s 和 θ 的均衡条件(5.28)和(5.29)，容易计算得到在点 $\beta=\eta$ 时 s 达到一个唯一的最大值。与此相比，当 $\beta\geqslant\eta$ 时 θ 随着 β 而下降，但是若 $\beta<\eta$ 则 θ 变化的符号不明确。因为 $\beta=\eta$ 也是有效性条件，可知在均衡中搜寻强度永远不会太高——除非碰巧它是有效的，一般而言它总是太低了。

不难看出为何 s 在其有效点上达到最大值。在前面几节中我们注意到，搜寻的期望回报在效率条件满足时达到最大。均衡搜寻强度是搜寻的期望回报的单调增函数，这个结论容易由式(8.29)和(8.11)推出，其中在式(8.11)中 z 由 $z-\sigma(s,z)$ 代替。因此，当式(8.7)被满足时搜寻强度也被最大化。

现在考虑失业的有效性。当 $\beta=\eta$ 时，失业是有效的，而当 $\beta>\eta$ 时，失业则太高了，因为搜寻强度和岗位创造都太低了。如果 $\beta<\eta$，搜寻强度也太低了，但是岗位数量却可能太高了。只有当 η 位于 β 的一个很小的邻域时，我们才可以确定地说岗位数量太高了，因为那时搜寻强度将任意趋近于一个突变点。如果 η 不在 β 的邻域内，搜寻强度将变小，而岗位数量实际上可能下降了(因为企业在面临单位搜寻效率下降时撤掉岗位)。因此，如果 $\beta<\eta$ 并

接近于η，则失业过低，但是，如果$\beta<\eta$并且相差幅度很大，那么失业可能过高也可能过低。

到目前为止，由我们的分析（以及本章随后的分析）可见，不管无效性是来源于企业决策还是工人决策，将搜寻外部性内部化的条件是相同的。但是我们应当注意，这个条件的推广则需要另外的两个条件，这两个条件我们的模型都满足。这些条件与在第五章中我们讨论均衡的唯一性时所遇到的条件相同。首先，岗位匹配技术应当具有规模报酬不变；其次，搜寻强度应当以乘式进入匹配技术，正如投入扩展型技术变化一样。

在第五章中，我们表明这两个限制都是合理的，尽管有些作者倾向于不施加这两个限制。我们已经看到规模报酬递增对于均衡唯一性的影响（第五章）。在递增报酬下，当岗位数量和搜寻强度都可变时，不存在关于工资的单一内部化规则。参考莫藤森（Mortensen，1982b）关于效率的一个结论，我们在此讨论匹配技术所满足的第二个限制的含义。这个结论需要一个对于匹配技术的限制，而这个限制明显违背了我们关于投入扩展型搜寻强度的限制。

莫藤森（Mortensen，1982a）和皮萨里德斯（Pissarides，1984b）沿着相似的思路考察了搜寻强度的有效性。两个作者都忽略了由搜寻强度提高造成的对其他寻职工人的负外部性，因此他们认为搜寻强度肯定较低（无论均衡中的岗位数量如何）。莫藤森（Mortensen，1982b）考察了最优搜寻强度所需的条件，认为如果匹配技术是线性的，对工作岗位赋予“产权”就可得到最优结果。这里的产权意味着发起岗位与工人接触的一方将索要工作岗位的全部剩余。另一方则仅仅被补偿其成本。

因此,莫藤森的规则需要知道谁先开始去接触,当工人找到工作岗位时 $\beta=1$,而企业找到工人时则 $\beta=0$。但是在实践中,在大多数情形下,事实上是不可能将接触归因于其中某一方的。例如,假设工作接触是通过职业介绍所、报纸广告或相互的朋友而实现的。在各种情形下,企业和工人需要接触这个中间人以建立一个岗位匹配,因此我们不可能对该工作的其中一方而不是另一方赋予排他性产权。

在产权假设下,岗位匹配技术将必须采取与本书完全不同的形式。各市场参与方的转移概率必须写为两个相互独立的转移概率之和,其中一个针对参与者发起接触而言,另一个则针对其他人先开始接触而言。如果产权不能被赋予工作岗位,莫藤森(Mortensen,1982a)和皮萨里德斯(Pissarides,1984b)所考虑的情形在纳什工资方程下就不可能是有效的,正如皮萨里德斯(Pissarides,1984b)所表明的那样。原因在于,他们的模型都忽略了提高搜寻强度的负外部性,而仅仅考察参与者对于市场另一方的正外部效应。在本章我们看到,如果各种外部性都予以考虑的话,将会存在一个内部化纳什工资方程,然而有趣的是,这证实了莫藤森和皮萨里德斯先前的结论,即搜寻强度太低了。

8.4　随机岗位匹配

引入随机岗位匹配对于决定均衡劳动力—市场紧度和搜寻强度的方程系统不起任何作用,因此,岗位数量和搜寻强度在与以前

相同的条件 $\beta=\eta$ 下是有效的。可直接地看出，保留生产率的效率条件也是 $\beta=\eta$。由于该模型和第 8.3 节中的岗位破坏模型的相似性，在此我们只简要地论述。当存在随机岗位匹配时，岗位和工人在事前都是相同的，但是一个岗位匹配的生产率是一个随机变量 $p\alpha$，其中 $p>0$ 是常数，α 则服从 $G(\alpha)$ 随机分布。一旦发生了接触，α 的值即可得知。只有当他们的差异化生产率 α 超过一个满足式(6.33)的保留值 α_r 时，双方才会同意形成匹配。将保留值所满足的条件复述如下：

$$p\alpha_r=z+\frac{\beta}{1-\beta}pc\theta。\tag{8.36}$$

但是，根据纳什分摊规则，以及如式(8.11)所表明的那样，式(8.36)的右边是失业工人的保留工资 rU，故保留生产率满足：

$$p\alpha_r=rU。\tag{8.37}$$

关于式(8.37)的解释与在岗位破坏模型中的式(8.23)相同。因为一旦一个工人到达时，企业除了形成该工作岗位之外就只能拥有一个价值为零的岗位空置，所以只要工人搜寻的期望回报被覆盖，该工作岗位就会形成。

现在，由前面的分析我们知道，社会有效性将最大化 rU，并且最大化点将满足 $\beta=\eta$。因此，该社会问题的保留生产率总是超过其分散化值，并且其会在满足式(8.7)的唯一一点上达到。在分散化均衡中，一般会存在太多的工作接受，这与差异化生产率冲击模型中岗位破坏过少的原因是一样的。

不出所料，保留生产率的有效性条件与一般的进入或退出搜寻活动的条件相同。当一家企业和一个工人考虑是否形成一个匹配时，他们都着眼于其自身的成本和回报。如果他们决定形成该工作岗位，他们实际上在市场各方都减少了一个参与者。由此产生的外部性与当一家企业和一个工人由于其他任何原因离开市场所产生的外部性是一样的。我们看到，当市场双方都在变化时，或者是通过工作岗位的退出或进入，或者是通过工人搜寻强度的变化，条件 $\beta=\eta$ 将此外部性内部化了。因此，当该变化源于工作接受时，也会导致这个外部性内部化。如前，$\beta=\eta$ 仅当匹配技术规模报酬不变时才会成为效率条件。如果没有规模报酬不变，当市场双方发生变化时（当决策边际是工作接受时总是存在这样的变化），就不可能存在将这些外部性同时内部化的过程。

因此，正如在差异化生产率冲击下太多的低生产率岗位存活下来的情形一样，当工作岗位是通过应用保留生产率规则(8.36)来分配的话，工人就不太可能被有效地分配到各岗位上。太多的工作岗位可能被接受，因此某些工人将处于半就业。失业并不必然低于其有效水平，因为岗位数量可能低于其有效水平，而搜寻强度一般来说也太低了。这可以抵消半就业对于总就业水平的影响。但是，无论失业的效率如何，在均衡中总是存在无效率的半就业。

8.5　劳动力参与

劳动力参与度的有效性容易分析，并且从技术上说，该分析与存在随机岗位匹配时保留生产率的有效性分析是类似的。在第七章中我们看到，参与度仅仅依赖于一个市场变量，即搜寻的期望回报。那些不参与劳动(闲暇)的效用小于搜寻的期望回报的所有个人都会参与劳动;其他人则不会。我们也看到,搜寻的期望回报的决定与参与度无关。因此,只有当搜寻的期望回报被有效地决定时,参与度才会是有效的。这与当存在随机岗位匹配时决定工作接受有效性的规则是一样的。

在点 $\beta=\eta$ 上,搜寻的期望回报被有效地决定;否则,搜寻的个体回报总是小于其社会回报。正如失业工人一样,因为非参与者也是工资谈判的局外人,所以他们的成本和回报在工资设定时也被忽略了。因此,均衡参与度也会过低,除了在特殊情形 $\beta=\eta$ 下它是有效的之外。搜寻外部性使得那些进入劳动力市场以寻找工作的潜在工人受挫,即使从社会的角度来看他们应当参与。相反地,劳动力参与的变化牵涉到工人进入或退出市场的运动,故其所导致的外部性与当工人进入或退出搜寻时(由于其搜寻强度的变化或由于其接受或拒绝工作的决策所导致的)所产生的外部性是一样的。所有的外部性都按同样的规则被内部化,并且在所有情形下,工人的搜寻活动都太低了。

8.6　三个效率问题

在本章中,关于搜寻均衡的效率分析在多种情形下都已导致了某些共同的结论。同样的条件保证了所有决策的有效性,并且在工人方面,如果该条件不被满足,则搜寻活动将过低。从企业方面看,由于岗位数量可变并且边际岗位所满足的零利润条件,使得结果有所不同。如果岗位数量是固定的,那么企业的搜寻活动同样会过低。然而，岗位数量则可能过高也可能过低。当企业选择岗位破坏数量时，他们破坏的工作岗位太少了，从而导致劳动力流动低于其有效水平。

在六个决策边际上所得到的这些结论的相似性会导致一些问题，在此可方便地对其进行讨论（可能会对前几节中的论述有所重复）。第一，这些结论相似的原因是什么以及关键效率条件背后的直觉是什么？第二，为什么搜寻活动总是过低？第三，均衡失业水平是太高了还是太低了？

这些结论相似的原因在于，影响所有决策边际的外部性归因于交易投入的有效单位数量（搜寻企业和工人数量的广义测度）。回顾一下，在搜寻强度 s 和招聘广告力度 a 下，失业工人在交易中的投入为 su，而拥有空缺的企业的投入为 av。企业与工人的接触由匹配技术 $m(su, av)$ 决定，并且由于各参与者与市场另一方的参与者相遇的概率取决于比率 av/su，从而产生了外部性。六个决策边际通过影响这个比率从而产生了外部性：岗位供给通过 v，招聘广告通过 a，搜寻强度通过 s，岗位破坏和工作接受通过 u 和 v，而劳动力参与则通过 u。因此，如果存在一个规则将由比率 av/su 造成的搜寻外部性内部化，那么这个规则将在所有的决策边际上同时将各种外部性内部化。而这正是规则 $\beta=\eta$ 的结果。此外，因为只有当匹配技术具有规模报酬不变并且搜寻强度以相乘形式进入匹配技术时，企业和工人的转移率才会依赖于一个唯一的数 av/su，所以这两个条件对于单一内部化规则的存在是必要的。

这个关键的效率条件使得一个谈判解参数和一个匹配技术参数联系起来。因此，我们不太可能找到其背后的直觉，而外部性理

论中的现存结论也不太可能有助于验证这一点。例如，对称性纳什解意味着 $\beta=1/2$；如果企业的折现率与工人不相同，在更为可信的谈判解中 β 将会反映这一差异，并等于企业的折现率比上二者的折现率之和。企业和工人偏好中的其他不对称性一般来说也会意味着不同的 β 值。弹性 η 是匹配技术对于失业的弹性。如果匹配技术是科布—道格拉斯形式，则 η 是常数，否则它将随着比率 av/su 而变化。只有在对称的科布—道格拉斯技术下，并且企业和工人在市场接触中是同样有效的，η 才可能是固定的并且等于 $1/2$。

效率条件的某些合理性也可由如下事实来得到，即 η 是达成接触的过程中失业工人的相对效力的测度，从而 $1-\eta$ 则是达成接触的过程中企业的相对效力的测度。我们也注意到在均衡中，企业对于搜寻工人的相对数量（av/cu）是关于 β 的减函数。因此，如果失业者在达成接触的过程中比企业更有效力（η 较高），那么在均衡中他们的数量也应当更高（β 较高），反之亦然。当然，这个理由也许可以说明为什么 η 和 β 在社会均衡中应当是正相关的，但却不是他们应当相等的原因。

现在转向关于搜寻活动为何总是过低的第二个问题，我们已经看到，失业工人被排除在工资谈判之外。如果失业工人可以选择设定工资规则，他们的选择将与社会计划者的选择相一致。他们将会选择使得更多岗位进入的正外部性与其他失业工人搜寻活动增加的负外部性相互抵消的工资规则。就业工人对于这种考虑不感兴趣，因为他们已经与企业进行了接触。由于工资率在这种市场环境下所扮演的分配性角色会影响失业工人和拥有空置岗位的企业，而工资率却是由就业工人和满置企业所选定的，因此就产生了这种外部性。工资谈判的局内人会忽略掉局外人的利益，然而工资决策却会极大地影响局外人的分配决策。

因为失业工人与社会计划者的利益一致，社会规则将最大化失业工人从搜寻中所得到的期望回报。由于搜寻的回报一般会偏低，工人会选择过低的搜寻活动。因此，进入市场寻职的工人太少了，他们的搜寻强度太低，并且他们太容易放弃搜寻。

如果在给定的正边际利润下存在无限制的岗位供给（与此相比，工人进入劳动力市场则受到不参与劳动的闲暇估值的约束），企业将会面临类似的问题。在有限制的岗位进入下，增加一个岗位空缺的期望回报将会太低。但是在无限制的岗位进入下，岗位进入或退出市场的运动将胜过外部性的影响。正如我们在第三章中所看到的，无限制的岗位进入相当于存在一条拥有调整成本的向下倾斜的劳动需求曲线，并且在均衡中，这意味着在比率 av/cu 和参数 β 之间存在一个逆向单调关系。因此，与工人方面的决策相比，劳动力—市场紧度 v/u 可能太高也可能太低，这取决于 β 与 η 之间的关系。

在所有关于搜寻均衡的有效性问题上，最频繁地被问到的问题是失业过高还是过低。这个问题令人感兴趣的原因在于，如果答案是失业太高了，这将会支持政府干预以减少失业。然而，我们的模型并不支持此类简单化的政策方法。尽管失业过高还是过低的问题可以被回答，关于社会有效性更为重要的问题在于不同经济活动中的资源配置，以及在个体均衡中这是否有效。失业是该分配机制的一个结果，而不是分配失当的原因。

这个重要的分配问题在于，企业和工人是否付出了足够的资源去搜寻。我们已经看到，企业可能开设太多或太少的新岗位，这取决于 β 和 η 之间的关系，但是工人为寻职所付出的资源总是太少。因为工人搜寻强度过低有时意味着太高的失业，而有时又意味着太低的失业，于是问题就转化为，最终的失业结果是位于有效失业水平之上还是之下。失业到底是太高还是太低既部分取决于是否存在足够的工作岗位，又部分取决于何种决策边际在工人的决策中占据优势——是搜寻强度还是工作接受：太小的搜寻强度会延长搜寻的期限；太低的保留工资则会减少搜寻的期限。当保留工资在岗位分配中扮演重要角色时，另外一个值得注意的因素是在均衡中由于太多的低生产率岗位被接受而造成的半就业。当 $\beta\neq\eta$ 时，无论搜寻强度与保留工资的影响如何，在社会有效的岗位上的就业无疑是太低了。

当存在差异化生产率冲击和内生岗位破坏时，在失业的决定中会产生类似的模糊性。回顾一下，在那个模型中稳态失业水平给定为：

$$u=\frac{\lambda G(R)}{\lambda G(R)+\theta q(\theta)}。\tag{8.38}$$

如果我们将 β 视为一个在 0 到 1 之间变化的参数，R 将在 $\beta=\eta$ 时取得最大值，而 θ 则随着 β 的增加而单调递减。因此，在空缺一失业空间上，如果 $\beta\neq\eta$，则式(8.38)中的贝弗里奇曲线太靠近原点了。但是，通过原点的岗位创造线却可能位于有效岗位创造线的左边，也可能位于其右边(参见图 8.1)。

由图 8.1 易知，由于 β 会同时导致两条曲线的移动，故一般来

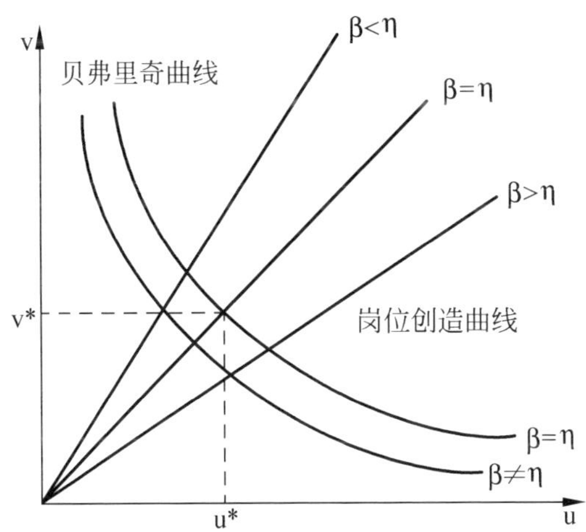

图 8.1　内生岗位创造和岗位破坏下的有效失业(u^*)与空缺(v^*)

说不可能确定这种无效性对空缺和失业的影响。在图中所描绘的情形下，当 $\beta<\eta$ 时失业过低而空缺不明确，当 $\beta>\eta$ 时空缺过低而失业则不明确。但是，因为太多的低生产率岗位存活下来，故在这两种情形下都会存在资源配置不当。

8.7　文献评注

Phelps(1972)和 Tobin(1972)首先提出了搜寻均衡的效率问题，Prescott(1975)对此进行了反驳。关于拥挤的效率分析，第一个正式模型源于 Diamond(1981，1982b)，而后 Mortensen(1978)、Baily(1978)、Diamond 和 Maskin(1979)等人也研究了相关的问题。在 Diamond(1981)中，这种无效性源于我们所没有考虑过的一种正外部性：在更高的失业率下平均岗位匹配的质量改善了，因为会有更多合适的工人搜寻给定的岗位。在 Diamond(1982b)中，外部性更一般地与工人的行为相关，尽管工人和岗位的总数被假设为固定的。与这些以及随后的关于搜寻均衡效率性的研究工作相比，Lucas 和 Prescott(1974)首先提出一个没有考虑匹配技术的搜寻均衡模型，并且不存在其他搜寻外部性，因此其均衡结果是有效的。

Mortensen(1982a)和 Pissarides(1984b)在一些密切相关的模型中讨论了搜寻强度和招聘广告的有效性。Mortensen 考虑了工作岗位的产权性质，而 Pissarides 则考虑了内生岗位数量的影响。Mortensen(1982b)是 Mortensen(1982a)在一些相关情形下的推广。这两个工作都仅仅考虑影响市场另一方的正外部性，因此他们得出结论认为搜寻的投入总是太低了。Howitt 和 McAfee(1987)在一个相关模型中考察了同时存在正外部性和负外部性的双边搜寻行为，但是其匹配技术具有递增规模报酬，其结论认为，不存在可行的工资能够使得搜寻外部性内部化。

随机岗位匹配下的效率分析是对 Pissarides(1984a)的推广，Pissarides 论述了岗位数量固定的情形下以及匹配技术规模报酬可变情形下的效率问题。Lockwood(1986)分析了技能可转换的效率含义(也就是说，生产率差异不是匹配针对型的)。在一个与本章相关的模型中，Deree(1987)考虑了当岗位存在生产率差异时跳槽行为的有效性，认为保留工资可能太低了(从而岗位流动性可能太高了)。McKenna(1987)考虑了参与决策的有效性，并推出了与本章相同的效率条件。

Davidson、Martin 和 Matusz(1987)考虑了当存在竞争性部门

时搜寻均衡的有效性，认为搜寻部门可能太小了。

Hosios(1990)阐述了效率条件(8.7)在双边搜寻模型以及其他相关模型中的推广。在更新近的研究中，一些作者考虑了不同的工资决定机制，以考察该效率条件是否被满足。Moen(1997)表明，如果在模型中企业工资的设定满足工资更高意味着等待时间更短的约束，那么效率条件仍然成立。Acemoglu 和 Shimer (1997)使用了类似的工资设定假设，认为同质性工人之间的工资差异在这些情形下是有效的，因为它激励工人去收集信息，并逐渐削弱了企业在工资设定中的垄断势力。

Grout(1984)、Caballero 和 Hammour(1996)、MacLeod 和 Malcomson(1993)以及 Acemoglu 和 Shimer(1999b)提出了在摩擦性市场中的一些相关的效率问题——可参见 Malcomson (1997)的一个述评——他们讨论了所谓的"敲竹杠"问题，即企业在工资协商之前作出了一项不可逆的资本投资决策。在我们的框架下，存在一个完善的二手资本市场的假设使得我们避免了这一问题。

有大量文献研究了其他类型的匹配问题的有效性，这类问题至少可以追溯到 Koopmans 和 Beckmann(1957)以及 Becker (1973)。例如，参见 Sattinger(1991)、Montgomery(1991)、McLaughlin(1994)、Smith(1997)以及 Coles 和 Burdett(1997)。

Solow(1985)、Lindbeck 和 Snower(1988)讨论了工资谈判中局内人和局外人的利益分歧问题及其对工资决定和失业的影响。可参见下一章对此问题的讨论。

第九章　政策功能

由前面几章的分析可知,均衡失业水平取决于几个参数,并且一般来说它是无效率的;本章将注意力转向政策分析。首先,我们介绍一些政策工具并研究它们对于均衡的影响;然后探讨是否存在最优政策规则,以消除搜寻外部性所造成的无效性。我们仅考虑微观经济政策,并研究其在无资本、利率外生的劳动力市场模型中的作用。

我们将要研究的政策规则是线性的,由工资税、就业或失业补贴导出。我们所遵循的途径是首先考虑存在政策情形下工资决定中所隐含的某些一般性原则,然后研究线性政策规则对于岗位创造、岗位破坏、搜寻强度以及对是否形成匹配的支配规则的影响。

9.1　政策工具

我们考虑五种政策工具:由工人所支付的工资税、企业所得到或支付的就业补贴、雇佣补贴、解雇税、失业补偿。由于该模型的均衡性质,如果企业也要支付工资税,例如雇主支付社会保险,其分析将类似于工人支付工资税的情形。一般来说,税收归宿与谁支付税收无关。

工资税是关于收入的线性的、平滑的函数。平滑性假设是为了分析上的易于处理，但仍然不失一般性。假设某一工作岗位 j 的总工资为 w_j，则工人所得到的净工资即为 $(1-t)(w_j+\tau)$，我们由此引入了累进或累退税制的可能性。可以方便地想象为工人得到一个税收补贴，然后对其总劳动所得（包括补贴）以比例 t 进行征税。在这种征税形式下，工人向税收当局的净转移为：

$$T(w_j)=tw_j-(1-t)\tau。\tag{9.1}$$

边际税率 t 的取值范围为 $0\leqslant t<1$。一般而言，我们将对那些存在某些净税收支付的情形感兴趣，也就是说，税收工具使得在均衡工资 w 上有 $T(w)\geqslant 0$。税收补贴 τ 可能为正也可能为负。如果 $\tau>0$，则税收是累进的，因为平均税率随着工资而上升；如果 $\tau<0$，则税收是累退的，而如果 $\tau=0$，则为比例税。我们关于税制系统结构的假设意味着，t 总是扮演着比例税的角色，无论 τ 的符号与取值如何，t 的变化不会影响累进或累退税制系统中所隐含的工资补贴。

在每个岗位上，就业以比率 a 进行补贴。尽管一般而言我们将 a 视为一个正数，但是它实际上可以进行任意取值。在整个岗位存续期间，就业补贴被支付给企业。我们假设就业补贴与岗位占据者的技能或工资率无关，而在后面的公式中容易看到使其与 p 成比例所产生的影响。

此外，当雇佣一个工人时，企业将获得一定的雇佣补贴；而当岗员分离发生时，企业将支付一个解雇税。与就业补贴相比，我们假设雇佣税和解雇税都取决于工人的技能，例如，它们可能与工资率挂钩。我们假设在雇佣一个初始生产率（一般意义上）为 p 的工人时，企业会获得雇佣补贴 pH；而当岗员分离发生时，企业则必须支付的税为 pT，从而简单地建立了一个关于雇佣税和解雇税的模型。解雇税不是对工人的一种补偿，而是对企业所产生的一种成本，这可能是反映政府所施加的解雇限制的一种影子税。在岗员分离时，企业所给予的转移支付对于模型没有影响，因为它会被工资协商所吸收掉。解雇税被假设为依赖于工人的技能，因为在存在解雇限制的市场上，去掉一个熟练工人比去掉一个非熟练工人更加困难的假设是可信的。

失业工人获得某些补偿，这是由政策决定的。我们假设政策参数是税后替代率，即净失业收益与工作的平均净收入之比。我们将净失业收益 b 定义为：

$$b=\rho[w-T(w)], \tag{9.2}$$

其中 ρ 为政策参数，$w-T(w)$ 为平均净工资率。我们假设 $0\leqslant\rho<1$。当然，b 没有被征税，因为它已经被以税后项的形式所定义。

在某些应用中，对式(9.2)的处理会导致很多复杂性，因为用以刻画均衡的是一个条件工资分布，而不是一个单一的工资率。在此情形下，一条捷径是用一般性生产率参数 p 来定义收益，这个参数是唯一的并且是外生的。这条捷径在重要的方面都不会丧失一般性。在此情形下，我们将净失业收益定义为：

$$b=\rho[p-T(p)]。 \tag{9.3}$$

政策工具包括税收补贴 τ、边际税率 t、替代率 ρ、就业补贴 a、雇佣补贴 pH，以及解雇税 pF。如果政策制定者存在融资约束，政策工具将不是相互独立的。在本章后面，我们会讨论融资约束的含义，但是首先让我们将各政策工具视为独立参数。

9.2　工资决定

政策是否会影响均衡工资？这个问题对于我们的分析是很关键的。利用第一章中所引入的工资决定的简单模型，我们首先考察一些一般性原则及其相互作用。

假设不存在差异化生产率冲击、不存在随机岗位匹配、搜寻强度固定，并且失业期间的净应计失业收入（不包括失业补偿）固定在某个水平 z 上。劳动的净边际产出为 p，并且企业的雇佣成本为 pc。岗位供给是可变的，由利润最大化决定。在不受政策影响的情形下，均衡岗位数量（或劳动力—市场紧度）和均衡工资由第一章中的方程(1.22)和(1.23)给定，为方便参考将其复述如下：

$$p - w - \frac{(r+\lambda)pc}{q(\theta)} = 0, \tag{9.4}$$

$$w = (1-\beta)z + \beta(1+c\theta)p。 \tag{9.5}$$

岗位破坏发生的比率固定为 λ。为了推导政策方程，我们首先必须计算当存在政策时，工人和企业的折现价值。失业工人在政策下的净价值给定为：

$$rU = z + b + \theta q(\theta)(W - U), \tag{9.6}$$

其中 W 为就业工人的平均净价值。就业工人在一个支付 w_j 的岗位上的净价值给定为：

$$rW_j = w_j - T(w_j) + \lambda(U - W_j)。 \tag{9.7}$$

企业由一个空置岗位得到的净价值和由一个支付 w_j 的工作岗位得到的净价值分别给定为：

$$rV = -pc + q(\theta)(J + pH - V), \tag{9.8}$$

$$rJ_j = p + a + w_j - \lambda(J_j + pF)。 \tag{9.9}$$

在式(9.8)中，当工人到达而岗位被创造出来时，企业获得一个雇佣补贴 pH。当岗位满置时，补贴是一个流量 a，被增加到企业收益里，而当岗位被破坏时，企业除了损失该岗位的剩余之外还要支付一个解雇税 pF。

如前所述，工资将由最大化纳什积所确定，并且它们可以随时被重新协商。在不含政策的模型中，这个规则的应用是很直接的，并且产生了简单的工资方程(9.5)。然而，在当前情形下，纳什规则的应用很成问题，因为存在着雇佣补贴和解雇税。

为此，考虑企业和工人首次相遇时他们所面临的选择。如果他们签订了合同，那么企业的支付将为 $J_j + PH$，因为签订完成后企业将得到补贴 pH。因此，初始的工资选择将最大化如下乘积：

$$B_0 = (W_j - U)^{\beta}(J_j + pH - V)^{1-\beta}。 \tag{9.10}$$

但是，在工人被雇佣之后，企业继续合同的收益仅为 J_j，因为企业不会得到进一步的雇佣补贴。相反地，现在解雇税变得可行了，如果企业不同意继续工资合同，其损失将为 $J_j + pF$。因此，如果工人在其被雇佣后能够促成工资的重新协商，那么新的工资将最大化如下乘积：

$$B = (W_j - U)^{\beta}(J_j + pF - V)^{1-\beta}。 \tag{9.11}$$

显然，两种情形下的工资结果是不同的。关键的问题在于，工人在被雇佣后是否能促成工资的重新协商。假设他能，因而我们将计算两个工资，一个用 w_{0j} 表示，是初始协商中最大化式(9.10)的工资，另一个用 w_j 表示，是之后被重新协商以最大化式(9.11)

的工资。该假设是对本书所遵循的工资决定假设的自然推广。利用林德佰格和斯诺维(Lindbeck & Snower,1988)引入的术语,我们将 w_{0j} 称为“外部”工资,而将 w_j 称为“内部”工资:在企业被解雇税锁定之前,w_{0j} 被那些仍然处于企业之外的人员所协商;而 w_j 则由企业内部人员进行协商,这些内部人员得益于施加给企业的解雇限制。

某些作者不相信这种双层工资结构,一方面经验数据不支持这一点(Lindbeck & Snower,1988),另一方面,如果企业拒绝重新协商,工人将没有任何可信的威胁力,从而无法促成重新谈判(McCleod & Malcomson,1993)。对于这些替代性机制的考察会超出本书的分析范围,但是我们可以注意到它们将会给出同样的岗位破坏结果,甚至当岗位破坏内生化时也是如此。然而,岗位创造结果一般来说则是不同的,因为岗位创造依赖于企业的期望利润,而这相应地会受到工资结果的影响。

给定我们的假设,外部(初始的)工资的求解可得:

$$\beta \frac{\partial W_j}{\partial w_{oj}}(J_j + pH - V) + (1-\beta)\frac{\partial J_j}{\partial w_{0j}}(W_j - U) = 0, \quad (9.12)$$

而内部(后续)工资的求解可得:

$$\beta \frac{\partial W_j}{\partial w_j}(J_j + pF - V) + (1-\beta)\frac{\partial J_j}{\partial w_j}(W_j - U) = 0。\quad (9.13)$$

在征税情形下,

$$\frac{\partial W_j}{\partial w_{oj}} = \frac{\partial W_j}{\partial w_j} = \frac{1 - T'(w_j)}{r+\lambda},$$

$$\frac{\partial J_j}{\partial w_{oj}} = \frac{\partial J_j}{\partial w_j} = -\frac{1}{r+\lambda},$$

因此，总剩余的劳动者分摊份额现在为 $\beta[1-T'(w_j)]/[1-\beta T'(w_j)]$，从而取代了无税收模型中的常数 β。边际税率会影响劳动者的分摊份额，但是总税收支出和补贴收入会影响所分摊的总剩余，而不是相对的分摊份额。如果边际税率为正，劳动者分摊份额会下降；工资是下降还是上升还取决于岗位剩余与劳动者的替代性回报如何。

该结论具有一般性：边际税率会影响工作岗位剩余的划分，然而平均税率和补贴则仅仅通过其对所分摊剩余的影响来影响谈判的结果。由前面的分析易知，如果在失业补偿中存在一个边际成分，也就是说，如果所支付的补贴取决于工人以前的工资，那么这也会影响剩余的划分。如果企业必须支付一个工资税，或者如果其他补贴和税收与此工资率相关，那么企业的净边际税率也会影响剩余的划分。除了那些由工人的边际税率而引起的分析之外，我们将不会考察任何此类扩展性的分析，因为它们对于均衡失业行为的分析并没有什么令人感兴趣的影响。

工人的边际税率减少了劳动者的剩余分摊份额，因为由企业所给与的一单位工资的上升对工人所产生的收益为 1 减去边际税率。因此，边际税率对企业与工人施加了一个共同的损失，而保持低工资则可减少这个损失。与此相比，补贴和其他税收系统参数对企业和工人施加了同样的损失，但却与工资水平无关，因此企业和工人会像他们分摊岗位剩余一样分摊该损失（显而易见，在与工资相关的失业补贴下，劳动者分摊份额会上升，因为在工人就业时企业所让与的每单位工资增加会对工人产生一单位收益，而在工人失业时则会对工人产生某些额外补偿）。

税收和失业补贴由式(9.1)和(9.2)给定,在均衡中分别由式(9.12)和(9.13)所推出的外部和内部工资方程。也就是说,施加条件 $V=0$ 且对于所有的 j,$w_j=w$,即为如下方程:

$$w_0=\frac{1-\beta}{1-\rho(1-\beta)}\left[\frac{z}{1-t}-(1-\rho)\tau\right]+\frac{\beta}{1-\rho(1-\beta)}[(1+c\theta-\lambda F+(\gamma+\lambda)H)p+a],\quad(9.14)$$

$$w=\frac{1-\beta}{1-\rho(1-\beta)}\left[\frac{z}{1-t}-(1-\rho)\tau\right]+\frac{\beta}{1-\rho(1-\beta)}[(1+c\theta+\gamma F)p+a]。\quad(9.15)$$

这两个工资方案在存在雇佣补贴和解雇税的情形下将是不同的。由于补贴支付以工人同意接受工作为条件,外部工资会增加,所增加的正是雇佣补贴的一个部分。但是,它也会减少,所减少的正是解雇税的一部分,因为如果工人同意签订合同,企业将必须承担解雇税。相比之下,内部工资与雇佣补贴无关(因为它已经被接受过了),但是现在却会随着解雇税而上升,因为如果工人不同意继续这个岗位匹配时,企业将不得不支付该解雇税。

当不存在雇佣补贴时,工资先是很低,在重新协商后会增加;这反映了一旦工作岗位开始运作,企业就将被解雇税锁定的事实。但是,雇佣补贴会增加初始工资。如果 $F>H$,也就是说,如果解雇税超过雇佣补贴,外部工资将低于内部工资。

两个工资安排中除了此差异之外,它们都拥有共同的性质。替代率会提高工资,因为它提高了失业收入,从而改善了工人在纳什谈判中的初始点。就业补贴也会提高工资,因为岗位的总回报提高了：工人从企业支付的补贴中获得一部分收益。类似地，企业和工人分摊了税收补贴 τ，其中工人的分摊方式是隐性的。当一个工作岗位形成时，工人所获得净补贴为 $(1-\rho)\tau$：被雇佣的工人获得全部补贴 τ，失业工人则获得其一个比例 ρ 作为失业补贴的一部分。

边际税率会影响均衡工资，因为没有对闲暇（或家庭生产）的应计收入征税，从而税收使得闲暇相对于工作变得更具吸引力。如果税收是比例税，这将是税收系统对于工资的唯一影响。然而，在第三章中我们表明，在稳态中，闲暇的应计回报不变的假设是不合理的。如果像我们在第三章中那样，将闲暇的应计回报进行推广（例如，设其依赖于财富），那么税收系统对工资仍然有影响，但仅仅是因为其所隐含的税收补贴。在闲暇的应计价值与生产率成比例的情形下，边际税率完全被工人所吸收。

这些结论的正式阐述很容易，故在此省略。直觉上，我们在式(9.1)中定义税收的方式意味着，边际税率的作用类似于比例税。在比例税 $\tau=0$ 下，税收系统不会在工人接受一份工作的相对回报中导致任何扭曲。比例税与劳动扩展型生产率变化扮演着同样的角色。劳动扩展型生产率的变化是劳动投入乘上一个常数；比例税则是工资率乘上一个常数。如果二者的比例性质都是因为闲暇的应计价值与财富（或工资或生产率）成比例造成的，那么其影响也会相同。

相比之下，失业收入、累进或累退税制和就业补贴都会改变工资，因为它们扭曲了工人接受一份工作所得到的相对回报。工资方程意味着（在给定的 θ 下）替代率会提高工资，从而它会增加企业的劳动力成本。就业补贴也会提高工资，但是减少了劳动力的净成本，因为是由企业和工人分摊。税收补贴通过减少谈判工资从而减少了企业的劳动力成本，并且因为其由企业与工人分摊，从而提高了净工资。

9.3　政策均衡

此处我们考虑岗位供给，并以式(9.14)和(9.15)来结束此模型。我们仍然假设不存在差异化冲击，因此令人感兴趣的决策边际是岗位创造。这可简单地由式(9.8)和(9.9)施加均衡条件 $V=0$ 而推出，从而有：

$$p-w+a+p\left[(r+\lambda)H-\lambda F-\frac{r+\lambda}{q(\theta)}c\right]=0。\quad(9.16)$$

将 $a=H=F=0$ 代入上式，可知该条件是对式(9.4)的推广。然而在此所产生的问题是，如果 H 或 F 是正的，哪一个才是用来求解式(9.16)的相关工资方程，是内部工资方程(9.15)还是外部工资方程(9.14)？我们前面的讨论表明应当使用外部工资，因为企业计算一个新空置岗位的期望回报方程式(9.8)是基于一个新岗位的期望利润。这就是假设，如果 $F>H$，外部工资就是可行的(例如，外部工资为正且不违背任何最低工资约束)。将式(9.14)中的工资代入式(9.16)给出了岗位创造条件：

$$p+a+\tau-\lambda pF+(r+\lambda)pH=\frac{z}{(1-\rho)(1-t)}+$$

$$\frac{pc}{(1-\rho)(1-\beta)}\left(\beta\theta+[1-(1-\beta)\rho]\frac{r+\lambda}{q(\theta)}\right)。\quad(9.17)$$

给定式(9.17)中所求得的紧度，如前所述，可由贝弗里奇曲线推导出均衡失业水平：

$$u=\frac{\lambda}{\lambda+\theta q(\theta)}。\tag{9.18}$$

在岗位破坏和搜寻强度固定且不存在随机岗位匹配的情形下，政策在给定的 θ 下不会影响岗位匹配率，也不会影响岗员分离率。系统(9.17)和(9.18)如前所述可由图形来表示，其中式(9.18)表现为向下倾斜的贝弗里奇曲线，而式(9.17)则表现为通过原点的岗位创造线。在这个模型中，政策会影响岗位创造，从而使岗位创造线沿着原点转动，若影响为负则沿顺时针转动，若影响为正则沿逆时针转动。在关于工资决定的讨论下，哪些政策有正的岗位创造效应、哪些有负的效应都是可预知的：就业补贴、雇佣补贴，以及隐性税收补贴 τ(或累进税制)都会增加岗位创造并减少失业；解雇税、失业补偿，以及工资税则都会减少岗位创造。

9.4 岗位破坏

现在来考察当存在差异化生产率冲击、并且生产率低于保留生产率 R 的岗位都会被破坏时，政策对于岗位破坏的影响。第二章详细地描述了这一模型，因此我们在此重述一下当存在差异化冲击时关于岗位资产价值的关键方程：

$$rJ(x)=px-w(x)+\lambda\int_{R}^{1}J(s)dG(s)-\lambda J(x)。\tag{9.19}$$

企业在差异化生产率参数取最大值即 $x=1$ 时开设一个新的岗位。差异化冲击到达的比率为 $\lambda>0$，且由分布 $G(s)$ 随机抽取。每当一个差异化冲击到达时，工资会被重新协商。其纳什工资方程是不存在冲击时的方程的自然推广：

$$w(x)=(1-\beta)z+\beta(x+c\theta)p。\tag{9.20}$$

当差异化生产率掉到 R 以下时，工作岗位会被破坏，这由 $J(R)=0$ 所定义。

当存在政策时，式(9.19)和式(9.20)的变化即为式(9.9)和式(9.14)至式(9.15)等方程的变化方式的自然推广。如前所述，初始(外部)工资不同于后续(内部)工资，原因前面已经解释过了。因为现在生产率存在差异，所以不存在单一的内部工资，而是存在一个不同岗位上的工资分布。这就在失业补偿的定义中增添了某些复杂性。一种定义失业补偿的自然方法可写为：

$$b=\rho(1-t)[E(w(x)\mid x\geqslant R)+\tau],\tag{9.21}$$

其中 $w(x)$是拥有差异化生产率 x 的工作岗位的工资率。上式在给定 (9.1)中的税收定义下推广了式(9.2)。于是，$E(w(x)|x\geqslant R)$即为市场的平均工资，至少对于内部人员而言确实如此。

然而，式(9.21)给模型带来了太多的复杂性。如果假设如式(9.3)中所定义的那样，根据一个初始的生产率水平 p 将失业补贴固定，那么关于失业补偿的作用就可得到类似的结论。也就是说，取代式(9.21)，我们利用：

$$b=p(1-t)(p+\tau)。\tag{9.22}$$

接下来我们将使用式(9.22)。当存在一个工资的分布时，由此模型所获得的简单性值得我们牺牲某些一般性。

因为初始的差异化生产率为 $x=1$，在内生岗位破坏情形下，外部工资与先前在外生岗位破坏情形下所推出的式(9.14)相同，除了将先前的$\rho(1-t)(w+\tau)$用式(9.22)代替了之外。工资方程为：

$$w_0=(1-\beta)\left[\frac{z}{1-t}-(1-\rho)\tau+\rho p\right]+$$
$$\beta[1+c\theta-\lambda F+(r+\lambda)H]p+\beta a。\tag{9.23}$$

该内部工资是式(9.15)的自然推广，其中x代替1作为生产率的差异化成分：

$$w(x)=(1-\beta)\left[\frac{z}{1-t}-(1-\rho)\tau+\rho p\right]+\beta[x+c\theta+\gamma F]p+\beta a。\tag{9.24}$$

因此，尽管这些工资方程的推导现在变得更加复杂了，正如第二章中那样，在存在政策干预的情形下支配工资决定的那些原则仍然与本章先前所讨论过的那些原则相同。

为了推导出岗位破坏规则，注意当存在政策时式，(9.19)变为：

$$rJ(x)=px+a-w(x)+\lambda\int_R^1 J(s)dG(s)-\lambda G(R)pF-\lambda J(x),\tag{9.25}$$

而一个空置岗位的回报则满足：

$$rV=-pc+q(\theta)(J^0+pH-V)。\tag{9.26}$$

在此，J^0是式(9.25)中$x=1$时的资产价值，而其中工资率满足外部工资方程(9.23)；这与式(9.25)中的积分表达式中的$J(1)$形成对比，而此时其工资率则满足内部工资方程(9.24)。

当一个岗位被破坏掉时，企业放弃了$J(x)$并支付一个解雇税pF。因此，如果$J(x)<-pF$，那么一个拥有差异化生产率x的工作岗位将会被破坏掉，从而给出如下保留生产率方程：

$$J(R)+pF=0。\tag{9.27}$$

将式(9.25)中的 $J(R)$ 代入式(9.27)，可得：

$$pR+\alpha-w(R)+\lambda\int_R^1 J(s)dG(s)+[r+\lambda(1-G(R))]pF=0, \tag{9.28}$$

其中 $w(R)$ 满足在 $R=x$ 时的式(9.24)。

现在，因为：

$$w(x)-w(R)=\beta p(x-R),$$

式(9.25)和(9.27)意味着：

$$(r+\lambda)[J(x)-J(R)]=(1-\beta)p(x-R),$$

故：

$$J(x)=(1-\beta)\frac{p(x-R)}{r+\lambda}-pF。\tag{9.29}$$

因此，将式(9.24)中的 $w(R)$ 代入式(9.28)，并将式(9.29)中的 $J(s)$ 代入式(9.28)，就可得到如下岗位破坏规则：

$$R+\frac{\alpha+(1-\rho)\tau}{p}-\rho+rF-\frac{z}{p(1-t)}-\frac{\beta c}{1-\beta}\theta+\frac{\lambda}{r+\lambda}\int_R^1(s-R)dG(s)=0。\tag{9.30}$$

岗位破坏规则(9.30)将第二章中的不存在政策情形下的规则(2.15)进行了显而易见的推广。就业补贴 a 和收入税补贴 τ 分别减少了给定 θ 下的保留生产率，因为二者增加了工作岗位的回报。解雇税也减少了保留生产率，因为现在破坏一个岗位的成本更高了。税率 t 会增加保留生产率，因为闲暇是不征税的，而替代率也会增加保留生产率，因为它减少了失业的成本。

为了完成这个模型,我们需要推导出市场紧度(岗位创造)的方程,这由式(9.26)在 $V=0$ 时导出。注意,由式(9.23)和(9.24)可知:

$$w_0-w(R)=\beta[1-R+(r+\lambda)(H-F)]p,$$

我们由式(9.25)可得:

$$(r+\lambda)[J^0-J(R)]=(1-\beta)(1-R)p-\beta(r+\lambda)(H-F)p。\tag{9.31}$$

因此,由式(9.26)取 $V=0$ 即意味着:

$$J^0=\frac{pc}{q(\theta)}-pH,\tag{9.32}$$

并且由式(9.27),我们得到岗位创造条件:

$$(1-\beta)\left(\frac{1-R}{r+\lambda}-F+H\right)=\frac{c}{q(\theta)}\tag{9.33}$$

条件(9.33)推广了不存在政策时的岗位创造条件(2.14)。如前所述,它给出了保留生产率和市场紧度之间的一个负向关系,因为在更高的保留生产率下,工作岗位有着更短的期望寿命,从而岗位创造减少了。雇佣与解雇之间的净补贴 $H-F$ 会增加 θ。在此,只有净补贴才起作用,因为在岗位创造之前,企业期望确定地收到 H 而支付 F。这与岗位破坏规则形成对比,在岗位破坏规则中,由于雇佣补贴已成为过去,从而只有解雇税才起作用。

为了推导政策参数对于岗位创造和岗位破坏的影响,我们利用在第二章中使用过的用来表示其他参数变化的图形。在一个以 R 作为垂直轴、θ 作为水平轴的空间中,式(9.30)表示为一条向上曲线,记为 JD,而式(9.33)则表示为一条向下倾斜的曲线,记为

JC。均衡 R 和 θ 在两条曲线的交点上(图 9.1)。我们在失业水平固定的假设下讨论政策效应,也就是说,任何导致 R 增加的政策变化都会在给定失业水平下增加岗位破坏,而任何导致 θ 增加的政策变化都会在给定失业水平下增加岗位创造。后面我们再回到对失业的讨论上。

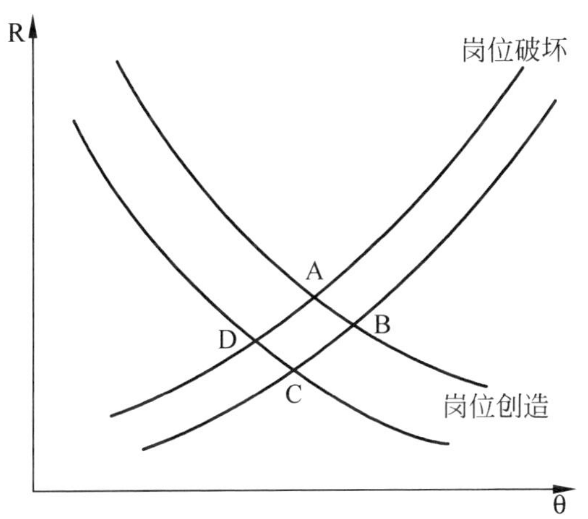

图 9.1 政策对岗位创造和岗位破坏的影响

(a) 就业补贴、税收补贴,A 到 B;(b) 比例税率、失业补偿,B 到 A;(c) 雇佣补贴,D 到 A;(d) 解雇税,A 到 C。

结果发现,在给定的失业水平下,所有政策参数对于岗位创造和岗位破坏的影响都可得以充分地表现。就业补贴 a 和税收补贴 τ 都使得岗位破坏曲线向下移动,从而在给定的失业水平下减少了岗位破坏,增加了岗位创造。税率 t 使得岗位破坏曲线向上移动,从而有着相反的影响。雇佣补贴 H 导致岗位创造曲线向右移动,从而导致岗位创造和岗位破坏都增加。岗位创造增加的原因是很明显的:雇佣补贴增加了岗位匹配的回报。岗位破坏增加是因为市场紧度的增加，从而改善了工人在劳动力市场上的选择机会。与就业补贴在岗位持续期间予以支付相比，雇佣补贴却仅在岗位创造时予以支付。因此，当碰上负冲击时，它们将不存在从而无法抵消市场紧度的提高。

解雇税导致 JC 曲线向左移动，JD 曲线向下移动，因此岗位破坏下降。这对于岗位创造的影响在图形中是不明确的，但是将式(9.30)和(9.33)对 F 进行微分容易看到，岗位创造也会下降。岗位创造之所以下降是因为，一旦岗位被创造出来，该岗位就肯定要支付解雇税，故岗位的总的期望回报下降了。这个影响之所以在图形中表现不明确，是因为岗位期限的增加会弥补某些期望利润的损失，但是明显不够。

最后，失业补偿导致 JD 曲线向上移动，降低了岗位创造，增加了岗位破坏。原因在于，在更高的失业收入下，在给定生产率水平下工资提高了，从而减少了新岗位以及存续岗位的期望利润。

均衡失业由贝弗里奇方程得到：

$$u=\frac{\lambda G(R)}{\lambda G(R)+\theta q(\theta)}, \tag{9.34}$$

这是在空缺—失业空间中的一条向下倾斜并凸向原点的曲线(图 9.2)。于是，由我们前面的分析可知，提高补贴 a 或 τ 会导致贝弗里奇曲线向内移动，岗位创造线逆时针旋转，并减少失业。税率的影响相反，会增加失业。因为一个 t 和 τ 都为正的线性税制系统相当于一个累进税制，故累进税对于失业的影响可能为正也可能为负。下面我们将进一步讨论这一点。

雇佣补贴 H 导致贝弗里奇曲线向外移动，岗位创造线逆时针

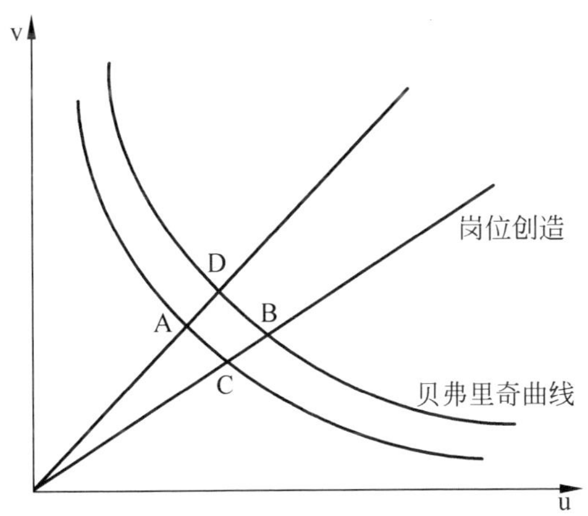

图 9.2　政策对失业和空缺的影响

(a) 就业补贴、税收补贴，B 到 A；(b) 比例税率、失业补偿，A 到 B；

(c) 雇佣补贴，C 到 D；(d) 解雇税，D 到 C。

转动，而对于失业的影响则是不明确的。解雇税导致了相反的移动，从而对于失业的影响也是模糊的。然而注意，由式(9.33)和式(9.30)可知，如果征收同样幅度的雇佣补贴和解雇税($F=H$)，则此净影响会导致图 9.1 中的 JD 曲线向下移动。这在给定的失业水下减少了岗位破坏，增加了岗位创造，从而导致图 9.2 中的贝弗里奇曲线向内移动，岗位创造线逆时针转动。失业无疑会下降。

最后，替代率导致贝弗里奇曲线向外移动，并使得岗位创造线顺时针转动，无疑会增加失业。

9.5　搜寻强度

前一节已经阐明，在岗位创造与岗位破坏模型中引入政策参数极大地丰富了模型的结论。但是,劳动力供给在政策效应中仍然只是通过其对工资决定的影响来扮演一个间接的角色。在本节和下一节中,我们将考虑第五章和第六章中的劳动力供给模型更为丰富的政策含义。在本节中我们允许搜寻强度发生变化。正如第五章那样,我们假设如果工人 i 在搜寻期间供给 s_i 有效单位搜寻强度,岗位到达的比率变为:

$$q_i^w = \frac{s_i}{su} m(su, v)。 \tag{9.35}$$

在此 s 为代表性工人的均衡搜寻强度。我们不再考虑可变广告强度的情形,因为第五章的结论表明,在内生岗位空缺下,最优招聘广告仅仅依赖于广告成本函数的性质。我们假设不存在差异化生产率冲击,从而岗位破坏发生的比率固定为 λ。

工人的 s_i 单位搜寻的成本为:

$$\sigma_i = \sigma(s_i, z), \tag{9.36}$$

因此,失业期间的净收入为 $z + b - \sigma_i$。在此,z 为失业的应计收入,而 b 为实际收入。成本函数满足通常的凹性假设,如式(5.9)中所示。在搜寻期间,失业工人通过选择其有效单位 s_i 以最大化其期望回报 U_i。在均衡中,所有工人都会选择相同的 s_i。导出均衡 s 的方程的过程在第五章中已经描述过了。引入税收和失业收入不会造成根本上的改变。

在政策下,均衡方程类似于不存在政策情形下的方程(5.26),即:

$$s\sigma_s(s, z) = \frac{\beta(1-t)}{1-\beta} pc\theta。 \tag{9.37}$$

在式(5.31)中,我们已提出一个搜寻成本函数的近似形式为:

$$\sigma(s,z)=zh(s), \tag{9.38}$$

其中 $h(s)$ 即为搜寻所付出的时间数量，并且满足 $h'(s)>0$，$h''(s)\geqslant 0$。于是，式(9.37)变为：

$$szh'(s)=\frac{\beta(1-t)}{1-\beta}pc\theta。 \tag{9.39}$$

因此，在式(9.38)下，搜寻强度依赖于边际税率。在均衡中，它也可能依赖于其他政策工具，这是因为 θ 依赖于它们。但有趣的是，当我们控制 θ 时，累进税制和替代率都不会影响搜寻强度。

显然由式(9.39)可知，之所以产生这个性质归因于模型的两个特征。第一，边际税率影响搜寻强度，因为它影响工人在岗位剩余中的分摊份额。因为边际税率减少了工人的分摊份额，搜寻强度下降。其他影响岗位剩余但不影响相对分摊份额的政策工具则通过市场紧度的均衡值影响搜寻强度。第二，失业补偿不会影响搜寻强度。

这是由于风险中性假设和时间成本独立于实际收入的假设造成的，正如式(9.38)所表示的那样。在第五章中，我们讨论了这种假设的优点，故在此我们不再赘述。我们也曾表明，在风险规避假设下，替代率会在给定的 θ 下减少搜寻强度。

现在，在可变搜寻强度下，失业的均衡条件为：

$$u=\frac{\lambda}{\lambda+\theta q(s,\theta)}。 \tag{9.40}$$

将式(9.39)中的 s 代入式(9.40)可得到空缺与失业之间的均衡关系(贝弗里奇曲线)，这个关系与最优化行为是一致的。在此关系中，边际税率是一个转移变量，但是其他税收工具和替代率则不是。边际税率上升将会导致贝弗里奇曲线向右移动，从而意味着在每一个空缺水平上会有更多的失业。

如前所述,劳动力—市场紧度由一个类似式(9.17)的方程决定,但对式(9.17)进行了推广以包含可变搜寻强度。引入可变搜寻强度对于决定市场紧度的方程没有重要的新的影响,理由在此不再重复。在政策模型中引入可变搜寻强度所得到的结论在于,前面所描述的关于固定搜寻强度模型的性质被极大地保留了,唯一一个新的政策影响渠道就是提高税收会导致贝弗里奇曲线向外移动。关于失业收入的一个更为一般化的描述意味着,提高失业补偿会导致贝弗里奇曲线向外移动,这是因为其对搜寻强度的非激励效应。然而,下一节模型是获得失业补偿对搜寻决策的非激励效应的更好的方法。

9.6　随机岗位匹配

接下来,我们考虑政策对于岗位拒绝和岗位接受的影响。正如第六章中的模型那样,我们假设在分布为$G(\alpha)$的生产率中存在着匹配—特设型差异。(当然,这与我们在第9.4节中表示差异化生产率冲击的分布所用到的$G(.)$不同。)岗位剩余的纳什分摊规则意味着,会谈的企业与工人会在所有生产率水平至少与保留水平αr一样高的岗位上达成匹配。在无政策模型中,这个保留生产率水平由式(6.33)给出。为了简化分析,我们假设不存在差异化生产率冲击,也没有雇佣补贴或解雇税。仅存在就业补贴、工资所得税和失业补贴。

给定第六章中的结论和本章先前所推导出的工资方程,容易分析政策对于保留生产率的影响。在第六章中，我们已经看到，所有就业成本被覆盖的工人都会被接受。在就业补贴 a 下，这意味着保留生产率水平满足

$$p\alpha_r + a - w(\alpha_r) = 0, \tag{9.41}$$

其中 $w(\alpha_r)$ 是企业所支付的工资率。工人从这个岗位所获得的净工资率为 $(1-t)[w(\alpha_r)+\tau]$，而在均衡中，这必须等于工人的保留工资 rU。这个等式是纳什分摊规则的结果：企业和工人总是在某个边际岗位上达成一致。由式(9.6)和纳什分摊规则，我们推导出如下均衡关系：

$$rU = z + b + \frac{\beta(1-t)}{1-\beta}pc\theta。 \tag{9.42}$$

因此，保留工资满足：

$$(1-t)[w(\alpha_r)+\tau] = z + b + \frac{\beta(1-t)}{1-\beta}pc\theta。 \tag{9.43}$$

将式(9.41)中的 $w(\alpha_r)$ 代入式(9.43)，我们得到关于保留生产率的如下方程，这是对式(6.33)的推广：

$$p\alpha_r = \frac{z+b}{1-t} - \tau - a + \frac{\beta}{1-\beta}pc\theta。 \tag{9.44}$$

保留生产率随着税收补贴 τ 和就业补贴 a 而下降。当企业和工人形成匹配时，这些补贴要么支付给企业，要么支付给工人，因此，他们都更愿意形成匹配。因为在给定的边际率下 τ 的增加意味着一个更多的累进收入税，故累进税制降低了保留生产率。这个结论背后的合理性在于，累进税制减少了坚持寻找一个生产率水平更高的岗位的回报，因为这些岗位现在被征收更加严重的税。

边际税率和失业补偿提高了保留生产率。他们都减少了坚守

一个岗位的相对回报。无论税收的累进性质如何，边际税率总会有此影响。然而，这个结论依赖于一个固定的 z 和 b，也就是说，依赖于不征税的闲暇。

现在，假设失业补偿由式(9.22)所定义，因为存在着一个工资分布，这将是一个很有用的简化。将其代入式(9.44)并整理，我们可得到保留生产率所满足的如下条件：

$$\alpha_r = \frac{z}{p(1-t)} - \frac{\alpha + (1-\rho)\tau}{p} + p + \frac{\beta}{1-\beta} c\theta。 \tag{9.45}$$

条件(9.45)推广了条件(6.33)。通过简单的微分，我们可以发现，替代率提高了保留生产率，而税收补贴则减少了保留生产率。就业补贴减少了保留生产率。因为闲暇不征税，边际税率则增加了保留生产率。

随机岗位匹配对于均衡失业的影响不同于可变搜寻强度的影响，其含义丰富得多。给定我们先前关于政策影响的结论，劳动力市场紧度的方程明显地推广了式(6.34)：

$$(1-\beta)\left(\alpha^e + \frac{\alpha + (1-\rho)\tau}{p} - \rho - \frac{z}{p(1-t)}\right) - \beta c\theta - \frac{(r+\lambda)c}{q(\theta)[1-G(\alpha_\gamma)]} = 0。 \tag{9.46}$$

现在，贝弗里奇曲线的方程为：

$$u = \frac{\lambda}{\lambda + \theta q(\theta)[1-G(\alpha_r)]}。 \tag{9.47}$$

因此，当替代率或税率上升时，贝弗里奇曲线向外移动，而当税收补贴或就业补贴上升时，它会向内移动。这些影响可由图 9.3 所示。通过将经济从点 A 移到点 B，替代率无疑会提高失业。但是，与搜寻强度的情形不同，此时税收补贴使工人和企业更愿意接受工作，从而导致贝弗里奇曲线向原点移动。因此，税收补贴的影响与失业补偿的影响明确相反。失业无疑下降了，而空缺在工资补贴下可能上升也可能下降。此外，就业补贴对于失业均衡有一个双重影响，既使贝弗里奇曲线向内移动，又使岗位创造线逆时针转动。失业下降了。边际税率减少了岗位创造，导致贝弗里奇曲线向外移动，这与税收补贴 τ 有着相反的影响。

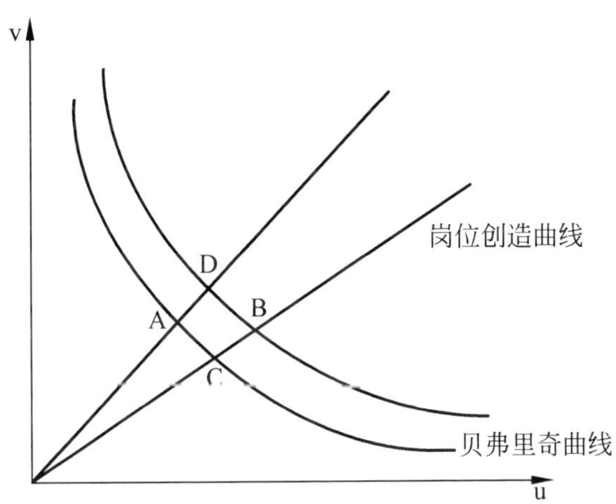

图 9.3　随机岗位匹配下的政策效应

(a) 替代率，A 到 B；(b) 累进税，B 到 A；(c) 就业补贴，B 到 A；(d) 比例税率，A 到 B

9.7　补偿性政策变化

此时将注意力转移到政策的规范分析方面。第一，在这一节中，我们考察是否可能设计政策以使得其对均衡没有影响。当存在多个政策工具时，政策制定者就拥有了政策选择的灵活性，因此这也许是可能的。第二，在下一节中，我们将考察政策设计是否可以抵消第八章中所提出的搜寻外部性。

补偿性政策变化令人感兴趣的原因在于：政府通常拥有我们所分析的市场环境以外的目标。例如，他们可能拥有公平的目标，比如对失业者的收入保障和对低工资者的工资补贴，这些都是我们的模型所未曾考虑的。或者，也许也是因为与我们的模型结构不相关的原因，他们有提高经济收益的目标。在这些情形下，选择政策的最有效的方法是使政策不会扭曲我们所推导出来的劳动力市场均衡。

这与我们在随后两节中的政策分析形成对比，其政策干预的原因是由于该模型中所产生的外部性。在后面这种情形下，最优政策不是补偿，而是在一个合意的方向上影响均衡。

我们将分析政策对于第 9.4 节中的岗位创造—岗位破坏模型的影响，而将其他情形下所需要的修正留给感兴趣的读者。不存在差异化生产率冲击的简单模型是我们所分析的模型的一种特殊情形，即其生产率分布退化了。随机岗位匹配模型接近于差异化生产率冲击模型，而可变搜寻强度模型则易于分析得到第 9.5 节中的那些结论。

现在，差异化生产率冲击模型的两个关键方程是式(9.30)和(9.33)。于是，一个补偿性政策组合必须满足分别由式(9.33)和(9.30)所推导出来的如下两个方程：

$$F = H, \tag{9.48}$$

$$a + (1-\rho)\tau - p\rho + rpF - \frac{z}{1-t} = -z。 \tag{9.49}$$

当满足式(9.48)和(9.49)时，均衡的 R、θ，岗位创造、岗位破坏，以及失业，都与它们在无政策环境下的结果是一样的。当然，可能仍然存在对工资、失业收入和税收的影响，现在我们就转到这一点。

条件(9.48)表明，如果存在解雇税或者工作保障方面的管制，就应当存在相应的雇佣补贴以抵消它们的影响。否则，岗位创造将会受到相反的影响。于是，假设存在如式(9.48)中所示的解雇税 F。我们将式(9.49)重写如下：

$$a+\tau=-rpF+\frac{t}{1-t}z+\rho(p+\tau)。\tag{9.50}$$

式(9.50)表明，边际工资税和失业补贴必须通过就业补贴或隐性的所得税补贴来补偿，但是解雇税(和雇佣补贴)则减少了对就业补贴的需要。因此，当 τ 和 t 都为正时，事实上有了一个累进所得税，式(9.50)也验证了累进所得税的运用或者解雇税与雇佣补贴的运用对于失业补贴的补偿性作用。

在给定的大量政策工具下，我们进一步限制政策选择，以讨论补偿结构的一些显著特征。解雇税的影响已经被讨论过了，故此后我们将设 $F=0$。我们也暂时假设 $z=0$，也就是说，失业者在搜寻期间不会享受到未征税的收入或闲暇，并且 $a=0$。于是，当不存在未征税的闲暇时，式(9.50)意味着，边际税率可以被用来提高赋税收入，却不会造成任何扭曲。工人支付整个税收。现在，假设某些税收收益用于为失业补贴融资。补贴公式由式(9.22)给定，因此，如果政策的融资目标是为每一个工人提供给定水平的净补贴 b，而不会对岗位创造和岗位破坏决策造成任何扭曲，那么式(9.50)中的补偿规则意味着税收补贴 τ 的选择应当满足：

$$\tau=\frac{b}{1-t}。\tag{9.51}$$

另一方面，如果政策的目标是提供一个给定的替代率 ρ，补偿规则应当为 $\tau=\rho(p+\tau)$，也就是说，

$$\tau=\frac{\rho}{1-\rho}p。\tag{9.52}$$

在这两种情形下，失业补贴都应当由税收补贴来进行补偿，或者说，为其融资的税收应当是累进的。

当失业工人在失业期间享受不征税的闲暇时，有效补偿的条件发生了变化，但是没有根本性的变化。当 $z>0$ 时，式(9.50)意味着只要：

$$\tau=\frac{t}{1-t}z+\rho(p+\tau),\tag{9.53}$$

政策对于岗位创造和岗位破坏所造成的扭曲就可以避免。如果净补贴水平是政策的目标，整理式(9.53)可得：

$$\tau=\frac{tz+b}{1-t}。\tag{9.54}$$

当失业期间的闲暇为正时，所得税应当更具有累进性，以补偿给定的替代率。在更高的税收下，累进性应当更强。当替代率是政策的目标时，也可以得到类似的结论。

累进税制消除了由失业补偿和税收所导致的扭曲，因为其中一个部分 τ 等价于给予工人的就业补贴。在分摊规则下，如果补贴给予企业而不是给予工人，也就是说，如果我们设 $\tau=0$ 但根据式(9.50)中的补偿规则对就业进行补贴，那么就可以达成类似的

目标。

式(9.50)中的补偿规则允许政府增加收益而不会影响均衡失业水平。假定平均税前工资是条件期望 w^e，工人中赚取该工资的比例为 $1-u$，而剩余的 u 部分工人则获得收益 b，由式(9.1)，政府所提高的净收益为：

$$T=[tw^e-(1-t)\tau](1-u)-ub。\tag{9.55}$$

假设根据式(9.54)，税收补贴的选择用以补偿政策对均衡的影响，经过整理，式(9.55)中的赋税收入变为：

$$T=t(w^e-z)(1-u)-b。\tag{9.56}$$

很明显，给定 $w^e>z$，对于失业补偿 b 的任何取值，t 的适当选择总是可以使得赋税收入为正。

然而，补偿性政策规则一般来说会影响剩余在企业与工人之间的分布。对此，我们注意到，根据工资方程(9.23)和(9.24)，内部和外部工资安排在 $F=H$ 时是相同的。由式(9.24)，我们注意到在给定的 x 下，税前工资率亦为：

$$w(x)=(1-\beta)\left(\frac{z+b}{1-t}-\tau\right)+\beta(x+c\theta+rF)+\beta a。\tag{9.57}$$

为简单起见，再次设 $F=a=0$，并将补偿规则(9.54)中的 τ 代入式(9.57)即可得到：

$$w(x)=(1-\beta)z+\beta(x+c\theta)。\tag{9.58}$$

在补偿规则下，税前(总)工资与无政策均衡下的情形相同。因此，如果存在一个正的赋税收入，工人将支付整个税收。

在补偿规则下，工人将承受整个税收的原因不难看出。岗位创造和岗位破坏由相应的新岗位和现存岗位匹配的零利润条件所决定。如果要使这些规则保持不受政策的影响，在同样的保留生产率和市场紧度下，企业必须在这两个边际上继续得到零利润。因此，在给定的 R 和 θ 下，企业的利润流必须不受政策的影响，而这只有在工人承担所有税收的情形下才能实现。我们所推导出的补偿规则保证了纳什工资谈判解使得企业的工资成本不受政策影响。

9.8　搜寻外部性与政策

我们所研究的第二个规范性政策分析问题牵涉到在将搜寻外部性内部化过程中，政策所扮演的角色。在第八章中我们已经看到，搜寻外部性的存在使得均衡变得无效率。存在一个有效的均衡，但是由企业与工人会谈所决定的工资不太可能实现这个均衡。在此，我们探讨政策设计是否可以保证个体均衡的有效性。

在第八章中，我们所推导出的效率条件即为：工资谈判中的劳动者分摊份额 β 应当等于企业转移率弹性的绝对值 η。在实际应用中，β 是不可观测的。在对称的纳什谈判情形下，它等于 1/2，但是在更为一般的情形下，它将依赖于企业和工人的相对折旧率。在其他市场情形下，它也可能依赖于劳动力—市场紧度。然而，在本书所采用的市场环境下，值 1/2 是一个合理的分析基准。

$q(\theta)$ 的绝对弹性 $\eta(\theta)$ 更容易地受到限制，因为它可以得到经验上的估计。它可能是空缺的平均期限对于比率 v/u 的绝对弹性，也可能是 1 减去失业的平均期限对于 v/u 的弹性。

我们所分析的政策问题如下：假设我们知道弹性 $\eta(\theta)$，并且 β

的基准值为 1/2,是否存在一揽子政策使得私人均衡可由一组方程来描述,其中劳动者的有效分摊份额不是 1/2 而是 $\eta(\theta)$?(当然,如果经验上 $\eta(\theta)=1/2$,这个问题就不存在了)

正如前一节中那样,我们集中于差异化生产率冲击的情形以及其所蕴涵的岗位创造和岗位破坏规则。于是,为得到有效的结果,式(9.30)和(9.33)相应地要求:

$$\frac{\alpha+(1-\rho)t}{p}-\rho+rF-\frac{z}{p(1-t)}-\frac{\beta}{1-\beta}c\theta=-\frac{z}{p}-\frac{\eta}{1-\eta}c\theta, \tag{9.59}$$

$$-F+H-\frac{c}{(1-\beta)q(\theta)}=-\frac{c}{(1-\eta)q(\theta)}。 \tag{9.60}$$

现在,由式(9.60),我们发现最优雇佣补贴为:

$$H=F+\left(\frac{1}{1-\beta}-\frac{1}{1-\eta}\right)\frac{c}{q(\theta)}。 \tag{9.61}$$

因此,当 $\beta>\eta$ 时,这个补贴必须提高,否则就应当减少。直觉上,如果 $\beta>\eta$,劳动力成本要高于有效均衡下的水平,因此进入市场的岗位不足。提高雇佣补贴可以修正这种无效性。

现在,假设 F 被外生地固定了,所选择的 H 修正了给定 R 下岗位创造条件中的扭曲。于是,式(9.59)意味着其他工具应当满足:

$$a+\tau=\rho(p+\tau)+\frac{\tau}{1-t}z-rpF+\left(\frac{\beta}{1-\beta}-\frac{\eta}{1-\eta}\right)cp\theta。 \tag{9.62}$$

与式(9.50)相比,我们发现,如果 $\beta>\eta$,所需的就业补贴 a 或 τ 就会提高。原因与以前一样:$\beta>\eta$ 意味着无效的低岗位创造,这会影响岗位破坏决策，因此就业补贴必须被修正。尽管更为精确的政策规则可以在某些特殊情形下推导出来，但此分析并没有其他可继续深究之处。

9.9　政策设计的替代性方法

在前一节中，岗位破坏规则的效率分析（如果我们允许的话，还有搜寻强度和工作接受的效率分析）是在劳动力市场紧度总是有效的假设下进行的，其中税收工具的选择将使得 $\beta=\eta$。

寻找最优政策设计问题的替代性方法的原因在于，一般来说搜寻外部性对于市场紧度的影响不明确，并且 β 是不可观测的，所以在实践中政策无法在这个方面改善资源配置。但是，外部性对于岗位破坏、搜寻强度和保留生产率的影响是非常明确的：在均衡中它们都太低了，无论 β 与 η 之间的关系如何。因此，一个福利改善型政策也许只是简单地希望提高搜寻强度和保留生产率，并且要么不干涉市场紧度，要么致力于对其政策效应进行补偿。

我们已经表明，搜寻强度不太可能对政策工具有太大的反应。提高搜寻强度的更有效的方法（到目前为止我们尚未讨论过）也许取决于结构性政策。一个核心代理人要么建立职业中介，要么资助劳动力市场上汇集企业与工人的信息网络。因为在我们的模型中，搜寻强度的作用在于将各方汇集在一起而不是使他们形成匹配，所以结构性政策正是实现这一点的有效方法。利用正式的模型可知，结构性政策会增加给定空缺和失业水平下的岗位匹配率。例如，由岗位匹配函数中的一个中性的生产率改进也许可以表明

$$m = \mu m(su, v), \tag{9.63}$$

其中 $\mu > 0$，并且 μ 的增加意味着结构性政策的改善。于是，μ 作为一个乘式参数进入比率 $q(s, \theta)$，从而它将导致贝弗里奇曲线向内移动，正如搜寻强度的外生增加那样。

我们的效率分析已经表明，搜寻外部性意味着保留生产率太低，无论是在岗位破坏模型中，还是在存在随机岗位匹配且岗位接受决策由保留规则所支配的模型中都是如此。通过直接的政策干预所改善的接触修正了无效的低搜寻强度，但是并不必然会修正无效的低保留生产率。需要一些其他政策来引导企业和工人对其所形成和坚持的岗位变得更加挑剔。能产生此影响的一个明显的政策是失业补偿。支付失业者一个补贴将无疑会增加保留生产率，无论在岗位接受还是在岗位破坏决策中都是如此。

当应创造的岗位有效数量未知时，改善企业与工人接触的结构性政策与提高其保留标准的失业补偿的组合是解决搜寻外部性的一种方法。然而，失业补偿可能通过其工资效应而减少均衡劳动力—市场紧度，从而导致太低的岗位创造。更严格地说，是否存在能够增加企业和工人的保留生产率却不会影响劳动力—市场紧度的政策？我们将在由式(9.30)和(9.33)给出的岗位创造—岗位破坏模型中考察这一问题。

由式(9.30)可知，如果：

$$a + (1-\rho)\tau - p\rho + rpF - \frac{z}{1-t} < -z,$$

那么政策干预下的保留生产率水平 R 比无政策环境下的水平要更高。正如补偿性政策变化分析中那样，更为方便的做法是将此条件写为：

$$a+\tau<\frac{tz+b}{1-t}-rpF, \tag{9.64}$$

其中 b 为失业补偿的水平。

假设一个满足式(9.64)的政策组合被采纳了，并且这导致保留生产率的增加了 $dR>0$。于是，由式(9.33)可知，对岗位创造的影响就会被抵消，只要所选择的雇佣补贴和解雇税满足：

$$-\frac{dR}{r+\lambda}-F+H=0。\tag{9.65}$$

为简单起见设 $F=0$。于是，式(9.65)表明，如果政策的目标是增加岗位破坏而不影响岗位创造的话，那么那些导致企业裁掉更多岗位的政策应当由雇佣补贴来补偿，而不是由就业补贴来补偿。引入解雇税对于这个结论没什么影响，因为一般而言 $F>0$。当然，解雇税会减少了岗位破坏，从而需要更多的干预主义政策来增加岗位破坏并抵消其对岗位创造的负效应。

现在回到式(9.64)并设 $F=0$，我们发现，为了完成提高岗位破坏目标所需的政策可以是如下政策中的任何一个：更多的失业补偿，更多的就业税，或更少的就业补贴。因为只要这些政策由雇佣补贴进行了补偿以修正其对岗位创造的扭曲效应，那么这些政策中的任何一个都会在存在搜寻外部性的情形下改善福利，即使我们不知道这些外部性的方向如何。

9.10　文献评注

在本章所考虑的所有政策效应中，失业补偿对保留工资和失业期限的影响问题占据了岗位搜寻理论和经验文献中的大部分空间。然而最近,就业、雇佣补贴以及解雇税等问题也吸引了更多的注意,税收也是。

关于失业保险,可参见 Phelps(1970),该书论述了失业补偿和搜寻问题的实证方面,正如大量关于搜寻的局部分析模型一样;Mortensen(1977)和其他文章也讨论了同样的主题。失业补偿对搜寻活动的影响的经验文献,可参见 Devine 和 Kiefer(1991)的文献综述,Layard、Nickell 和 Jackman(1991)的著作,以及 Atkinson 和 Micklewright(1985,1991)的重要评述。

失业补偿的有效设计由 Baily(1978)、Flemming(1978)、Sampson(1978)、Shavell 和 Weiss(1979)等人进行了讨论(本质上都是局部分析模型)。一般地,早期文献在一个狭窄的框架下考虑了规范性问题,特别是失业保险如何设计以减少其非激励效应的问题。早期文献中的一个例外是 Diamond(1981),其将失业补偿视为修正模型中引入外部性所导致的无效性的一种政策。更近一些,对于均衡模型中的最优失业保险设计的兴趣出现了复苏。参见 Hopenhayn 和 Nicolini(1997)、Wang 和 Williamson(1996)、Andolfatto 和 Gomme(1996)、Costain(1995)、Valdivia(1995)、Fredriksson 和 Holmlund(1998)、Acemoglu 和 Shimer(1999a)。

融资和补偿性政策变化问题由 Pissarides(1983)在一个局部分析框架下进行了研究,结论与本章类似。Ljungqvist 和 Sargent(1995b)在一个均衡模型中讨论了一个类似的问题,其结论表明累进税可以抵消失业保险的非激励效应,其代价是降低了劳动力配置有效性。Pissarides(1985b)在一个模型中讨论了政策的均衡效应，这正是本章某些分析的前身。相关模型中的一些政策问题由 Johnson 和 Layard(1986)进行了综述和分析。关于融资的其他方面问题与经验评级相关并超出了本文范围，Feldstein(1976)对此进行了分析，Topel 和 Welch(1980)对此进行了综述。

大量文献探讨了政策在内生岗位破坏模型中的作用。例如，参见 Millard 和 Mortensen(1996)以及 Mortensen 和 Pissarides(1999a)的校准。其他方法可参见 Ljungqvist 和 Sargent(1995a，1998)，Bertola 和 Rogerson(1997)，Jackman、Pissarides 和 Savorui(1990)，Burdett(1990)，Boeri 和 Burda(1996)等。

Burda(1992)、Millard(1995)、Garibaldi(1998)、Ljungqvist(1997)、Mortensen 和 Pissarides(1999c)等人分析了搜寻模型中的解雇限制。后者考虑了 Krugman(1994)等人的观点，即美国工资不平等的加剧以及欧洲失业的增加在于欧洲有更慷慨的福利补贴。

Wadsworth(1989)的经验分析研究了失业保险对搜寻强度的影响，发现获得补贴的失业工人搜寻强度更高，因为其与劳动力市场结合得更好了。

除了上述文献以外，Pissarides(1998)也在一个搜寻框架下分析了税收效应。

匹配函数对于失业的弹性由 Pissarides(1986)，Layard、Nickell 和 Jackman(1991)利用英国的数据得到的估计大约为 0.7，Blanchard 和 Diamond(1989)利用美国的数据得到的估计大约为 0.4。这些文章都发现，意味着固定弹性的科布—道格拉斯搜寻技术是合理的经验性假设。后来的经验估计文献(列举在第一章的文献评注中)极大地证实了这些发现。在校准方面中,弹性通常被固定为 0.5,正如劳动者分摊份额一样,这保证了一个有效的均衡。校准结果表明,这些结论对于弹性估计的微小变化,例如 0.4 到 0.6 之间的变化,都不是很敏感。

参考文献

Abbring, J. H. 1997. *Essays in Labour Economics.* Amsterdam: Free University.

Abraham, K. G., and L. F. Katz. 1986. Cyclical unemployment: Sectoral shifts or aggregate disturbances? *Journal of Political Economy* 94: 507–22.

Acemoglu, D. 1997. Matching, heterogeneity, and the evolution of income distribution. *Journal of Economic Growth* 2: 61–92.

Acemoglu, D., and R. Shimer. 1997. Efficient wage dispersion. Unpublished paper MIT.

Acemoglu, D., and R. Shimer. 1999a. Efficient unemployment insurance. *Journal of Political Economy* 107: 893–928.

Acemoglu, D., and R. Shimer. 1999b. Holdups and efficiency with search frictions. *International Economic Review*, forthcoming.

Aghion, P., and P. Howitt. 1994. Growth and unemployment. *Review of Economic Studies* 61: 477–94.

Aghion, P., and P. Howitt. 1998. *Endogenous Growth Theory.* Cambridge: MIT Press.

Akerlof, G. A., A. K. Rose, and J. L. Yellen. 1988. Job switching and job satisfaction in the U.S. labor market. *Brookings Papers on Economic Activity* 2: 495–594.

Albaek, K., and B. E. Sorensen. 1998. Worker flows and job flows in Danish manufacturing, 1980–91. *Economic Journal* 108: 1750–71.

Albrecht, J. W., and B. Axell. 1984. An equilibrium model of search unemployment. *Journal of Political Economy* 92: 824–40.

Alchian, A. A. 1969. Information costs, pricing and resource unemployment. *Western Economic Journal* 7: 109–28.

Alogoskoufis, G. 1987. On intertemporal substitution and aggregate labor supply. *Journal of Political Economy* 95: 938–60.

Anderson, P. M., and S. M. Burgess. 1995. Empirical matching functions: Estimation and interpretation using disaggregate data. Working Paper 5001. National Bureau of Economic Research.

Andolfatto, D. 1996. Business cycles and labor market search. *American Economic Review* 86: 112–32.

Andolfatto, D., and P. Gomme. 1996. Unemployment insurance and labor-market activity in Canada. *Carnegie-Rochester Conference Series on Public Policy* 44: 47–82.

Arellano, M., and C. Meghir. 1992. Female labour supply and on-the-job search: An empirical model estimated using complementary data sets. *Review of Economic Studies* 59: 537–57.

Arrow, K. J. 1965. The theory of risk aversion. In *Aspects of the Theory of Risk-Bearing*, ed. K. J. Arrow. Helsinki: Yrjo Jahnssonin Saatio.

Atkinson, A. B., and J. Micklewright. 1985. *Unemployment Benefits and Unemployment Duration*. London: STICERD, London School of Economics.

Atkinson, A. B., and J. Micklewright. 1991. Unemployment compensation and labor market transitions: A critical review. *Journal of Economic Literature* 29: 1679–727.

Bailey, M. N. 1978. Some aspects of optimal unemployment insurance. *Journal of Political Economy* 10: 379–402.

Barlevy, G. 1998. The sullying effect of recessions. Unpublished paper. Northwestern University.

Barro, R. J. 1981. Intertemporal substituion and the business cycle. *Carnegie-Rochester Conference Series on Public Policy* 14: 237–68.

Barron, J., and S. McCafferty. 1977. Job search, labor supply and the quit decision: Theory and evidence. *American Economic Review* 67: 683–91.

Barron, J. M. 1975. Search in the labor market and the duration of unemployment: Some empirical evidence. *American Economic Review* 65: 934–42.

Bean, C., and C. A. Pissarides. 1993. Unemployment, consumption and growth. *European Economic Review* 37: 837–54.

Becker, G. 1973. A theory of marriage, part I. *Journal of Political Economy* 81: 813–46.

Belzil, C. 1994. Relative efficiencies and comparative advantages in job search. Unpublished manuscript. Concordia University.

Benhabib, J., and C. Bull. 1983. Job search: The choice of intensity. *Journal of Political Economy* 91: 747–64.

Berman, E. 1997. Help wanted, job needed: Estimates of a matching function from employment service data. *Journal of Labor Economics* 15: S251–93.

Bertola, G., and R. J. Caballero. 1994. Cross-sectional efficiency and labour hoarding in a matching model of unemployment. *Review of Economic Studies* 61: 435–56.

Bertola, G., and R. Rogerson. 1997. Institutions and labor reallocation. *European Economic Review* 41: 1147–71.

Beveridge, W. H. 1944. *Full Employment in a Free Society*. London: George Allen and Unwin.

Bilsen, V., and J. Konings. 1998. Job creation, job destruction, and growth of newly established, privatized, and state-owned enterprises in transition economies: Survey evidence from Bulgaria, Hungary, and Romania. *Journal of Comparative Economics* 26: 429–445.

Binmore, K. G., A. Rubinstein, and A. Wolinsky. 1986. The Nash bargaining solution in economic modelling. *Rand Journal of Economics* 17: 176–88.

Black, M. 1981. An empirical test of the theory of on-the-job search. *Journal of Human Resources* 16: 129–40.

Blanchard, O. J., and P. A. Diamond. 1989. The Beveridge Curve. *Brookings Papers on Economic Activity* 1: 1–60.

Blanchard, O. J., and P. A. Diamond. 1990. The cyclical behavior of the gross flows of U.S. workers. *Brookings Papers on Economic Activity* 2: 85–155.

Blanchard, O. J., and P. A. Diamond. 1994. Ranking, unemployment duration and wages. *Review of Economic Studies* 61: 417–34.

Blanchflower, D. G., and S. M. Burgess. 1996. Job creation and job destruction in Great Britain in the 1980s. *Industrial and Labor Relations Review* 50: 17–38.

Blanchflower, D. G., and A. J. Oswald. 1994. *The Wage Curve.* Cambridge: MIT Press.

Boeri, T. 1996. Is job turnover countercyclical? *Journal of Labor Economics* 14: 603–25.

Boeri, T., and M. C. Burda 1996. Active labour market policies, job matching and the Czech miracle. *European Economic Review* 40: 805–17.

Boeri, T., and U. Cramer. 1992. Employment growth, incumbents and entrants: Evidence from Germany. *International Journal of Industrial Organization* 10: 545–65.

Bowden, R. J. 1980. On the existence and secular stability of the *u-v* loci. *Economica* 47: 35–50.

Bowen, W. G., and T. A. Finegan. 1969. *The Economics of Labor Force Participation.* Princeton: Princeton University Press.

Broersma, L., and F. A. G. den Butter. 1994. A consistent set of time series data on labour market flows for the Netherlands. Research Memorandum 1994–43. Free University, Amsterdam.

Broersma, L., and J. C. van Ours. 1998. Job searchers, job matches and the elasticity of matching. unpublished paper. University of Tilburg.

Burda, M., and C. Wyplosz. 1994. Gross worker and job flows in Europe. *European Economic Review* 38: 1287–315.

Burda, M. C. 1992. A note on firing costs and severance benefits in equilibrium unemployment. *Scandinavian Journal of Economics* 39: 479–89.

Burda, M. C., and S. Profit. 1996. Matching across space: Evidence on mobility in the Czech republic. *Labour Economics* 3: 255–78.

Burdett, K. 1978. A theory of employee job search and quit rates. *American Economic Review* 68: 212–20.

Burdett, K. 1979. Search, leisure, and individual labor supply. In *Studies in the Economics of Search*, eds. S. A. Lippmann, and J. J. McCall. Amsterdam: North-Holland.

Burdett, K. 1981. A useful restriction on the offer distribution in job search models. In *Proceedings of a Symposium at the Industrial Institute for Economic and Social Research.* Stockholm.

Burdett, K. 1990. A new framework for labor market policy. In *Panel Data and Labor Market Studies*, eds. J. Hartog, G. Ridder, and J. Theeuwes. Amsterdam: North Holland.

Burdett, K., and D. T. Mortensen. 1998. Wage differentials, employer size, and unemployment. *International Economic Review* 39: 257–73.

Burgess, S. M. 1993. A model of competition between unemployed and employed job seekers: An application to the unemployment outflow rate in Britain. *Economic Journal* 103: 1190–204.

Burgess, S. M., J. Lane, and D. Stevens. 1994. Job flows, worker flows and churning. Unpublished paper. University of Bristol.

Burgess, S. M., and S. Profit. 1998. Externalities in the matching of workers and firms in Britain. Discussion Paper 1857. Centre for Economic Policy Research.

Butters, G. R. 1977. Equilibrium distributions of sales and advertising prices. *Review of Economic Studies* 44: 465–91.

Caballero, R. J., and M. L. Hammour. 1994. The cleansing effect of recessions. *American Economic Review* 84: 1350–68.

Caballero, R. J., and M. L. Hammour. 1996. On the timing and efficiency of creative destruction. *Quarterly Journal of Economics* 111: 805–52.

Cain, G. G. 1966. *Married Women in the Labor Force: An Economic Analysis.* Chicago: University of Chicago Press.

Campbell, J. R., and J. D. M. Fisher. 1998. Aggregate employment fluctuations with microeconomic asymmetries. Unpublished manuscript. University of Rochester.

Cohen, D., and G. Saint-Paul. 1994. Uneven technical progress and job destructions. Working Paper 9412. CEPREMAP.

Cole, H. L., and R. Rogerson. 1996. Can the Mortensen-Pissarides matching model match the business cycle facts? Staff Report 224. Federal Reserve Bank of Minneapolis, Research Department.

Coles, M. G., and K. Burdett. 1997. Marriage and class. *Quarterly Journal of Economics* 112: 141–68.

Coles, M. G., and E. Smith. 1996. Cross-section estimation of the matching function: Evidence from England and Wales. *Economica* 63: 589–98.

Coles, M. G., and E. Smith. 1998. Market places and matching. *International Economic Review* 39: 239–354.

Contini, B., L. Pacelli, M. Filippi, G. Lioni, and R. Revelli. 1995. *A Study of Job Creation and Job Destruction in Europe.* Brussels: Commission of the European Communities.

Contini, B., and R. Revellli. 1997. Gross flows vs. net flows in the labor market: What is there to be learned? *Labour Economics* 4: 245–63.

Cooley, T. F., and V. Quadrini. 1998. A neoclassical model of the Phillips curve relation. Unpublished manuscript. University of Rochester.

Costain, J. S. 1995. Unemployment insurance in a general equilibrium model of job search and precautionary savings. Working Paper. University of Chicago.

Davidson, C., L. Martin, and S. Matusz. 1987. Search unemployment and the production of jobs. *Economic Journal* 97: 857–76.

Davis, S. J. 1987. Fluctuations in the pace of labor reallocation. *Carnegie-Rochester Conference Series on Public Policy* 27: 335–402.

Davis, S. J., and J. C. Haltiwanger. 1990. Gross job creation and destruction: Microeconomic evidence and macroeconomic implications. *NBER Macroeconomics Annual* 5: 123–68.

Davis, S. J., and J. C. Haltiwanger. 1992. Gross job creation, gross job destruction, and employment reallocation. *Quarterly Journal of Economics* 107: 819–63.

Davis, S. J., J. C. Haltiwanger, and S. Schuh. 1996. *Job Creation and Destruction.* Cambridge: MIT Press.

Deree, D. R. 1987. Labor turnover, job-specific skills, and efficiency in a search model. *Quarterly Journal of Economics* 102: 815–33.

Devine, T. J., and N. M. Kiefer. 1991. *Empirical Labor Economics: The Search Approach.* Oxford: Oxford University Press.

Diamond, P. A. 1981. Mobility costs, frictional unemployment, and efficiency. *Journal of Political Economy* 89: 789–812.

Diamond, P. A. 1982a. Aggregate demand management in search equilibrium. *Journal of Political Economy* 90: 881–94.

Diamond, P. A. 1982b. Wage determination and efficiency in search equilibrium. *Review of Economic Studies* 49: 217–27.

Diamond, P. A. 1984a. Money in search equilibrium. *Econometrica* 52: 1–20.

Diamond, P. A. 1984b. *A Search-Equilibrium Approach to the Micro Foundations of Macroeconomics.* Cambridge: MIT Press.

Diamond, P. A., and E. Maskin. 1979. An equilibrium analysis of search and breach of contract. *Bell Journal of Economics* 10: 282–316.

Dicks-Mireaux, L. A., and J. C. R. Dow. 1959. The determinants of wage inflation: United Kingdom, 1946–56. *Journal of the Royal Statistical Society* A 122: 145–174.

Dow, J. C. R., and L. A. Dicks-Mireaux. 1958. The excess demand for labour: A study of conditions in Great Britain, 1946–56. *Oxford Economic Papers* 10: 1–33.

Dunne, T., M. J. Roberts, and L. Samuelson. 1989. Plant turnover and gross employment flows in the manufacturing sector. *Journal of Labor Economics* 7: 48–71.

Entorf, H. 1998. *Mismatch Explanations of European Unemployment: A Critical Evaluation.* Berlin: Springer.

Eriksson, C. 1997. Is there a trade-off between employment and growth? *Oxford Economic Papers* 49: 77–88.

Falkinger, J., and J., Zweimuller. 1998. Learning for employment, innovating for growth. Discussion Paper 1856. Centre for Economic Policy Research.

Farber, H. S. 1994. The analysis of inter-firm worker mobility. *Journal of Labor Economics* 12: 554–93.

Feinberg, R. M. 1977. Search in the labor market and the duration of unemployment: A note. *American Economic Review* 67: 1011–13.

Feldstein, M. S. 1977. Temporary layoffs in the theory of unemployment. *Journal of Political Economy* 84: 937–57.

Feve, P., and F. Langot. 1996. Unemployment and the business cycle in a small open economy: G.M.M. estimation and testing with French data. *Journal of Economic Dynamics and Control* 20: 1609–39.

Flemming, J. S. 1978. Aspects of optimal unemployment insurance: Search, leisure, savings and capital market imperfections. *Journal of Public Economics* 10: 403–25.

Flinn, C. J., and J. J. Heckman. 1982. New models for analyzing structural models of labor force dynamics. *Journal of Econometrics* 18: 115–68.

Foote, C. L. 1998. Trend Employment Growth and the Bunching of Job Creation and Destruction. *Quarterly Journal of Economics* 113: 809–34.

Fredriksson, P., and H. Bertil. 1998. Optimal unemployment insurance in search equilibrium. Working Paper 1998:2. Uppsala University.

Friedman, M. 1968. The role of monetary policy. *American Economic Review* 58: 1–17.

Fuentes, A. 1998. On-the-job search and the Beveridge curve. Unpublished paper. Wolfson College, Oxford.

Garibaldi, P. 1998. Job flow dynamics and firing restrictions. *European Economic Review* 42: 245–75.

Gautier, P. 1997. *The Flow Approach to the Labor Market.* Amsterdam: Free University.

Gautier, P., and L. Broersma. 1994. The timing of labor reallocation and the business cycle. Unpublished paper. Tinbergen Institute.

Gomes, J., J. Greenwood, and S. Rebelo. 1997. Equilibrium unemployment. Unpublished paper. University of Rochester.

Gorter, C., and J. C. van Ours. 1994. Matching unemployment and vacancies in regional labour markets: An empirical analysis for the Netherlands. *Papers in Regional Science* 73: 153–67.

Greenwood, J., G. M. MacDonald, and G.-J. Zhang. 1996. The cyclical behavior of job creation and job destruction: A sectoral model. *Economic Theory* 7: 95–112.

Gregg, P., and B. Petrongolo. 1997. Non-random matching and the performance of the Beveridge curve. Discussion Paper 347, Centre for Economic Performance, London School of Economics.

Gronau, R. 1971. Information and frictional unemployment. *American Economic Review* 61: 290–301.

Gross, D. M. 1997. Aggregate job matching and returns to scale in Germany. *Economics Letters* 56: 243–8.

Grout, P. 1984. Investment and wages in the absence of binding contracts: A Nash Bargaining approach. *Econometrica* 52: 449–60.

Gujarati, D. 1972. The behaviour of unemployment and unfilled vacancies. *Economic Journal* 82: 195–204.

Haan den, W. J., G. Ramey, and J. Watson. 1997. Job destruction and propagation of shocks. Discussion Paper 97-23. University of California, San Diego.

Hall, R. E. 1979. A theory of the natural unemployment rate and the duration of employment. *Journal of Monetary Economics* 5: 153–69.

Hall, R. E. 1980. Labor supply and aggregate fluctuations. *Carnegie-Rochester Conference Series on Public Policy* 12: 7–33.

Hansen, B. 1970. Excess demand, unemployment, vacancies and wages. *Quarterly Journal of Economics* 84: 1–23.

Hansen, G. D. 1995. Indivisible labor and the business cycle. *Journal of Monetary Economics* 16: 309–27.

Heckman, J. J., and B. Singer. 1984. A method for minimizing the impact of distributional assumptions in econometric models for duration data. *Econometrica* 52: 271–320.

Holt, C. C. 1970. Job search, Phillip's wage relation, and union influence. In *The Microeconomic Foundations of Employment and Inflation Theory*, eds. E. S. Phelps et al. New York: Norton.

Holt, C. C., and M. H. David. 1966. The concept of job vacancies in a dynamic theory of the labor market. In *The Measurement and Interpretation of Job Vacancies*. New York: Columbia University Press.

Holzer, H. 1987. Job search by employed and unemployed youth. *Industrial and Labor Relations Review* 40: 601–11.

Hopenhayn, H., and R. Rogerson. 1993. Job turnover and policy evaluation: A general equilibrium analysis. *Journal of Political Economy* 101: 915–38.

Hopenhayn, H. A., and J. P. Nicolini. 1997. Optimal unemployment insurance. *Journal of Political Economy* 105: 412–38.

Hosios, A. J. 1990. On the efficiency of matching and related models of search and unemployment. *Review of Economic Studies* 57: 279–98.

Howitt, P. 1988. Business cycles with costly search and recruiting. *Quarterly Journal of Economics* 103: 147–65.

Howitt, P., and R. P. McAfee. 1987. Costly search and recruiting. *International Economic Review* 28: 89–107.

Hughes, G., and B. McCormick. 1985. An empirical analysis of on-the-job search and job mobility. *Machester School* 53: 76–95.

Ioannides, Y. M. 1997. Evolution of trading structures. In *The Economy as an Evolving Complex System II*, eds. W. B. Arthur, S. N. Durlauf, and D. A. Lane. Reading, MA: Addison-Wesley.

Jackman, R., C. A. Pissarides, and S. Savouri. 1990. Labour market policies and unemployment in the OECD. *Economic Policy* 11: 449–90.

Jackman, R. J., R. Layard, and C. A. Pissarides. 1989. On vacancies. *Oxford Bulletin of Economics and Statistics* 51: 377–94.

Johnson, G. E., and R. Layard. 1986. The natural rate of unemployment: Explanation and policy. In *Handbook of Labor Economics*, eds O. Ashenfelter and R. Layard. Amsterdam: North-Holland.

Jones, R., and G. Newman. 1995. Adaptive capital, information depreciation and Schumpeterian growth. *Economic Journal* 105: 897–915.

Jovanovic, B. 1979. Job matching and the theory of turnover. *Journal of Political Economy* 87: 972–90.

Jovanovic, B. 1984. Matching, turnover and unemployment. *Journal of Political Economy* 92: 108–22.

Julien, B., J. Kennes, and I. King. 1998. Bidding for labor. Unpublished paper. Concordia University.

Kahn, L., and S. Low. 1984. An empirical model of employed search, unemployed search and nonsearch. *Journal of Human Resources* 19: 104–17.

Kennes, J. 1994. Underemployment, on-the-Job search, and the Beveridge curve. Unpublished paper. University of Western Ontario.

Kiefer, N. M., and G. R. Neumann. 1979. An empirical job search model, with a test of the constant reservation-wage hypothesis. *Journal of Political Economy* 87: 89–107.

King, I., and L. Welling. 1995. Search, unemployment, and growth. *Journal of Monetary Economics* 35: 499–507.

Konings, J. 1995. Job creation and job destruction in the UK manufacturing sector. *Oxford Bulletin of Economics and Statistics* 57: 5–24.

Konings, J., H. Lehmann, and M. E. Schaffer. 1996. Job creation and job destruction in a transition economy: Ownership, firm size, and gross job flows in Polish manufacturing 1988–91. *Labour Economics* 3: 299–317.

Koopmans, T., and M. Beckman. 1957. Assignment problems and the location of economic activities. *Econometrica* 25: 53–76.

Krugman, P. 1994. Past and prospective causes of high unemployment. In *Reducing Unemployment: Current Issues and Policy Options*. Kansas City: Federal Reserve Bank of Kansas City.

Lagarde, S., E. Maurin, and C. Torelli. 1994. Job reallocation between and within plants: Some evidence from French micro data on the period 1984–1992. INSEE. Paper originally published in French in *Economie et Provision* 1(1994-4): 113–114.

Lagos, R. 1997. An alternative approach to market frictions: An application to the market for taxicab rides. Unpublished paper. London School of Economics.

Lagos, R., and G. L. Violante. 1998. What shifts the Beveridge curve? A microfoundation for the aggregate matching function. Unpublished paper. London School of Economics.

Laing, D., T. Palivos, and P. Wang. 1995. Learning, matching and growth. *Review of Economic Studies* 62: 115–29.

Lancaster, T. 1979. Econometric models for the duration of unemployment. *Econometrica* 47: 939–56.

Lancaster, T., and A. Chesher. 1983. An econometric analysis of reservation wages. *Econometrica* 51: 1661–76.

Layard, R., S. Nickell, and R. Jackman. 1991. *Unemployment: Macroeconomic Performance of the Labour Market.* Oxford: Oxford University Press.

Leonard, J. S. 1987. In the wrong place at the wrong time: The extent of frictional and structural unemployment. In *Unemployment and the Structure of Labor Markets,* eds. K. Lang and J. S. Leonard. New York: Basil Blackwell.

Lilien, D. 1982. Sectoral shifts and sectoral unemployment. *Journal of Political Economy* 90: 777–93.

Lindbeck, A., and D. J. Snower. 1988. *The Insider-Outsider Theory of Employment and Unemployment.* Cambridge, MA: MIT Press.

Lindeboom, M., J. C. van Ours, and G. Renes. 1994. Matching employers and workers: An empirical analysis on the effectiveness of search. *Oxford Economic Papers* 46: 45–67.

Lipsey, R. G. 1960. The relation between unemployment and the rate of change of money wage rates in the United Kingdom, 1862–1957. *Economica* 27: 62–70.

Lipsey, R. G. 1974. The micro theory of the Phillips curve reconsidered: A reply to Holmes and Smyth. *Economica* 41: 62–70.

Ljungqvist, L. 1997. How do layoff costs affect employment? Unpublished paper. Stockholm School of Economics.

Ljungqvist, L., and T. J. Sargent. 1995a. The Swedish unemployment experience. *European Economic Review* 39: 1043–70.

Ljungqvist, L., and T. J. Sargent. 1995b. Welfare states and unemployment. *Economic Theory* 6: 143–60.

Ljungqvist, L., and T. J. Sargent. 1998. The European unemployment dilemma. *Journal of Political Economy* 106: 514–50.

Lokwood, B. 1986. Transferable skills, job matching and the inefficiency of the "natural" rate of unemployment. *Economic Journal* 96: 961–74.

Lucas, R. E., and E. C. Prescott. 1974. Equilibrium search and unemployment. *Journal of Economic Theory* 7: 188–209.

Lucas, R. E., and L. A. Rapping. 1969. Real wages, employment and inflation. *Journal of Political Economy* 77: 721–54.

Lundberg, S. 1985. The added worker effect. *Journal of Labor Economics* 3: 11–37.

MacLeod, B. W., and J. M. Malcomson. 1993. Investments, holdup, and the form of market contracts. *American Economic Review* 83: 811–37.

Malcomson, J. M. 1997. Contracts, hold-up and labor markets. Discussion Paper 9703. University of Southampton.

Mankiw, N. G., J. J. Rotemberg, and L. H. Summers. 1985. Intertemporal substitution in macroeconomics. *Quarterly Journal of Economics* 100: 225–51.

McCall, J. J. 1970. Economics of information and job search. *Quarterly Journal of Economics* 84: 113–26.

McDonald, I. M., and R. M. Solow. 1981. Wage bargaining and employment. *American Economic Review* 71: 896–908.

McKenna, C. J. 1987. Labour market participation in matching equilibrium. *Economica* 57: 325–33.

McLaughlin, K. J. 1994. Rent sharing in an equilibrium model of matching and turnover. *Journal of Labor Economics* 12: 499–523.

Merz, M. 1995. Search in the labor market and the real business cycle. *Journal of Monetary Economics* 36: 269–300.

Millard, S. P. 1995. The effect of employment protection legislation on labour market activity: A search approach. Unpublished paper. Bank of England.

Millard, S. P., and D. T. Mortensen. 1996. The unemployment and welfare effects of labour market policy: A comparison of the U.S. and U.K. In *Unemployment Policy: How Should Governments Respond to Unemployment?* eds. D. Snower and G. de la Dehesa. Oxford: Oxford University Press.

Moen, E. R. 1997. Competitive search equilibrium. *Journal of Political Economy* 105: 385–411.

Montgomery, J. 1991. Equilibrium wage dispersion and interindustry wage differentials. *Quarterly Journal of Economics* 106: 163–79.

Mortensen, D. T. 1970. A theory of wage and employment dynamics. In *The Microeconomic Foundations of Employment and Inflation Theory,* eds. E. S. Phelps et al. New York: Norton.

Mortensen, D. T. 1977. Unemployment insurance and job search decisions. *Industrial and Labor Relations Review* 30: 505–17.

Mortensen, D. T. 1978. Specific capital and labor turnover. *Bell Journal of Economics* 9: 572–86.

Mortensen, D. T. 1982a. The matching process as a non-cooperative/bargaining game. In *The Economics of Information and Uncertainty,* ed. J. J. McCall. Chicago: University of Chicago Press.

Mortensen, D. T. 1982b. Property rights and efficiency in mating, racing, and related games. *American Economic Review* 72: 968–79.

Mortensen, D. T. 1986. Job search and labor market analysis. In *Handbook of Labor Economics*, eds. O. C. Ashenfelter and R. Layard. Amsterdam: North-Holland.

Mortensen, D. T. 1990. Equilibrium wage distributions: A synthesis. In *Panel Data and Labor Market Studies*, eds. J. Hartog, G. Ridder, and J. Theeuwes. Amsterdam: North-Holland.

Mortensen, D. T. 1994. The cyclical behavior of job and worker flows. *Journal of Economic Dynamics and Control* 18: 1121–42.

Mortensen, D. T., and C. A. Pissarides. 1993. The cyclical behavior of job creation and job destruction. In *Labour Demand and Equilibrium Wage Formation*, eds. J. C. van Ours, G. A. Pfann, and G. Ridder. Amsterdam: North-Holland.

Mortensen, D. T., and C. A. Pissarides. 1994. Job creation and job destruction in the theory of unemployment. *Review of Economic Studies* 61: 397–415.

Mortensen, D. T., and C. A. Pissarides. 1998. Technological progress, job creation and job destruction. *Review of Economic Dynamics* 1: 733–53.

Mortensen, D. T., and C. A. Pissarides. 1999a. New developments in models of search in the labor market. In *Handbook of Labor Economics*, eds. O. Ashenfelter and D. Card. Amsterdam: North-Holland.

Mortensen, D. T., and C. A. Pissarides. 1999b. Taxes, subsidies and equilibrium Labor Market Outcomes. In, ed. E. S. Phelps. New York: Russell Sage Foundation. Paper presented at the conference on Low-Wage Employment Subsidies, Russell Sage Foundation, New York, December 8, 1997.

Mortensen, D. T., and C. A. Pissarides. 1999c. Unemployment responses to "skill-biased" shocks: The role of labour market policy. *Economic Journal*, 109: 242–65.

Narandanathan, W., and S. Nickell. 1985. Modelling the process of job search. *Journal of Econometrics* 28: 29–49.

Nickell, S. J. 1979. Estimating the probability of leaving unemployment. *Econometrica* 47: 1249–66.

OECD 1996. *Job Creation and Loss: Analysis, Policy, and Data Development.* Paris: OECD.

Ours van, J. C. 1991. The efficiency of the Dutch labour market in matching unemployment and vacancies. *De Economist* 139: 358–78.

Ours van, J. C., and G. Ridder. 1991. Cyclical variation in vacancy durations and vacancy flows: An empirical analysis. *European Economic Review* 35: 1143–55.

Ours van, J. C., and G. Ridder. 1992. Vacancies and recruitment of new employees. *Journal of Labor Economics* 10: 138–55.

Parsons, D. O. 1973. Quit rates over time: A search and information approach. *American Economic Review* 63: 390–401.

Parsons, D. O. 1991. The job search behavior of employed youth. *Review of Economics and Statistics* 73: 597–604.

Phelps, E. S. 1967. Phillips curves, expectations of inflation and optimal unemployment. *Economica* 34: 254–81.

Phelps, E. S. 1968. Money–wage dynamics and labor-market equilibrium. *Journal of Political Economy* 76: 678–711.

Phelps, E. S. 1972. *Inflation Policy and Unemployment Theory: The Cost-Benefit Approach to Monetary Planning.* New York: Norton.

Phelps, E. S. 1994. *Structural Slumps.* Cambridge, MA: Harvard University Press.

Phelps, E. S., and H. T. Hoon. 1999. Low-wage employment subsidies in a Labor-turnover model of the "natural rate." In, ed. E. S. Phelps. New York: Russell Sage Foundation. Paper presented at the conference on Low-Wage Employment Subsidies, Russell Sage Foundation, New York, December 8, 1997.

Phelps, E. S., et al. 1970. *Microeconomic Foundations of Employment and Inflation Theory.* New York: Norton.

Pissarides, C. A. 1976a. Job Search and Participation. *Economica* 43: 333–49.

Pissarides, C. A. 1976b. *Labour Market Adjustment: Microeconomic Foundations of Short-Run Neoclassical and Keynesian Dynamics.* Cambridge: Cambridge University Press.

Pissarides, C. A. 1979. Job matchings with state employment agencies and random search. *Economic Journal* 89: 818–33.

Pissarides, C. A. 1983. Efficiency aspects of the financing of unemployment insurance and other government expenditures. *Review of Economic Studies* 50: 57–69.

Pissarides, C. A. 1984a. Efficient job rejection. *Economic Journal* 94: 97–108.

Pissarides, C. A. 1984b. Search intensity, job advertising and efficiency. *Journal of Labor Economics* 2: 128–43.

Pissarides, C. A. 1985a. Short-run equilibrium dynamics of unemployment, vacancies, and real wages. *American Economic Review* 75: 676–90.

Pissarides, C. A. 1985b. Taxes, subsidies and equilibrium unemployment. *Review of Economic Studies* 52: 121–34.

Pissarides, C. A. 1986. Unemployment and vacancies in Britain. *Economic Policy* 3: 499–559.

Pissarides, C. A. 1987. Search, wage bargains and cycles. *Review of Economic Studies* 54: 473–84.

Pissarides, C. A. 1988. The search equilibrium approach to fluctuations in employment. *American Economic Review* 78: 363–69.

Pissarides, C. A. 1994. Search unemployment with on-the-job search. *Review of Economic Studies* 61: 457–75.

Pissarides, C. A. 1998. The impact of employment tax cuts on unemployment and wages: The role of unemployment benefits and tax structure. *European Economic Review* 42: 155–83.

Pissarides, C. A., and J. Wadsworth. 1994. On-the-job search: Some empirical evidence from Britain. *European Economic Review* 38: 385–401.

Prescott, E. C. 1975. Efficiency of the natural rate. *Journal of Political Economy* 83: 1229–36.

Ramey, G., and J. Watson. 1997. Contractual fragility, job destruction, and business cycles. *Quarterly Journal of Economics* 112: 873–912.

Rogerson, R. D. 1998. Indivisible labor, lotteries, and equilibrium. *Journal of Monetary Economics* 21: 3–16.

Rothschild, M. 1973. Models of market organization with imperfect information: A survey. *Journal of Political Economy* 81: 1283–1308.

Salop, S. C. 1973. Wage differentials in a dynamic theory of the firm. *Journal of Economic Theory* 6: 321–44.

Sampson, A. A. 1978. Optimal redundancy compensation. *Review of Economic Studies* 45: 447–52.

Satinger, M. 1991. Consistent wage distributions. *Quarterly Journal of Economics* 106: 277–88.

Schager, N. H. 1987. *Unemployment, Vacancy Durations and Wage Increases: Applications of Markov Processes to Labour Market Dynamics.* Research Report. 29. Stockholm: Industrial Institute for Economic and Social Research.

Seater, J. J. 1977. A unified model of consumption, labor supply and job search. *Journal of Economic Theory* 14: 349–72.

Seater, J. J. 1979. Job search and vacancy contacts. *American Economic Review* 69: 411–19.

Shavell, S., and L. Weiss. 1979. The optimal payment of unemployment insurance payments over time. *Journal of Political Economy* 87: 1347–62.

Shi, S., and Q. Wen. 1997. Labor market search and capital accumulation: Some analytical results. *Journal of Economic Dynamics and Control* 21: 1747–76.

Siven, C.-H. 1974. Consumption, supply of labour and search activity in an intertemporal perspective. *Swedish Journal of Economics* 76: 44–61.

Smith, L. 1997. The marriage model with search frictions. Unpublished paper. MIT.

Solow, R. 1985. Insiders and outsiders in wage determination. *Scandinavian Journal of Economics* 87: 411–28.

Stiglitz, J. E. 1985. Equilibrium wage distributions. *Economic Journal* 95: 595–618.

Tobin, J. 1972. Inflation and unemployment. *American Economic Review* 62: 1–18.

Topel, R., and F. Welch. 1980. Unemployment insurance: Survey and extensions. *Economica* 47: 351–79.

Valdivia, V. 1995. Evaluating the welfare benefits of unemployment insurance. Working Paper. Northwestern University.

Wadsworth, J. 1989. Unemployment benefits and search effort in the UK labour market. *Economica* 43: 13–27.

Wang, C., and S. Williamson. 1996. Unemployment insurance with moral hazard in a dynamic economy. *Carnegie-Rochester Conference Series on Public Policy* 44: 1–41.

Warren, R. S. 1996. Returns to scale in a matching model of the labor market. *Economics Letters* 50: 135–42.

Wasmer, E. 1996. Competition for jobs in a growing economy and the emergence of dualism. Working Paper 9715. CREST, INSEE.

Whipple, D. 1973. A generalized theory of job search. *Journal of Political Economy* 81: 1170–88.

Wilde, L. L. 1979. An information-thoeretic approach to job quits. In *Studies in the Economics of Search,* eds. S. A. Lippman and J. J. McCall. Amsterdam: North-Holland.

Wilson, B. A. 1995. Unemployment and underlying productivity shocks: Were the Luddites right? Unpublished manuscript. Board of Governors of the Federal Reserve.

Wright, R. 1986. Job search and cyclical unemployment. *Journal of Political Economy* 94: 38–55.

Yashiv, E. 1997a. Aggregate labor market fluctuations: The interaction of search and frictions. Unpublished manuscript. Tel Aviv University.

Yashiv, E. 1997b. The determinants of equilibrium unemployment. Working Paper CR 600/1997. HEC School of Management, Paris.

Yoon, B. J. 1981. A model of unemployment duration with variable search intensity. *Review of Economics and Statistics* 63: 599–609.

专有名词对照表

Added-worker effect　补增—工人效应

Arbitrage equation　套利方程

Asset-valuation condition　资产评估条件(估值方程)

Asset value of job　岗位资产价值

Bellman equation　贝曼方程

Beveridge curve　贝弗里奇曲线

and efficiency　贝弗里奇曲线与效率

and endogenous capital　贝弗里奇曲线与内生资本

in endogenous job destruction model　内生岗位破坏模型中的贝弗里奇曲线

and job creation　贝弗里奇曲线与岗位创造

and job destruction　贝弗里奇曲线与岗位破坏

and job-matching technology　贝弗里奇曲线与岗位匹配技术

and job-offer effect　贝弗里奇曲线与岗位提供效应

and labor turnover　贝弗里奇曲线与劳动力流动

and market tightness　贝弗里奇曲线与市场紧度

and mismatch　贝弗里奇曲线与匹配失败

and on-the-job search　贝弗里奇曲线与在岗寻职

and out-of-steady-state dynamics　贝弗里奇曲线与非稳态动态分析

and reservation productivity　贝弗里奇曲线与保留生产率

and retirement rate　贝弗里奇曲线与退休率

and search intensity　贝弗里奇曲线与搜寻强度

and stochastic job matching　贝弗里奇曲线与随机岗位匹配

and unemployment income　贝弗里奇曲线与失业收入

and wage bargain　贝弗里奇曲线与工资谈判

Beveridge diagram　贝弗里奇图

致的岗位破坏
and unemployment rate 技术进步与失业率
Technology, matching 匹配技术
Theory of unemployment 失业理论
and stochastic job matchings 失业理论与随机岗位匹配
Tightness of labor market 劳动力市场紧度
Trade in the labor market 劳动力市场交易
Trading externality 交易外部性
Transition probability or rate 转移概率或转移率

Unemployment 失业
decomposition 失业的分解
entry into 进入失业
option value for 失业的选择价值
rate of 失业率
efficiency of 失业率的有效性
evolution of 失业率的演化
mean 平均失业率
and on-the-job search 失业率与在岗寻职
steady-state level of 稳态失业率水平
search and matching models 搜寻与匹配模型
with stochastic job matchings 随机岗位匹配下的失业
structural 结构性失业
transition out of 失业流出
Unemployment compensation 失业补偿
and compensating policy changes 失业补偿与补偿性政策变化
and job creation 失业补偿与岗位创造
and job destruction 失业补偿与岗位破坏
and policy design 失业补偿与政策设计
and search intensity 失业补偿与搜寻强度
and stochastic job matchings 失业补偿与随机岗位匹配
and wage determination 失业补偿与工资决定
Unemployment equilibrium 失业均衡
Unemployment income 失业收入
and on-the-job search 失业收入与在岗寻职
and reservation income or market tightness 失业收入与保留收入或市场紧度
and reservation wages 失业收入与保留工资
and search cost 失业收入与搜寻成本
and search intensity 失业收入与搜寻强度
in steady-state equilibrium 稳态

图书在版编目(CIP)数据

均衡失业理论:第二版/(英)克里斯托弗·皮萨里德斯著;欧阳葵,王国成译.—北京:商务印书馆,2024
(汉译世界学术名著丛书:120年纪念版:珍藏本:增订本)
ISBN 978-7-100-23819-9

Ⅰ.①均… Ⅱ.①克…②欧…③王… Ⅲ.①失业—研究 Ⅳ.①F241.4

中国国家版本馆CIP数据核字(2024)第078649号

汉译世界学术名著丛书
(120年纪念版·珍藏本·增订本)
均衡失业理论
(第二版)
〔英〕克里斯托弗·皮萨里德斯 著
欧阳葵 王国成 译

商 务 印 书 馆 出 版
(北京王府井大街36号 邮政编码100710)
商 务 印 书 馆 发 行
北京新华印刷有限公司印刷
ISBN 978-7-100-23819-9

2024年5月第1版 开本710×1000 1/16
2024年5月北京第1次印刷 印张19¾
定价:108.00元